中等职业教育数字化创新教材

供护理、助产、医学检验技术、药剂、营养与保健、康复技术、
口腔修复工艺、医学影像技术、中医及相关专业使用

中医学基础

(第四版)

主　　编　伍利民　郝志红

副 主 编　王跃丰　侯世文　黄兴华

编　　者　(按姓氏汉语拼音排序)

邓芝伶（桂林市卫生学校）
郝志红（晋中市卫生学校）
侯世文（沈阳市中医药学校）
黄多临（湛江市中医学校）
黄兴华（百色民族卫生学校）
李　微（鄂尔多斯市卫生学校）
王跃丰（长治卫生学校）
伍利民（桂林市卫生学校）

科学出版社

北　京

· 版权所有 侵权必究 ·

举报电话：010-64030229；010-64034315（打假办）

内 容 简 介

本书是中等职业教育数字化课程建设配套教材之一。全书内容共分十章，包括绪论、阴阳五行学说、藏象、经络、病因病机、诊法与辨证、中医养生与防治原则、中药与方剂、中医护理常识、针灸与推拿。主要论述了中医基础理论，诊法与辨证、中药与方剂、中医护理、针灸与推拿等的基本理论、基础知识和基本技能。内容简要，版式新颖、图文表并茂。书后附有参考文献、教学大纲，便于指导教学和学生学习。

本书适合护理、助产、医学检验技术、药剂、营养与保健、康复技术、口腔修复工艺、医学影像技术、中医及相关专业学生使用。

图书在版编目（CIP）数据

中医学基础/伍利民，郝志红主编. —4 版. —北京：科学出版社，2017.1
中等职业教育数字化创新教材
ISBN 978-7-03-050884-3

Ⅰ. 中… Ⅱ. ①伍… ②郝… Ⅲ. 中医医学基础-中等专业学校-教材 Ⅳ.R22

中国版本图书馆 CIP 数据核字（2016）第 287089 号

责任编辑：张映桥 / 责任校对：赵桂芬
责任印制：赵 博 / 封面设计：张佩战

版权所有，违者必究。未经本社许可，数字图书馆不得使用

科 学 出 版 社 出版
北京东黄城根北街 16 号
邮政编码：100717
http://www.sciencep.com

保定市中画美凯印刷有限公司 印刷
科学出版社发行 各地新华书店经销

*

2004 年 8 月第 一 版 开本：787×1092 1/16
2017 年 1 月第 四 版 印张：10 3/4
2021 年 8 月第三十四次印刷 字数：255 000

定价：**29.80 元**
（如有印装质量问题，我社负责调换）

中等职业教育数字化课程建设项目
教材出版说明

为贯彻《国家中长期教育改革和发展规划纲要（2010—2020）》、《教育信息化十年发展规划（2011—2020）》等文件精神，落实教育部最新《中等职业学校专业教学标准（试行）》要求；为调动广大教师参与数字化课程建设，提高其数字化内容创作和运用能力，结合最新数字化技术促进职业教育发展，科学出版社于2015年9月正式启动了中等职业教育护理、助产专业数字化课程建设项目。

科学出版社前身是1930年成立于上海的龙门联合书局。1954年，龙门联合书局与中国科学院编译局合并组建成立科学出版社，现隶属中国科学院，员工达1200余名，其中硕士研究生及以上学历者627人（截至2016年7月1日），是我国最大的综合性科技出版机构。依托中国科学院的强大技术支持，我社于2015年推出最新研发成果："爱医课"互动教学平台（见封底）。该平台可将教学中的重点内容以视频、语音及三维模型等方式呈现，学生用手机扫描常规书页即可免费浏览书中配套3D模型、动画、视频、护考模拟试题等教学资源。

本项目分数字化教材建设与资源建设两部分。数字化课程建设项目与"爱医课"互动教学平台进行的首次有益结合而成的教材，是我国中等职业层次首套数字化创新教材。2015年10月开展了建设团队的全国遴选工作，共收到全国62所院校575位老师的申请资料，于2016年1月在湖北武汉召开了项目启动会及教材编写会。

（一）数字化教材的编写指导思想

本次编写充分体现了职业教育特色，紧紧围绕"以就业为导向，以能力为本位，以发展技能为核心"的职业教育培养理念，遵循"理论联系实际"的原则，强调"必需、够用"的编写标准，以数字化课程建设为方向，以创新教材为呈现形式。

（二）本套数字化教材的特点

1. 按照专业教学标准安排课程结构　　本套数字化教材严格按照专业教学标准的要求设计科目、安排课程。全套教材分公共基础课、专业技能课、专业选修课及综合实训四类，共计39种，体系完整。

2. 紧扣最新护考大纲调整内容　　本套系列教材参考了"国家护士执业资格考试大纲"的相关标准，围绕考试内容调整学习范围，突出考点与难点，方便学生的在校日常学习与护考接轨，适应护理职业岗位需求。

3. 呈现形式新颖　　"数字化"是未来教育的发展方向，本项目39种教材均将传统纸质教材与"爱医课"教学平台无缝对接，形式新颖。它能充分吸引职业院校学生的学习兴趣，提高课堂教学效果。使学生用"碎片化时间"学习，寓教于乐，乐中识记、乐中理解、乐中运用，为翻转课堂提供了有效的实现手段。

（三）本项目出版教材目录

本项目经中国科学院、科学出版社领导的大力支持，获年度重大项目立项。39种教材具体情况如下：

中医学基础

中等职业教育数字化课程配套创新教材目录

序号	教材名	主编		书号	定价（元）
1	《语文》	孙 琳	王 斌	978-7-03-048363-8	39.80
2	《数学》	赵 明		978-7-03-048206-8	29.80
3	《公共英语基础教程（上册）》（双色）	秦博文		978-7-03-048366-9	29.80
4	《公共英语基础教程（下册）》（双色）	秦博文		978-7-03-048367-6	29.80
5	《体育与健康》	张洪建		978-7-03-048361-4	35.00
6	《计算机应用基础》（全彩）	施宏伟		978-7-03-048208-2	49.80
7	《计算机应用基础实训指导》	施宏伟		978-7-03-048365-2	27.80
8	《职业生涯规划》	范永丽	汪 冰	978-7-03-048362-1	19.80
9	《职业道德与法律》	许练光		978-7-03-050751-8	29.80
10	《人际沟通》（第四版，全彩）	钟 海	莫丽平	978-7-03-049938-7	29.80
11	《医护礼仪与形体训练》（全彩）	王 颖		978-7-03-048207-5	29.80
12	《医用化学基础》（双色）	李湘苏	姚光军	978-7-03-048553-3	24.80
13	《生理学基础》（双色）	陈桃荣	宁 华	978-7-03-048552-6	29.80
14	《生物化学基础》（双色）	赵勋麟 王 懿	莫小卫	978-7-03-050956-7	32.00
15	《医学遗传学基础》（第四版，双色）	赵 斌	王 宇	978-7-03-048364-5	28.00
16	《病原生物与免疫学基础》（第四版，全彩）	刘建红	王 玲	978-7-03-050887-4	49.80
17	《解剖学基础》（第二版，全彩）	刘东方	黄嫦斌	978-7-03-050971-0	59.80
18	《病理学基础》（第四版，全彩）	贺平泽		978-7-03-050028-1	49.80
19	《药物学基础》（第四版）	赵彩珍	郭淑芳	978-7-03-050993-2	35.00
20	《正常人体学基础》（第四版，全彩）	王之一	覃庆河	978-7-03-050908-6	79.80
21	《营养与膳食》（第三版，双色）	魏玉秋	戚 林	978-7-03-050886-7	28.00
22	《健康评估》（第四版，全彩）	罗卫群	崔 燕	978-7-03-050825-6	49.80
23	《内科护理》（第二版）	崔效忠		978-7-03-050885-0	49.80
24	《外科护理》（第二版）	闵晓松	阴 俊	978-7-03-050894-2	49.80
25	《妇产科护理》（第二版）	周 清	刘丽萍	978-7-03-048798-8	38.00
26	《儿科护理》（第二版）	段慧琴	田 洁	978-7-03-050959-8	35.00
27	《护理学基础》（第四版，全彩）	付能荣	吴姣鱼	978-7-03-050973-4	79.80
28	《护理技术综合实训》（第三版）	马树平	唐淑珍	978-7-03-050890-4	39.80
29	《社区护理》（第四版）	王永军	刘 蔚	978-7-03-050972-7	39.00
30	《老年护理》（第二版）	史俊萍		978-7-03-050892-8	34.00
31	《五官科护理》（第二版）	郭金兰		978-7-03-050893-5	39.00
32	《心理与精神护理》（双色）	张小燕		978-7-03-048720-9	36.00
33	《中医护理基础》（第四版，双色）	马秋平		978-7-03-050891-1	31.80
34	《急救护理技术》（第三版）	贾丽萍	王海平	978-7-03-048716-2	29.80
35	《中医学基础》（第四版，双色）	伍利民	郝志红	978-7-03-050884-3	29.80
36	《母婴保健》（助产，第二版）	王瑞珍		978-7-03-050783-9	32.00
37	《产科学及护理》（助产，第二版）	李 俭	颜丽青	978-7-03-050909-3	49.80
38	《妇科护理》（助产，第二版）	张庆桂		978-7-03-050895-9	39.80
39	《遗传与优生》（助产，第二版，双色）	潘凯元	张晓玲	978-7-03-050814-0	32.00

注：以上教材均配套教学 PPT 课件，在"爱医课"平台上提供免费试题、微视频等多种资源，欢迎扫描封底二维码下载

2017 年 1 月

前　言

《中医学基础》为数字化课程建设配套教材，全书内容共分十章，包括绪论、阴阳五行学说、藏象、经络、病因病机、诊法与辨证、中医养生与防治原则、中药与方剂、中医护理常识、针灸与推拿等。主要论述了中医基础理论，诊法与辨证、中药与方剂、中医护理、针灸与推拿等的基本理论、基础知识和基本技能等内容。

本教材旨在贯彻《国家中长期教育改革和发展规划纲要（2010-2020）》、《教育信息化十年发展规划（2011-2020）》等文件精神，落实教育部最新《中等职业学校专业教学标准（试行）》要求的课程建设工作；同时，也旨在满足院校不断增长的教育数字化改革需求，契合卫生职业院校优势教学资源共建、共享的发展需要，我们根据教育部最新《中等职业学校专业教学标准（试行）》中护理、助产专业的培养目标、课程设置、教学大纲编写了这本教材，本教材具有以下特点。

1. 坚持"贴近学生、贴近临床、贴近社会"的基本原则，根据目前护理、助产专业在校学生特点，努力做到教材编写的科学性、思想性和实用性。

2. 编写中注意内容简要、版式新颖、图文并茂，尽可能通过图表、数字化资源点、漫画等形式进行表述，让教材通俗易懂、生动活泼。

3. 在编写体例方面，每章节都有引言、案例、数字化资源点、链接/护考链接、考点、临床情景化任务等，以增加教材的知识性和趣味性，培养学生独立思考问题的能力和创新意识。

4. 为满足护士执业资格考试的需求，设置了护考链接、考点，并按护士执业资格考试大纲对中医部分的要求，逐章逐节，严格、认真、细致地出题，每章有自测题，考虑到中医考试内容还是以记忆概念性题为主，习题以 A_1 型为主。

5. 为了使教材突出"中医""护理""技能"，强化学生的动手能力，突出"做中学、做中教"的职业教育特色，编写了"实训指导"内容，特别编写了《实训操作评分标准》，让学生实训操作考试更规范化。

6. 本课程计划课时 42 学时，主要供中等卫生职业教育护理、助产、医学检验技术、药剂、营养与保健、康复技术、口腔修复工艺、医学影像技术、中医及相关专业教学使用。

本书的编写分工：第1章绪论由郝志红老师编写；第2章阴阳五行学说由黄兴华老师编写；第3章藏象由伍利民老师编写；第4章经络由王跃丰老师编写；第5章病因病机由侯世文老师编写；第6章诊法与辨证由郝志红、黄多临老师编写；第7章中医养生与防治原则由侯世文老师编写；第8章中药与方剂由邓芝伶老师编写；第9章中医护理常识由李微老师编写；第10章针灸与推拿由王跃丰老师编写。全书在筹划、编写、审定过程中，得到了各参编学校的大力支持和帮助，同时参考了部分出版社教材和有关著作，从中借鉴了许多有益的内容，在此一并表示衷心感谢！

本教材疏漏错误之处，敬请各中等卫生职业学校的老师在使用中提出宝贵意见，以利进一步修订完善。

伍利民
2016年8月

目 录

第1章 绪论 ·········· 1
第1节 中医学的发展简史 ·········· 1
第2节 中医学的基本特点 ·········· 3

第2章 阴阳五行学说 ·········· 8
第1节 阴阳学说 ·········· 8
第2节 五行学说 ·········· 12

第3章 藏象 ·········· 18
第1节 脏腑 ·········· 18
第2节 精、气、血、津液 ·········· 27

第4章 经络 ·········· 32

第5章 病因病机 ·········· 39
第1节 病因 ·········· 39
第2节 病机 ·········· 47

第6章 诊法与辨证 ·········· 51
第1节 诊法 ·········· 51
第2节 辨证 ·········· 64

第7章 中医养生与防治原则 ·········· 77
第1节 中医养生 ·········· 77
第2节 防治原则 ·········· 79
第3节 治疗方法（治病八法） ·········· 85

第8章 中药与方剂 ·········· 88
第1节 中药基本知识 ·········· 88
第2节 方剂基本知识 ·········· 104

第9章 中医护理常识 ·········· 114
第1节 辨证与护理 ·········· 114
第2节 中医护理 ·········· 119

第10章 针灸与推拿 ·········· 127
第1节 腧穴 ·········· 127
第2节 针灸护理 ·········· 137
第3节 推拿护理 ·········· 147

参考文献 ·········· 153
中医学基础教学大纲 ·········· 154
自测题参考答案 ·········· 163

第1章 绪 论

> 中医学在古代哲学思想的影响和指导下，通过长期医疗实践及学科之间的相互渗透，逐步形成并发展成为独特的医学理论体系。它是如何形成的、发展的？在这个过程中有哪些具有重大影响的医家及著作？中医理论的特点有哪些？带着这些问题，请同学们步入这一章节的学习。

中医学历史悠久，是我国优秀民族文化遗产的一个重要组成部分，是中国人民长期与疾病作斗争的丰富经验总结，是传统文化的瑰宝，在古代的唯物论与辩证法思想的影响和指导下，通过长期的医疗实践，与其他学科互相渗透，逐步形成并发展成为独特的医学理论体系，为中国人民的保健事业和中华民族的繁衍昌盛做出了巨大的贡献。

中医学是发祥于中国古代的研究人体生命、健康及疾病的科学，中医护理是中医学中的重要组成部分，二者一同经历了起源、形成、发展等各个阶段。人们在精神护理、饮食护理及临床护理等方面积累了丰富的经验。医与护二者只有协同合作才能对人体的生理、病理达到更好的防治疾病的效果，称"医护合一"。它是我国医药卫生体系的一个重要组成部分，以其独特、完整的理论体系和卓越的治疗效果，广泛地应用于临床，成为世界医学科学的一个独特流派。

第1节 中医学的发展简史

中医学是在人类同自然界的斗争中产生的。中医学的历史源远流长，早在三千多年前商代的甲骨文字中就有关于疾病和医药卫生的记载。公元二世纪，东汉末年著名医学家华佗首先使用麻沸散，进行全身麻醉，施行剖腹等外科手术，是世界上最早的外科手术记载；他还创编"五禽戏"，认为体育锻炼可以增强体质，减少疾病，首先提出了体育保健的科学防病措施。

链接

麻沸散和五禽戏

1."麻沸散"为华佗医圣首创，用全身麻醉法施行外科手术，被后世尊之为"外科鼻祖"。华佗到处走访了许多医生，收集了一些有麻醉作用的药物，经过多次不同配方的炮制，终于把麻醉药试制成功，他又把麻醉药和热酒配制，给患者服下，使其失去知觉，再剖腹割疮。因此，华佗给它起了个名字——麻沸。

2."五禽戏"由华佗医圣根据中医原理，以模仿虎、鹿、熊、猿、鸟等五种动物的动作和神态编创的一套导引术。"禽"指禽兽，古代泛指动物；"戏"在古代是指歌舞杂技之类的活动，在此指特殊的运动方式。是中国传统导引养生的一个重要功法。

先秦、秦、汉时期，中医学的发展在前代的基础上，进行了系统总结，在人体结构、生理、病因、病机、诊法、辨证、治则、治法、方剂和中药等各个领域，形成了相对完整的理论体系，为后世中医学发展奠定了基础。这一时期的代表性著作主要有四部：《黄帝内经》《伤寒杂病论》《难经》《神农本草经》。

1.《黄帝内经》 成书于两千多年前的战国时期，是我国现存最早的医学专著，包括《素问》与《灵枢》两部分，共18卷，162篇。《黄帝内经》标志着中医学理论体系的初步形成，反映了当时的医学成就，初步确立了中医学独特的理论体系，成为中医学进一步发展的基础和源泉。该书是先秦至西汉医学理论和经验的总结，在许多方面处于当时的世界领先水平，如在形态学方面，对人体骨骼、血脉的长度、内脏器官的大小和容量等的记载，已接近现代医学的认识。如食管与肠的比例是1∶35，现代解剖学是1∶37。在血液循环方面，已认识到血液在脉中是"流行不止，环周不休"。强调"正气存内、邪不可干"，并提出了"治未病"的论点。

2.《难经》 原名《黄帝八十一难经》，相传为春秋战国时期秦越人（扁鹊）所著，扁鹊擅长各科，在赵为妇科，在周为五官科，在秦为儿科，名闻天下。他奠定了中医学的切脉诊断方法，开启了中医学的先河。《难经》全书共有81个问答，称为"八十一难"。该书用假设问答、解释疑难的方式，阐述了人体的结构、生理、病因、病机、诊断、治则和治法等，其在脉诊、经络、命门和三焦等的论述方面，尤其在脉诊方面，其内容较《黄帝内经》更为详细。

3.《伤寒杂病论》 为东汉末年张仲景所著，经宋代林亿等整理后出版，分为《伤寒论》和《金匮要略》两书，是我国第一部临床医学著作。该书继承了《黄帝内经》的学术思想，结合前人和当代医家的临床经验，提出了包括理、法、方、药在内的辨证论治原则，以六经辨证、脏腑辨证的方法对外感、伤寒和内伤杂病进行诊治，使中医基础理论与临床实践紧密结合起来，为中医临床医学的发展奠定了坚实的基础。

《伤寒论》载方113首，《金匮要略》载方262首，除去重复方剂，两书实载方269首，使用药物达214种，这些方剂一直被后世医家所沿用，故《伤寒杂病论》被誉为"方书之祖"。

4.《神农本草经》 大约成书于汉代，托名神农所著，是我国最早的药物学专著。该书总结了汉以前的药物学知识，共收载中药365种，根据药物的养生、治病及有无毒性等特点，将药物分为上、中、下三品，并提出了中药的性味理论，即寒、热、温、凉四性和辛、甘、酸、苦、咸五味，为中药理论的形成奠定了坚实的基础。书中记述的黄连治痢、常山截疟、麻黄治喘、海藻治瘿瘤、水银治疥疮等，均是世界药物学上的最早记载。

考点：中医四大经典著作

在这段时期，中医在人体结构、生理、病因、病机、诊法、辨证、治则、治法、方剂和中药等各个领域，都形成了相对完整的理论体系，为后世中医发展奠定了基础。

魏、晋、南北朝、隋、唐至五代，中医学进一步系统化。晋代皇甫谧《针灸甲乙经》，为现存最早的针灸学专著。晋代王叔和《脉经》，首创"三部九候"及脏腑分配原则，为我国最早的脉学专著。隋代巢元方等著《诸病源候论》，是中医学第一部病因病机证候学专书，分别论述了内、外、妇、儿、五官等各科疾病的病源和症状。唐代王冰潜心钻研《黄帝内经》，对《黄帝内经·素问》重新编次和注释，对中医理论有所发挥。唐代孙思邈所著《千金要方》和《千金翼方》，是两本以记载处方和其他各种治疗手段为主的方书，《千金要方》一书记载方5300首，较系统地总结和反映了自《黄帝内经》以后至唐代初期的医学成就，尤其是在脏腑辨证方面有了较大的发挥。

宋金元时期，医学家们在前代的理论和实践的基础上，提出了许多独特的见解，各抒己见、百家争鸣的学术争鸣中，中医学理论有了突破性的进展。宋代钱乙《小儿药证直诀》

中系统地论述了小儿的生理、病理特点,开创了脏腑证治的先河。宋代陈无择《三因极一病证方论》,在病因学方面提出了著名的"三因学说",把复杂的病因分为内因、外因、不内外因三大类,发展了张仲景的病因学说,使中医病因学说进一步系统化、理论化,对后世有深远的影响。金元时期,更出现了各具特色的学说流派,最具代表性的医家是刘完素、李杲、张从正、朱丹溪,后人尊之为"金元四大家"。刘完素(河间)以火热论立论,倡"六气皆从火化""五志过极皆能生火",因此治病多以寒凉为主,后世称他为"寒凉派",他的学说给温病学说的形成以很大的启示;张从正(子和)认为病由邪生,"邪去则正安",攻邪祛病,以汗、吐、下为攻去病邪的三个主要方法,后世称他为"攻邪派(攻下派)";李杲(李东垣)提出了"内伤脾胃,百病由生"的论点,治疗以补益脾胃为主,后世称他为"补土派";朱丹溪(震亨)倡"相火论",提出"阳常有余,阴常不足",治病以养阴降火为主,被后世称之为"滋阴派"。总之,刘、张、李、朱四家,其火热论、攻邪论、补土论、养阴论,立说不同,各有创见,但都从不同角度丰富了中医药学的内容,促进了医学理论的发展。

考点:金元四大家

明清时期,是中医学理论的深化发展阶段。明代赵献可在《黄帝内经》《难经》的基础上阐发了"命门学说",强调命门之火的重要生理作用。明代医家张景岳编写《类经》,以类分门,详加注释,辑成《景岳全书》,对后世医学发展产生了较大影响。清代医学家王清任著《医林改错》,发展了瘀血理论,创立了活血化瘀的方剂。

温病学是研究四时温病的发生、发展规律及其诊治方法的一门临床学科,是我国人民长期与外感热病作斗争的经验总结。温病学理论源于《黄帝内经》《难经》和《伤寒论》等书,经过汉以后历代医家的不断研究、补充和发展,逐步形成了一门独立的学科。明代吴又可在《温疫论》中提出了传染病的病因是一种被称为"疠气"的致病物质,传染途径是从口鼻而入。叶天士、吴鞠通等温病学家,创立了以卫气营血、三焦为核心的温病辨证论治理论和方法,从而使温病学在因、证、脉、治方面形成了完整的理论体系。

鸦片战争以后,中西文化在学术上逐渐有了沟通,张锡纯《医学衷中参西录》,从医理、临床各科病症以及治疗用药等方面,均大胆地引用中西医理互相印证,并创造性地并用中西药物,对后人有较多的启示。

新中国成立后,中西医工作者在整理研究历代医学文献的同时,运用现代科学方法研究中医基础理论,在经络与脏腑实质的研究方面,都有一定的进展。

第2节 中医学的基本特点

中医学的基本特点包括整体观念和辨证论治(施护)。

案例 1-1

患者,女性,43岁。近3天舌肿胀疼痛,舌尖起芒刺、舌边有溃疡,纳差、眠差、心烦,小便短赤、大便干结。查体:舌红绛芒刺溃疡,苔薄黄,脉细数。
问题:患者的各种症状是否具有一定的内在联系性?为什么?

一、整体观念

整体,就是统一性和完整性。整体观念是中国古代唯物论和辩证思想在中医学中的体现,它贯穿于中医学的生理、病理、诊法、辨证和治疗等各个方面。中医学非常重视人体本身的统一性、完整性及其与自然界的相互关系,认为人体是一个有机的整体,构成人体的各个组成部分之间在结构上不可分割，在功能上相互协调、互为补充，在病理上相互影响。人体与自然界也是密不可分的，自然界四时的变化随时影响着人体，人类在能动地适应自然和改造自然的过程中维持着正常的生命活动。这种机体自身整体性和内外环境统一性的思想即整体观念。

（一）人体是一个有机整体

人体是由若干脏器、组织和器官组成的。人体各脏器、组织器官在生理上是相互联系的，在病理上则是相互影响的，决定了机体的整体统一性。这些脏器、组织和器官各自不同的功能，又都是整体活动的一个重要组成部分。机体的整体统一性，是以五脏为中心，配以六腑，通过经络系统"内属脏腑，外络肢节"的作用而实现的。五脏是代表着整个人体的五个系统，人体所有器官都包括在这五个系统中。人体以五脏为中心，通过经络系统，把六腑、五体、五官、九窍、四肢百骸等全身组织器官联系成了以心、肺、脾、肝、肾为中心五大功能系统有机的整体，并通过精、气、血、津液的作用，来完成机体统一的机能活动。五大系统间的动态平衡构成一个表里相连、上下沟通、密切联系、相辅相成、协调共济、井然有序完成机体统一体。这种五脏一体观反映了人体内部器官是相互关联而不是孤立的一个统一整体。形与神俱，不可分离。形是神的藏舍之处，神是形的生命体现。形神统一，是生命存在的保证。

在发生病变时，脏腑功能失常，可以通过经络反应于体表、组织或器官，体表、组织或器官有病，也可通过经络影响所属脏腑；脏与脏、腑与腑之间也可通过经络的联系而互相影响。如出现"肝火"，可见目赤肿痛，肝火可传入心，而见心肝火旺，烦躁易怒；肝火传入肺，即肝火犯肺，可见胁痛咳血。因此在认识疾病的过程中，首先着眼于整体，重视人体某一部分的病变对其他各部分的影响。在诊断疾病时，可通过五官、形体、色脉等外在变化，了解体内脏腑病变。在治疗疾病时，亦从整体观念出发，用"察外知内"的方法，通过观察如舌尖红赤，当想到心开窍于舌，红赤为火之色，舌尖红赤为心火旺之证，治疗当用清心泻火法。

> **案例 1-1 分析**
> 是的。因为人是一个有机的整体，症状是体内脏腑的病理反应，患者因心火亢盛，出现了一系列与心相关的症状，舌为心之苗，故见舌尖起芒刺，舌边有溃疡；心与小肠相表里，故见小便短赤；心主神志，故见心烦。

（二）人与自然界的统一性

人类生活在自然界中，自然界有着人类赖以生存的必要条件。自然界的变化直接或间接地影响着人体，而机体则相应地产生反应。属于生理范围内的，为生理的适应性。超越了这个范围，即是病理性反应。

1. 季节气候对人体的影响　在一年四时季节变化之中，有春温、夏热、秋凉、冬寒的气候变化，自然界的生物就会发生春生、夏长、秋收、冬藏等相应的适应性变化。人体也须与之相适应，如《灵枢·五癃津液别》说"天暑衣厚则腠理开，故汗出……天寒则腠理闭，气湿不行，水下留于膀胱，则为溺与气。"这说明春夏阳气发泄，气血容易趋向于体表，表现为皮肤松弛、疏泄多汗等；秋冬阳气收藏，气血容易趋向于里，表现为皮肤致密、少汗多尿等。同理，人体的脉象也随四时有相应的变化，如《素问·脉要精微论》说"春日浮，如鱼之游在波；夏日在肤，泛泛乎万物有余；秋日下肤，蛰虫将去；冬日在骨，蛰虫周密。"这种脉象的浮沉变化，也是机体受四时更替的影响，在气血方面所引起的适应性调节反映。

2. 昼夜晨昏对人体的影响　昼夜晨昏的阴阳消长，对人体的影响也很明显，须与之相应。《灵枢·顺气一日分为四时》说："以一日分为四时，朝则为春，日中为夏，日入为秋，夜半为冬"，一昼夜的寒温变化，对人体有一定的影响。又说"夫百病者，多以旦慧昼安，夕加夜甚。"因早晨、中午、黄昏、夜半，人体阳气存在着生、长、衰、入的规律，从而影响到邪正斗争，病情也呈现出慧、安、加、甚的起伏变化。正如《素问·生气通天论》所说："故阳气者，一日而主外，平旦人气生，日中阳气隆，日西而阳气已虚，气门乃闭。"

3. 地区方域对人体的影响　各个地区的不同气候、土质和水质差异以及不同的地理环境和生活习惯，对人体的生理活动也有一定的影响。如江南地势低，气候温暖而湿润，故人体的腠理多疏松；北方地势高，气候寒冷干燥，故人体的腠理多致密。人们生活在已经习惯的环境中，一旦异地而居，就会感到身体不适，习惯上称"水土不服"，如果经过一段时间之后，也就会逐渐适应。由于地域不同，人的体质不同，所患疾病也有差异，特别是一些地方性疾病，与地理环境的关系更为密切。

《灵枢·邪客》说："人与天地相应也"，人的生理、病理无不受自然环境的影响，但人类不仅能被动地适应自然，更能主动地改造自然和自然作斗争，从而提高健康水平，减少疾病的发生。《素问·移精变气论》说："动作以避寒，阴居以避暑"，是强调主动适应自然环境，改造自然环境的论述。

（三）人体与社会环境的统一性

社会环境包括社会的政治、经济、文化等特征，人的年龄、性别、风俗习惯、宗教信仰、婚姻状况、生活方式、生活习惯和爱好等。人生活在社会之中，社会环境的变动对人可发生影响。《论衡》说："太平之世多长寿人"，社会的安定与动乱、社会经济与文化的发展以及人的社会地位变动，都可以引起人体机能的变化。社会安定，天下太平，人们丰衣足食，生活有规律，抗病力强，患病较少，故寿命也较长；反之，社会动乱，战火纷飞，缺衣少食，民不聊生，抗病能力下降，各种疾病皆易发生，常瘟疫流行，故死亡人数多，平均寿命短。社会地位、经济状况、家庭纠纷、亲人亡故、邻里不和、上下级之间或同事之间关系紧张，均可破坏人体生理和心理的协调与稳定。从而损害身心健康，导致疾病的发生。因此，预防疾病时，必须充分考虑社会因素对人体身心机能的影响，尽量减少不利的社会因素对人的精神刺激，以维持身心健康，预防疾病的发生。

> **考点：**整体观念的概念

二、辨证论治（施护）

辨证论治是中医学的基本特点之一，是中医学诊断和治疗疾病的基本原则，是中医学对疾病的一种特殊的研究和处理方法。

辨证施护是应用中医理论将疾病概括为某种证，在辨证的基础上，确定相应的护理原则和措施。

（一）辨证

所谓辨证，就是将四诊（望、闻、问、切）所收集的资料、症状和体征，通过分析、综合、辨清疾病的原因、性质、部位和邪正之间的关系，概括、判断为某种证。所谓证，就是指疾病在发展过程中，某一阶段的病理概括。辨证的概念中，与"病""症"既有联系，又有区别。所谓"病"，是指有特定病因、发病形式、病机、发展规律和转归的一种完整的过程，如感冒、卒中等。"症"即症状，如发热、口渴。"证"是指在疾病发展过程中，某一阶段出现的各种症状的概括，包括病因、病位、病性和邪正关系，反映了疾病发展过程中，

中医学基础

考点：证的概念

该阶段病理变化的全面情况，因此它比"症"更全面、更深刻、更正确地反映着疾病的本质。如感冒，发热、恶寒、头身疼痛等症状，属病在表，由于致病因素和机体反应性的不同，常表现为风寒感冒和风热感冒，只有把感冒所表现的"证候"是属于风寒还是风热辨别清楚，才能确定是用辛温解表还是辛凉解表治疗（护理）。

案例 1-2

患者甲，女性，43岁。鼻塞流清涕，咳嗽，痰液清稀，恶寒发热，头身酸楚疼痛，无汗，口不渴，舌苔薄白，脉浮紧。患者乙，女性，45岁。恶风身热，汗出口渴，咽喉红肿疼痛，咳嗽，痰黄质黏稠，舌红苔薄黄，脉浮数。

问题：两位患者均有外感，她们的病相同吗？证相同吗？治疗（护理）方法相同吗？为什么？

（二）论治（施护）

论治，是在辨证的基础上确定相应的治疗（护理）原则和方法，也是研究和实施治疗（护理）的过程。辨证和论治，是诊疗疾病过程中不可分割的两个方面，辨证是论治（施护）的前提和依据，论治（施护）是辨证的目的和方法。通过论治（施护）可以检验辨证准确与否。

在同一个疾病当中，由于在疾病发展的不同阶段，病理变化不同，即证不同，根据辨证论治的原则，治法也就不同，这种情况称为"同病异治"。如治疗麻疹，在初期，麻疹未透，宜发表透疹；中期肺热明显，需清肺热；后期多为余热不尽，肺胃阴伤，故以养阴清热为宜。可见"同病异治"是必要的。与此相反，在不同的疾病中，出现了具有同一性质的证，可采用同一方法治疗，称为"异病同治"。如久泻脱肛属于中气下陷，产后因调理不当子宫下垂，也属中气下陷，都可用益气升提的治疗方法。由此可见，中医治病不是着眼于"病"的异同，而是"证"的异同，"证同治亦同，证异治亦异"。这种针对疾病发展过程中不同质的矛盾用不同的方法去解决的法则，就是辨证论治（施护）的精髓所在。

考点："同病异治""异病同治"的概念

案例 1-2 分析

两患者虽均为外感表证，患者甲因外感风寒之邪，侵袭肺卫，致肺气失宣，为风寒外束，肺失宣降，卫表失和所致；患者乙因风热之邪，使肺失清肃，为风热犯肺，肺失清肃，卫表不和，热灼肺津所致。二者病虽同，证不同，为风寒感冒和风热感冒，故治法及护理方法是不同的，分别用辛温解表、辛凉解表治疗（护理）。

小结

中医学历史悠久，先秦、秦、汉时期，代表性著作主要有《黄帝内经》《伤寒杂病论》《难经》《神农本草经》。金元时期，最具代表性的医家是"寒凉派"刘完素、"补土派"李杲、"攻邪派（攻下派）"张从正、"滋阴派"朱丹溪，后人尊之为"金元四大家"。

中医学的基本特点包括整体观念和辨证论治（施护）。在整体观念中主要包括人体是一个有机的整体；人与自然界的统一性；人与社会环境的统一性。辨证论治（施护）是中医学的另一基本特点。所谓辨证，就是将四诊（望、闻、问、切）所收集的资料、症状和体征，通过分析、综合、辨清疾病的原因、性质、部位和邪正之间的关系，概括、判断为某种证。论治（施护）。则是根据辨证的结果，确定相应的治疗与护理的方法。"同病异治"与"异病同治"主要就是辨其证是否相同，证同则治护同，证异则治护异。

自测题

一、选择题

A_1 型题

1. 奠定中医学理论基础的经典著作是（　　）
   A.《黄帝内经》　　　　B.《难经》
   C.《伤寒杂病论》　　　D.《神农本草经》
   E.《本草纲目》

2. 我国最早的药物学专著（　　）
   A.《黄帝内经》　　　　B.《难经》
   C.《伤寒杂病论》　　　D.《神农本草经》
   E.《新修本草》

3. 《伤寒杂病论》的作者是（　　）
   A. 张仲景　　　　　　B. 张景岳
   C. 张从正　　　　　　D. 李时珍
   E. 扁鹊

4. 最先使用麻沸散进行全身麻醉，施行手术的医家是（　　）
   A. 张仲景　　　　　　B. 张景岳
   C. 华佗　　　　　　　D. 朱丹溪
   E. 李杲

5. 在金元四大家中，被称为滋阴派的是（　　）
   A. 刘完素　　　　　　B. 李杲
   C. 张从正　　　　　　D. 朱丹溪
   E. 张仲景

6. 能反映疾病在某一阶段病理变化本质的是（　　）
   A. 证　　　　　　　　B. 病
   C. 症　　　　　　　　D. 征
   E. 脉

7. 中医学的基本特点是整体观念和（　　）
   A. 辨症论治　　　　　B. 辨病论治
   C. 辨证论治（施护）　D. 辨征论治
   E. 辨脉论治

8. 整体观念不包括（　　）
   A. 人体是一个有机整体
   B. 人与上帝
   C. 人与自然界的统一性
   D. 人体与社会环境的统一性
   E. 人与地理环境

9. 下列属于病的有（　　）
   A. 发热　　　　　　　B. 气短
   C. 消渴　　　　　　　D. 恶心
   E. 口干

A_2 型题

10. 患者，男性，35 岁。因工作压力大，近 1 个月出现胸闷喜叹息，两胁作痛，头晕纳差，大便溏薄，舌质淡红、苔薄黄腻，脉弦数；患者，女性，35 岁。因心情不好，近 6 个月出现每次月经推后 10 余天，经色黯红、有块，经行前乳房胀痛，少腹部疼痛，舌红苔薄白，脉弦涩。两患者同用疏肝解郁之治法，是因二者（　　）相同。
    A. 证　　　　　　　　B. 病
    C. 症　　　　　　　　D. 征
    E. 脉

二、临床情景化任务

请同学们根据所学辨证施护内容，拟出一份针对风寒感冒与风热感冒的护理方法（提示：①症状的辨别；②不同的护理方法）。

（郝志红）

第 2 章　阴阳五行学说

相传天地形成之前，宇宙一片混沌，盘古开天辟地，将混沌一分为二，清阳之气上升而为天，浊阴之气下沉而为地。天地形成之后，在阴阳二气的相互作用之下，发展变化出了由木、火、土、金、水五种基本物质所构成的物质世界。古人根据生产、生活实践和对自然现象的长期观察，逐渐形成认识自然和解释自然的世界观，朴素的唯物论和辩证法——阴阳五行学说。

案例 2-1

患者，女性，20 岁。高热、咳嗽、气促 4 天。4 天前因受热出现咳嗽、咽痛，继而高热，体温 40.2℃，持续不退，伴咳喘气粗，痰黄稠，面红，烦燥不安，口渴喜冷饮，舌质红、苔黄，脉数有力。

问题：本例患者属于阴证还是阳证？

古人将宇宙中一切事物和现象相互对立又相互关联的两个方面概括为阴阳，用阴阳的属性及其运动变化规律来认识自然、解释自然，并探求自然规律，这就是阴阳学说。古人又把构成物质世界的最基本元素概括为木、火、土、金、水，并称之为五行。这五种基本元素之间存在着相互滋生和制约的关系，并处于不断运动变化之中，这就是五行学说。

阴阳学说和五行学说是古人认识自然和解释自然的世界观和方法论。属于中国古代哲学的范畴。《黄帝内经》将阴阳五行学说与中医学理论相结合，用以阐述人体的生理、病理，指导医疗实践及养生，形成了具有中医特色的阴阳五行学说，是中医学理论的重要组成部分。

第 1 节　阴阳学说

阴阳学说认为，世界是物质性的整体，自然界的任何事物都包涵阴和阳相互对立的两个方面，而对立的双方又是相互统一的。阴阳的对立统一运动，是自然界一切事物发生、发展、变化及消亡的根本原因。

一、阴阳的基本概念

阴阳是指宇宙中一切相互关联的事物和现象对立双方属性的概括。阴阳的最初涵义是很朴素的，表示阳光的向背，向日为阳，背日为阴，后来引申为气候的寒暖，方位的上下、左右、内外，运动状态的躁动和宁静等。古代的哲学家们进而体会到自然界中的一切现象都存在着相互对立而又相互作用的关系，于是就用阴阳这一概念来解释其相互关系和运动发展变化的规律。

阴阳代表着事物相互对立又相互关联的两个方面。它既可以代表两个相对立的事物，也可以代表同一事物内部存在的既相互对立又相互关联的两个方面。如以天地而言，天气轻清为阳，地气重浊为阴；以水火而言，水性寒而润下属阴，火性热而炎上属阳；以人体内部的气血而言，气具有温煦、推动的作用，属阳，血具有滋润、濡养的作用，属阴。一般来说，凡是运动的、外向的、上升的、温热的、明亮的、无形的、兴奋的、功能的、强大的、刚性的，都属于阳；凡是相对静止的、内向的、下降的、寒冷的、晦暗的、有形的、抑制的、物质的、柔性的，都属于阴（表2-1）。在自然界中凡相互关联的事物或现象，都可以用阴阳对其各自的属性加以概括分析。但用阴阳所分析的事物或现象，它们必须是相互关联的，不相关的事物或现象不能分阴阳。如：就温度的寒和热而言，热为阳，寒为阴；就运动状态动和静而言，动为阳，静为阴。但寒和动就不能划分阴阳，因为两者不是一对相互关联的事物。可见，阴阳是抽象的概念而不是具体的事物，所以说："阴阳者，有名而无形"（《灵枢·阴阳系日月》）。

考点：阴阳的概念

表2-1　事物和现象的阴阳属性举例

属性	空间	时间	季节	温度	亮度	事物的动态
阳	上、外、左	昼	春夏	温热	明亮	运动、上升、兴奋
阴	下、内、右	夜	秋冬	寒凉	晦暗	静止、下降、抑制

古代传下来的阴阳鱼能形象地解释阴阳。黑白二色，代表阴阳双方，天地两部；黑白两界划分出天地阴阳界。白中黑点表示阳中有阴，黑中白点表示黑中有白（图2-1）。

事物和现象的阴阳属性具有普遍性、相对性和可分性三个特点。所谓普遍性是指自然界中凡属于相关的事物或现象，都可以用阴阳对其各自的属性加以概括分析。如水与火、动与静。阴阳的相对性指阴阳双方是通过比较而分阴阳的，单一事物就无法定阴阳。如70℃的水，与100℃的水相比较，当属阴；但与30℃的水相比较，则应当属阳。可分性是指阴阳之中可再分阴阳，阴阳具有无限可分性。如：昼为阳，夜为阴；白昼又可再分，上午为阳中之阳，下午为阳中之阴；黑夜亦可再分，前半夜为阴中之阴，后半夜为阴中之阳。

图2-1　阴阳鱼

 **链接**

阴阳是迷信吗？

在一些人眼里阴阳是故弄玄虚的玄学，没有科学依据，是封建迷信的代名词。其实这是一种误解。阴阳的概念源自古代中国人民的自然观，古人观察到自然界中各种对立又相联的大自然现象，如天地、日月、昼夜、寒暑、男女、上下等，便以哲学的思想方式归纳出"阴阳"概念。是古人认识自然和解释自然的一种世界观和方法论。在科技发达的现代社会，阴阳理论也已经渗透在生活的方方面面。如电脑二进位制的0和1，0是阴，1是阳；日历中，农历称为阴历，公历称为阳历；化学中的离子有阴离子和阳离子；物理学中电荷的正极称为阳极，负极称为阴极……由此可见，阴阳只是作为相对的概念，用以区分事物的属性。只要我们正确理解了阴阳的概念，就不会将阴阳和封建迷信混为一谈了。

中医学基础

二、阴阳学说的基本内容

阴阳学说的基本内容，包括阴阳的相互对立、阴阳的互根互用、阴阳的相互消长、阴阳的相互转化四个方面。

（一）阴阳的相互对立

阴阳学说认为，自然界一切事物或现象都存在着相互对立的阴阳两个方面，如上与下、天与地、动与静、升与降等。阴阳的相互对立使得阴阳相互制约，如温热属阳，寒冷属阴，温热可以驱散寒冷，寒冷可以降低高温；水属阴，火属阳，水可以灭火，火可以使水蒸腾而气化。这就是阴阳之间的相互制约。阴阳之间相互制约的结果，使事物之间取得了动态平衡，即"阴平阳秘"。就人体的正常生理机能而言，机能之兴奋为阳，抑制为阴，二者相互制约，从而维持人体机能的相对动态平衡，这就是人体的正常生理状态。

（二）阴阳的互根互用

阴阳的互根互用，是指一切事物或现象中相互对立着的阴阳两个方面，具有相互依存、相互为用的关系。互根是双方任何一方不能脱离另一方而单独的存在。任何一方都是以对方的存在为自己存在的前提，如上为阳，下为阴，没有上就无所谓下，同样的，没有下也就无所谓上；寒为阴，热为阳，没有寒就无所谓热，没有热也就无所谓寒。所以说，阳依存于阴，阴依存于阳。互用是指阴阳之间存在着相互资生，相互促进和助长的关系。如人体的气和血，气具有温煦、推动的作用，属阳；血具有滋润、濡养的作用，属阴。气能生血、行血，血能载气、养气，故有"气为血之帅，血为气之母"之说。《素问·阴阳应象大论》说："阴在内，阳之守也；阳在外，阴之使也。"指出阴精在内，是阳气的物质基础；阳气在外，是阴精所化生的。这就是对阴阳互根互用关系的高度概括。

（三）阴阳的消长

消，即削弱，减少；长，即壮大，增加。阴阳消长是指阴阳双方不是一成不变的，而是始终处于"阴消阳长"或"阳消阴长"的运动变化之中。事物通过阴阳的消长变化，保持阴阳双方的平衡，以维持事物的正常发展变化。如就人体而言，各种功能活动（阳）的产生，必须要消耗一定的营养物质（阴），这是"阳长阴消"的过程；而营养物质（阴）的产生，又必然会消耗器官的功能活动（阳），这是"阴长阳消"的过程。一年四季的气候变化，由冬到春及夏，气候由寒变热，是一个"阴消阳长"的过程；由夏到秋及冬，气候由热变寒，是一个"阳消阴长"的过程。一日之内，早上"阳长阴消"，日中阳气最盛，黄昏"阴长阳消"，夜半是阴最盛之时；人体亦与自然相应，日间阳多阴少，兴奋而体温偏高，夜间阴多阳少，抑制而体温偏低。可见自然界与人身之阴阳，时刻处于消长变化之中，但只要这种消长稳定在一定范围之内，没有超越一定限度，即可认为处于平衡状态。如果消长过度，则平衡被破坏，在自然界则形成灾害，如过寒、过热、水灾、旱灾之类；在人体则引起病理改变，如寒证、热证、虚证、实证等。

（四）阴阳的转化

阴阳转化，是指阴阳对立双方在一定条件下，可以各自向其相反的方向转化，即阴转化为阳，阳转化为阴，从而使事物的属性发生根本的改变。如寒暑的变化，昼夜的交替；疾病过程中的热证、寒证的相互转化等。在事物发展过程中，阴阳消长是一个量变的过程，而阴阳转化则是在量变的基础上发生的质变。阴阳的转化必须具备一定的条件，这种条件即"重"或"极"。当阴阳的消长达到极限，阴阳的属性就会向其相反的方向转化，即所谓的"物极必反"。即 "重阴必阳，重阳必阴，寒极生热，热极生寒"（《素问·阴阳应象大论》）。如一年当中季节的更替，当"冬至"时阴寒极甚而阳气生，气候逐渐转暖；"夏至"时阳热极甚而阴气生，气候逐渐转凉。又如某些急性热病，因热毒极重，耗损正气，在持续高热时，突然体温下降、四肢厥冷、面色苍白等阳气暴脱的危象，即属于由阳证转化为阴证。阴阳转化有渐变和突变两种形式，如一年四季之中的寒暑交替，一日之中的昼夜转化，即属于"渐变"的形式；夏天极热天气的骤冷和下冰雹，急性热病中由高热突然体温下降、四肢厥冷等，即属于"突变"的形式。

考点：阴阳学说的基本内容

三、阴阳学说在中医学中的应用

阴阳学说贯穿于中医学的各个领域，用来说明人体的组织结构、生理功能、病理变化，并指导临床的诊断、治疗和护理。

（一）说明人体的组织结构

阴阳学说在阐释人体的组织结构时，认为人体是一个有机的整体，人体内部充满了阴阳对立统一的现象。人体的一切组织结构，既是有机联系的，又可以划分为相互对立的阴阳两方面（表2-2）。

表2-2 人体组织结构的阴阳划分

属性	人体的部位	人体内外	脏腑	气血
阴	下部、腹部、四肢内侧	体内	脏	血
阳	上部、背部、四肢外侧	体外	腑	气

（二）说明人体的生理功能

阴阳学说认为人体正常的生理活动是阴阳双方保持着对立统一的协调关系，使之处于动态平衡状态的结果。人体的生理活动可以概括为功能活动（阳）和物质（阴）在矛盾运动中达到平衡的结果。人体功能活动的产生是以物质为基础的，没有物质就不会产生功能活动；而功能活动的结果，又不断促进物质的新陈代谢。因此，阴与阳共处于相互对立、互根互用、消长平衡和相互转化的统一体之中，以此维持物质与功能、阴与阳的相对动态平衡，保证生命活动的正常进行。

（三）说明人体的病理变化

人体阴阳之间的消长平衡是维持正常生命活动的基本条件。当致病因素作用于机体，使阴阳平衡失调，出现阴阳偏盛或偏衰的病理表现（表2-3）。

表2-3 人体阴阳划分病理变化

阴阳盛衰	病理状态	病理	临床表现
阴偏胜	阴高于正常水平	阴胜则寒	恶寒、怕冷、无汗、全身冷痛、脉紧
阳偏胜	阳高于正常水平	阳胜则热	发热、汗出、面赤、口渴、脉洪数
阴偏衰	阴低于正常水平	阴虚则热	五心烦热、盗汗、舌红少津、脉细数
阳偏衰	阳低于正常水平	阳虚则寒	形寒肢冷、面色㿠白、舌淡、脉沉迟无力

1. 阴阳偏胜 阴阳偏胜包括阴偏胜和阳偏胜，是阴或者阳的一方高于正常水平的病理

状态。阴阳偏胜的特点是，阴或阳中一方偏胜，而另一方正常。其病理特征为"阳胜则热，阴胜则寒"（《素问·阴阳应象大论》）。

2. 阴阳偏衰　阴阳偏衰包括阴偏衰和阳偏衰，是阴或者阳的一方低于正常水平的病理状态。阴阳偏衰的特点是，阴或阳中一方偏衰，而另一方正常。其病理特征为"阴虚则热，阳虚则寒"。

> **案例 2-1 分析**
> 　　患者高热、咽痛、咳喘气粗，痰黄稠，面红，烦躁不安，口渴喜冷饮，舌质红、苔黄，脉数有力等症状符合阳的特征，故本证属于阳证。

（四）用于疾病的诊断（护理评估）

阴阳学说用于疾病的诊断，是以阴阳来概括说明病变部位、性质和各种症状的属性，从而作为辨证的纲领，故《素问·阴阳应象大论》说："善诊者，察色按脉，先别阴阳。"如：望诊中面色鲜明为阳，面色晦暗为阴；闻诊中语音高亢洪亮为阳，语声低微无力为阴；脉象中浮、大、滑、数为阳，沉、小、涩、迟为阴等（表2-4）。

表2-4　阴阳学指导疾病的诊断

属性	疾病部位	疾病性质	邪正力量对比	面色	语声	四肢	脉象
阴	里证	寒证	虚证	鲜明	低弱无力	手足不温	细、迟
阳	表证	热证	实证	晦暗	高亢洪亮	手足发热	洪、数

（五）用于疾病的治疗与护理

阴阳学说用于指导疾病的治疗与护理，一是确定治疗和护理原则，二是归纳药物性能的阴阳属性。疾病发生、发展、变化的基本机制是阴阳平衡失调。因此，调整阴阳，补虚泻实，促使阴平阳秘，恢复阴阳的动态平衡，是治疗和护理疾病的基本原则。阴阳偏胜形成的实证，以"实者泻之"为总的治疗原则，阴阳偏衰形成的虚证，以"虚者补之"为总的治疗原则。如：阳偏胜导致的实热证，则用"热者寒之"的治疗方法，阴偏胜导致的实寒证，则用"寒则热之"的治疗方法；阴偏衰导致的虚热证，治疗当滋阴以抑阳，用"壮水之主，以制阳光"的治法，阳偏衰导致的虚寒证，治疗当补阳以抑阴，用"益火之源，以消阴翳"的治法（表2-5）。

表2-5　阴阳学指导疾病的治疗和护理

阴阳胜衰	病理	治疗原则	药性	药味
阴偏胜	阴胜则寒	寒者热之	温热	辛
阳偏胜	阳胜则热	热者寒之	寒凉	苦
阴偏衰	阴虚则内热	虚者补（阴）之	偏寒	甘
阳偏衰	阳虚则外寒	虚者补（阳）之	偏热	甘

第2节　五行学说

> **案例 2-2**
> 　　患者3天前与邻居争吵后，情志不舒，两胁胀痛，心烦易怒，嗳气频繁，不思饮食，脘腹窜痛，痛则欲泻，泻后痛减。今日起咳嗽阵作，干咳、痰少黏稠，口苦、咽干；舌质红、

苔薄黄，脉弦数。

问题：如何用五行生克乘侮理论解释上述现象？

五行一词，最早见于《尚书·洪范》。五行学说形成于战国时期，属于中国古代哲学的范畴。五行学说是以木、火、土、金、水五种物质的特性及其"相生""相克"规律来认识世界和探求宇宙规律的一种世界观和方法论。《黄帝内经》将五行学说和中医学理论相结合，用来阐述人体脏腑组织结构之间的相互联系及人体与外界环境的关系，指导临床对疾病的诊断、治疗及护理，成为中医学理论的重要组成部分。

护考链接

中医五行学说中描述的"五行"是指下列哪五种物质及其运动变化（　　）
A. 木、火、风、土、雨　　　　　　B. 木、火、土、金、水
C. 喜、怒、忧、思、恐　　　　　　D. 木、火、土、寒、热
E. 风、寒、湿、燥、火

分析："五行"是指木、火、土、金、水五种基本物质及其运动变化，指的是自然界的五种基本物质，既不是五志、七情，也不是六气、六淫，故选B。

一、五行的基本概念

（一）五行的概念

五，指构成世界的木、火、土、金、水五种基本物质；行，指运动变化。五行，即指木、火、土、金、水五种基本物质及其运动变化。

考点：五行的基本概念

（二）五行的特性

五行的特性，是古人在长期的生活和生产实践中，对木、火、土、金、水五种物质的直观观察和朴素认识的基础上，进行抽象而逐渐形成的理性概念，是用以识别各种事物的五行属性的基本依据。一般认为，《尚书·洪范》中所说的"木曰曲直、火曰炎上、土爰稼穑、金曰从革、水曰润下。"是对五行特性的经典概括。

木的特性："木曰曲直"。"曲"，屈也；"直"，伸也。"曲直"，形容的是树木生长的状态，即指树木的枝条具有生长、柔软、能曲又能直的特性，因而引申为凡是具有生长、升发、条达、舒畅等性质或作用的事物，均归属于木。

火的特性："火曰炎上"。"炎"，是焚烧，热烈之义；"上"，是上升。"炎上"，形容的是火焰炎热、向上的特点，即火具有温热、上升的特性。因而引申为凡是具有温热、升腾、向上等性质或作用的事物都归属于火。

土的特性："土爰稼穑"。"爰"通"曰"；"稼"，即种植谷物；"穑"，即收获谷物。"稼穑"，泛指人类种植和收获谷物的农事活动，因而引申为凡是具有生化、承载、受纳等性质或作用的事物，均归属于土。故有"土为万物之母"之说。

金的特性："金曰从革"。"从"，由也，说明金的来源；"革"，即变革。"从革"，即说明金是通过变革而产生。自然界里的金属极少，大多数的金属都是由矿山冶炼而产生的。金的质地沉重，且常杀戮，因而引申为凡是具有沉降、肃杀、收敛特性的事物或现象，均归属于金。

水的特性："水曰润下"。"润"，即湿润、滋润、濡润；"下"，即向下，下行。"润下"，是指水滋润向下的特点。因而引申为凡是具有滋润、下行、寒凉闭藏特性的事物或现象，均归属于水。

二、五行学说的基本内容

（一）对事物属性的五行归类

古人以五行特性为依据，运用"取象比类"法和"推演络绎"法，将人体的组织机构、生理、病理现象及自然界所有事物和现象，分别归纳于木、火、土、金、水五行之中，构成了五大系统，用来阐述人体脏腑之间的相互联系及人体与外界环境之间的关系（表2-6）。如：以季节配五行，由于春季万物复苏，草木萌生，故归属于木；夏季炎热，故归属于火；长夏潮湿多雨，故归属于土；秋季收敛，秋风肃杀，故归属于金；冬季天寒地冻，故归属于水。以五脏配五行：由于肝主升发喜条达，与木的升发特性相似，故归属于木；心阳有温煦的作用，与火的温热特性相似，故归属于火；脾主运化，为"气血生化之源"，与土的生化特性相似，故归属于土；肺主肃降，与金的肃降收敛特性相似，故归属于金；肾藏精，主水，与水的闭藏、润下的特性相似，故归属于水。

表2-6 事物属性的五行归类

自然界						五行	人体				
五色	五味	五化	五气	五方	五季		五脏	五腑	五体	五窍	五志
青	酸	生	风	东	春	木	肝	胆	筋	目	怒
赤	苦	长	暑	南	夏	火	心	小肠	脉	舌	喜
黄	甘	化	湿	中	长夏	土	脾	胃	肉	口	思
白	辛	收	燥	西	秋	金	肺	大肠	皮	鼻	悲
黑	咸	藏	寒	北	冬	水	肾	膀胱	骨	耳	恐

护考链接

在中医五行归类中，人体五官是（　　）
A. 筋、脉、肉、皮毛、骨　　B. 筋、脉、肉、气血、髓
C. 目、舌、鼻、唇、耳　　　D. 目、舌、鼻、唇、喉
E. 目、舌、鼻、口、耳
分析：本题考人体组织器官的五行归类。木、火、土、金、水分别对应目、舌、口、鼻、耳，故选E。

（二）五行的生克乘侮

五行学说并不是静止地、孤立地将事物归属于五行，而是以五行之间的相生、相克及制化关系来阐述事物之间的相互联系、相互协调平衡的统一性和整体性；用五行之间的相乘、相侮来阐述事物之间协调平衡被破坏之后的相互影响。

1. 相生 生，即资助、促进、助长之意。相生，是指木、火、土、金、水之间存在着有序的依次相互资生、促进、助长的关系。五行之间的相生次序：木生火，火生土，土生金，

金生水，水生木。在五行相生关系中，任何一行都具有"生我"和"我生"两个方面的关系。"生我"者为母，"我生"者为子，故相生关系也被称为母子关系。以木为例，由于水生木，生我者为水，故水为木之母，由于木生火，我生者为火，故火为木之子。余可类推。

2. 相克 克，即制约、克制。五行相克，是指木、火、土、金、水之间存在着有序的依次相互制约、克制的关系。五行的相克次序：木克土，土克水，水克火，火克金，金克木。在相克关系中，任何一行都具有"克我"和"我克"两方面关系。"克我"者为"所不胜"；"我克"者，为"所胜"。故相克关系，也称为"所胜"、"所不胜"关系。以土为例，由于木克土，故"我克"者为木，木为土之"所不胜"；故"克我"者为木，土为木之"所胜"。

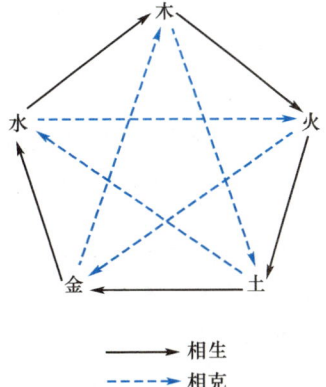

图 2-2 五行相生相克

五行的相生相克维持着五行之间的动态平衡，是自然界的正常现象。人体内五行的相生相克，也属于正常的生理活动（图 2-2）。

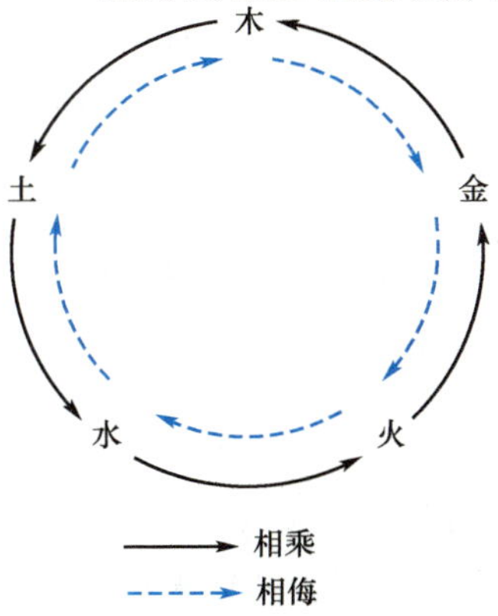

3. 相乘 乘，即乘虚侵袭之意。五行相乘，是指五行之中某一行对其所胜的一行的过度克制。五行相乘的次序与相克的次序相同，即木乘土，土乘水，水乘火，火乘金，金乘木。

4. 相侮 侮，即欺侮，恃强凌弱之意。五行相侮，是指五行之中某一行对其所不胜的一行的反向克制。五行相侮的次序与相克的次序相反，即木侮金，金侮火，火侮水，水侮土，土侮木。

五行的相乘相侮破坏了整体的平衡、稳定，是自然界的异常现象。人体内五行的相乘相侮破坏机体的动态平衡状态，导致疾病的发生（图 2-3）。

图 2-3 五行的相乘相侮

> 考点：五行的相生、相克、相乘、相侮的概念

案例 2-2 分析
本证为情志所伤，肝气郁结，肝病影响至胃而致嗳气、不思食，影响了脾而致脘腹窜痛，痛则欲泻，泻后痛减。肝属木，脾、胃均属土。本例即为木乘土的结果。

三、五行学说在中医学中的应用

五行学说在中医学中的应用，主要用事物属性的五行归类方法和五行的生克乘侮规律，具体地阐述人体的生理、病理现象，并指导临床诊断、治疗和护理。

1. 说明五脏的生理功能及相互关系 五行学说将人体的五脏分属于五行，以五行的属性来阐述五脏的生理机能。木有生长升发、条达舒畅的特性，肝喜条达而恶抑郁，主疏泄，故肝属于木；火有温热上炎的特性，心阳有温煦的作用，故心属于火；土有生化承载的特性，脾主运化，为"气血生化之源"，故脾属于土；金有清肃的特性，肺主肃降，故肺属于金；水具有闭藏润下的特性，肾藏精主水，故肾属于水。

五脏之间并不是孤立的，其功能活动存在着相互联系。五行学说运用五行的生克关系来阐述五脏生理功能之间的内在联系，即五脏之间存在着既相互资生又相互制约的关系。以五行的相生说明五脏之间的联系：如肝生心即木生火，肝木藏血以济心；心生脾即火生土，心火温煦脾土，助脾运化；脾生肺即土生金，脾运化水谷以充养肺；肺生肾即金生水，肺通调水道以助肾水；肾生肝即水生木，肾藏精以养肝血。以五行的相克关系说明五脏之

间的制约关系：肾水滋润上行以制约心火，防止心火过于亢盛；心火温煦有助于肺气宣发，制约肺气过于肃降；肺气清肃下行可抑制肝气的升发太过；肝的疏泄可防止脾土的壅滞；脾运化水湿可防止肾水的泛滥。

2. 说明五脏病变的相互影响 五行学说用五行的生克乘侮关系说明五脏病变的相互影响。如脾病传肺（母病及子），脾病传心（子病及母），脾病传肾（土乘水），脾病传肝（土侮木）。诸如此类，都可以用五行之间的关系来阐述五脏病变的相互影响。

3. 用于疾病的诊断、治疗和护理 五行学说在中医学诊断、治疗和护理方面的运用，主要根据五脏五色、五味、五官、五体在五行分类归属上的联系，结合四诊所收集的资料，用五行学说来推断病情，制订相宜治疗和护理方案。如面见青色、喜食酸，脉见弦象，可以诊断为肝病；面色红，口苦，脉洪数，可诊断为心火亢盛；脾虚病人，面见青色，为木乘土；心脏病人，面见黑色，为水乘火，等等。

在疾病发展过程中，一脏之病可以波及其他脏腑。因此，除了对本脏疾病进行治疗和护理之外，还应根据五行生克乘侮的规律来调节脏腑之间的关系，防止疾病传变。"见肝之病，知肝传脾，当先实脾"（《金匮要略》）。临床上治疗肝病的同时，常用健脾护胃的方法，防止肝病传脾。

> **小结**
>
> 阴阳五行学说属于中国古代哲学的范畴，是古人认识自然、解释自然的世界观和方法论。阴阳五行学说贯穿于中医学理论的始终，用以阐述人体的生理、病理，指导疾病的诊断、治疗和护理。阴阳学说主要强调阴阳双方在相互对立、互根互用、相互消长、相互转化的运动变化之中，维持阴阳相对的动态平衡状态，是保证自然界和人体正常生理状态的关键。调整阴阳，恢复阴阳动态平衡是治疗和护理疾病的基本原则。
>
> 五行学说认为木、火、土、金、水是构成物质世界的基本元素，五行之间通过生克制化的相互关系，维持着物质世界的动态平衡。中医学以五行的系统结构观点来阐述人体自身及人体与外环境之间的统一性。

自 测 题

一、选择题

A₁ 型题

1. 阴阳转化是（　　）
   A. 绝对的　　　　B. 必然的
   C. 无条件的　　　D. 有条件的
   E. 随意的

2. "寒极生热，热极生寒"属于阴阳的（　　）
   A. 相互对立　　　B. 相互消长
   C. 相互依存　　　D. 相互转化
   E. 相互平衡

3. 阴阳属性的划分中，属阴的是（　　）
   A. 兴奋的　　　　B. 外在的
   C. 下降的　　　　D. 运动的
   E. 明亮的

4. 不符合五行相生规律的是（　　）
   A. 木生火　　　　B. 水生土
   C. 金生水　　　　D. 土生金
   E. 火生土

5. 一昼夜中属于阴中之阳的时间是（　　）
   A. 上午　　　　　B. 下午
   C. 中午　　　　　D. 前半夜
   E. 后半夜

6. 五行学说中"土"的特性是（　　）
   A. 炎上　　　　　B. 稼穑
   C. 润下　　　　　D. 从革
   E. 曲直

7. 属于阴阳特点的是（   ）
   A. 绝对性　　　　　　B. 可分性
   C. 依存性　　　　　　D. 有限性
   E. 明确性
8. 用阴阳学说说明人体的组织结构，不属于阳的是（   ）
   A. 头面部　　　　　　B. 腰背部
   C. 腹部　　　　　　　D. 体表
   E. 气
9. 五色中属水的是（   ）
   A. 青　　　　　　　　B. 黄
   C. 白　　　　　　　　D. 黑
   E. 赤
10. "喜"这种情志活动归属于五行中的（   ）
    A. 木　　　　　　　　B. 火
    C. 土　　　　　　　　D. 金
    E. 水
11. 健康人体的阴阳关系可以概括为（   ）
    A. 阴阳相互制约　　　B. 阴阳互根
    C. 阴阳相互转化　　　D. 阴平阳秘
    E. 阴阳消长
12. 用阴阳学说，说明人体的组织结构，不属于阴的是（   ）
    A. 五脏　　　　　　　B. 六腑
    C. 津液　　　　　　　D. 血
    E. 背部

A_2 型题

13. 患者，女性，30岁。邪热壅肺，高热不退，突然出现面色苍白、四肢厥冷、精神萎靡、脉微欲绝，此属于阴阳的（   ）
    A. 相互对立　　　　　B. 相互消长
    C. 相互依存　　　　　D. 相互转化
    E. 相互平衡

A_3 型题

（14～15题共用题干）

患者，女性，49岁。因情志不遂而发病。病起时头痛剧烈，面红目赤，烦燥易怒，时与人争吵，夜不安眠，口苦，大便干结，尿黄灼热。到医院测量血压偏高，诊断为"高血压病"，用西药治疗症状缓解，但未坚持服药。近1年来，头晕头痛时作，痛势绵绵，头重脚轻，耳鸣健忘，五心烦热，口干咽燥，心悸，夜寐多梦。血压160/116mmHg。舌质红、苔薄黄而干，脉弦细而数。

14. 患者由肝火旺盛、肝阳上亢而导致肾阴虚火旺，此种传变次序为（   ）
    A. 相生　　　　　　　B. 相克
    C. 相乘　　　　　　　D. 母病及子
    E. 子病及母
15. 肝和肾的关系是（   ）
    A. 相生　　　　　　　B. 相克
    C. 相乘　　　　　　　D. 相侮
    E. 以上都不是

二、临床情境化任务

根据所学，结合校园内所见的事物或现象，完成一份阴阳属性归类简表（至少10对事物或现象）。

（黄兴华）

第3章 藏象

中医学为什么把五脏六腑称为"藏象"？中医学五脏六腑的名称与西医学解剖学的脏器名称相同（三焦除外），西医学的脏器是解剖学的概念，而中医学的脏腑是在古代解剖学基础上演变成的对人体生理机能的系统概括。中医藏象中一个脏腑的生理机能，可能包含着现代医学解剖、生理学中几个脏器的生理机能；而西医学解剖、生理学中的一个脏器的生理机能，亦可分散在藏象的某几个脏腑的生理机能之中。因此中医学藏象已大大超越了人体解剖学的范畴。下面的内容将一一解释清楚。

"藏象"二字，首见于《素问·六节藏象论》。藏，即贮藏，是指藏于体内的内脏器官；象，一是指脏腑器官的形态结构；二是指脏腑的生理机能活动和病理变化表现于外的征象。

藏象是中医学理论体系的重要组成部分，是研究人体各脏腑组织器官的解剖结构、生理机能、病理变化及其相互关系的学说，对指导临床实践具有普遍意义。其形成的主要原因有三：一是古代的解剖学知识为脏腑学说的形成奠定了基础；二是对人体生理病理现象的长期观察，如在已知脾主运化的基础上发现，几天不进食就出现四肢乏力、肌肉松弛，从而得出脾主肌肉四肢的结论；三是反复的医疗实践。如食用动物肝可治疗夜盲症，于是得出肝开窍于目的结论。

藏象是以脏腑为基础，脏腑是内脏的总称，包括五脏、六腑、奇恒之腑。五脏，即心、肝、脾、肺、肾；六腑，即胃、胆、小肠、大肠、膀胱、三焦；奇恒之腑，即脑、髓、骨、脉、胆、女子胞（子宫）。五脏的共同生理机能主要是化生气血，贮藏精气，具有"藏而不泻"的特点；六腑的共同生理机能主要是受盛和传化水谷，具有"泻而不藏"的特点；奇恒之腑因形态似腑而机能似脏，与脏腑有别，故名奇恒之腑。

第1节 脏 腑

案例 3-1

患者，女性，48岁。近2个月来，每天清晨4～5时腹中隐痛，肠鸣即泻。伴腰膝酸软，形寒肢冷。查体：舌质淡、苔薄，脉沉迟。

问题：请运用相关理论分析本病例。

一、五 脏

（一）心

心位于胸腔，两肺之间，有心包卫护其外。心的主要生理功能有主血脉、主神志；开窍于舌，其华在面，与小肠相表里。

1. 主血脉 包括主血和主脉两个方面。全身的血液都运行于脉中，依赖心脏的搏动而输送至全身，发挥其濡养的作用。心脏之所以能推动血液的运行，全赖于心气，心气是血液运行的原动力。脉，即血脉，为血之府，是血液运行的通道。脉道的通利与否，直接影响着血液的正常运行。其中心气充沛、血液充盈和脉道通利是血液正常运行最基本的前提条件。如心气充沛、血脉充盈，则脉象和缓有力，面色红润而有光泽；若心气不足、血液亏虚，则见脉象细弱无力、面色苍白而少光泽；若心血瘀阻，可见面色灰暗、唇舌青紫、脉涩或结代。

2. 主神志 神有广义和狭义之分。广义的神，指是人体生命活动的外在表现，如面色、眼神、言语、肢体活动等；狭义的神，即心所主之神，指人的精神、意识、记忆、思维等活动。我国的许多成语如"心荡神迷""心悦诚服""专心致志"等都是对心为意识主宰的表达。西医学认为，人的神志是大脑的功能；中医学认为，神志与五脏有关，并且与心的关系最为密切，因此古人把心称为"五脏六腑之大主"。心主神志，而血液是神志活动的物质基础，心主神志的功能与心主血脉的功能是密切相关的。如心的气血充盛，则精神充沛、意识清楚、思维敏捷；如心血不足、主神志功能异常，则出现失眠、健忘、多梦、心神不宁等症；如血热扰心，还可见到谵妄、昏迷、不省人事等重症。

3. 开窍于舌，其华在面 开窍于舌，是因为心有经络直接联系到舌，其气血上通于舌，所以舌体可以直接反映心的疾病。其华在面，是指面部色泽的变化可以反映心主血脉和神志的生理功能正常与否。若心气旺盛、血脉充盈，可见面色红润光泽、舌体灵活、舌质红润；若心气不足、行血无力、血脉不充，则见面色无华、舌色淡白，或见面色青紫、舌质紫暗；若心火上炎，则舌尖红赤或舌体糜烂（图3-1）。

图3-1 心的主要生理功能

附：心　　包

心包，是心脏的包膜，具有保护心脏的作用。心包是心的外围，故邪气犯心，常先侵犯心包。如热邪内陷，出现神昏、谵语等症状，称为"热入心包"；痰阻心窍，出现意识模糊，甚则昏迷不醒等心神失常的症状，称为"痰蒙心包"。所以，心包的功能和病变，与心相一致。

（二）肝

肝位于腹部，右胁之内。肝的主要生理功能有主疏泄、主藏血、主筋；其华在爪，开窍于目，与胆相表里。

1. 主疏泄 疏，即疏通；泄，即发泄、升发；肝主疏泄，是指肝气有主升、主动的生理特点，有调畅全身气机，推动血液和津液运行的作用，具体表现在四个方面。

（1）调畅气机：气机，即气的升降出入运动形式。肝有主升、主动的特点，对气机的疏通、畅达、升发是一个重要因素。肝的疏泄功能正常，则气血和调、经络通利，脏腑的活动也就正常和调。反之如果肝的疏泄功能异常，则可出现两个方面的病理变化。一是肝的疏泄不及，从而形成肝气郁结，出现胸胁、两乳或少腹等局部的胀痛不适等病理现象；二是肝的升发太过，从而形成肝气上逆的病理变化，出现头目胀痛、面红目赤、易怒等病理表现。

若气升太过,则血随气逆,从而导致吐血、咯血等血从上溢的病理变化,甚则可致卒然昏倒,不省人事。

(2) 调畅情志:肝有调节情志活动的功能。人的精神情志活动除了由心所主外,与肝的疏泄功能密切相关。因为情志活动依赖于气血的正常运行,所以肝的疏泄功能正常,气机通畅,才能气血平和,心情舒畅。如肝失疏泄、气机失调,就可引起精神情志活动的异常变化。若肝气抑郁,则见胸胁胀满、郁闷不乐、多疑善虑等症;若肝气亢盛,则见急躁易怒、失眠多梦、头胀头痛、头晕目眩等症。肝的疏泄失职,常表现有精神情志的变化;反过来,外界的精神刺激,特别是过度郁怒,又常常引起肝的疏泄失常,而出现肝气郁结的病证,所以又有"肝喜条达而恶抑郁"及"大怒伤肝"的说法。

(3) 促进消化:肝的疏泄功能,一方面可以通过调畅气机来协助脾胃之气的升降。另一方面可以促进胆汁的分泌有助于水谷的消化。因此,肝主疏泄是保持脾胃正常消化功能的重要条件。如果肝失疏泄,就会影响到脾胃的消化和胆汁的分泌,而出现嗳气、呕吐、腹泻等消化不良的症状。

(4) 促进血行:肝的疏泄功能有促进血液运行的功能。血液运行正常,女子的月经和男子的排精才能正常。肝失疏泄、血行障碍,可致女子的月经不调和男子的排精障碍等。

2. 主藏血 是指肝有贮藏血液和调节血量的生理功能。人体各部分所需要的血量,是随着不同的生理情况而改变的。当人休息和睡眠时,机体的血液需要量就减少,大量的血液则归藏于肝。当人活动的时候,机体血液需要量就增加,肝就将储藏的血液排出,以供给机体活动的需要。当肝主藏血的功能障碍时,一方面可因肝血不足而引起头晕、视物模糊、肢麻、筋挛、妇女月经量少或经闭等症。另一方面因肝不藏血,则出现吐血、衄血、月经量多、崩漏等症。

3. 肝主筋,其华在爪 筋即筋膜,是一种联络关节、肌肉,主司运动的组织。肝主筋,是指全身的筋膜依靠肝血的滋养,才能维持正常的运动。肝血充盈,筋膜得到充分的濡养,则肌肉、关节活动自如。如肝血不足、血不养筋,则出现肢体麻木、屈伸不利,甚则手足震颤、四肢抽搐等症。中医认为"爪为筋之余",爪是筋的延续部分。肝血的盛衰,常可影响爪甲的荣枯变化。肝血充足,筋强力壮、爪甲坚韧、红润光泽;肝血不足,筋软无力,爪甲多薄而软,色泽枯槁,易于变形或脆裂。

图 3-2 肝的主要生理功能

4. 开窍于目 肝的经脉上系于目,目得肝血濡养,才能发挥正常的视觉功能。肝血充足,滋养于目,目得所养,故视物清楚、眼球活动灵活自如。若肝血不足,目失所养,则可见眼睛昏花、视物不清;肝经风热,可见目赤痒痛;肝阳上亢,可见头晕目眩(图 3-2)。

链接

左肝右肺

《黄帝内经》有"肝生于左,肺藏于右"的说法。古人对一些事物的描述常用借代的手法,"左"在阴阳属性上属于阳,代表生机蓬勃,"右"属于阴,代表收敛沉降。肝在五行归类上属于木,与春气相通,在功能上具有向上、向外的特点,"肝生于左"意思是说肝的功能或气机具有向上向外的特点，在春天肝气最旺盛；肺在五行中属于"金"，与秋气相通，在功能上具有向下、收敛的特征，"肺藏于右"是说肺的功能或气机具有向下、沉降的特征，在秋天阳气收敛的时候，肺气也开始潜藏。"肝生于左，肺藏于右"这句话完全是对生理功能的描述，这也是为什么中医脏腑不完全等同于现代人体解剖器官的原因。

（三）脾

脾位于中焦。脾的主要生理功能有主运化、主统血；主肌肉和四肢，开窍于口，其华在唇，与胃相表里。

1. 主运化 是指脾具有消化吸收、运化水谷精微和运化水液的功能。脾主运化的功能，包括运化水谷精微和运化水湿两个方面。

（1）运化水谷：是指脾对营养物质的消化、吸收和运输功能。饮食入胃，经过脾胃的消化作用，其中的水谷精微通过脾的传输，在心肺的共同作用下布散到全身，以营养五脏六腑及各组织器官。若脾运化水谷精微的功能失常，就会出现腹胀、便溏、倦怠、消瘦、食欲缺乏等症。

（2）运化水湿：是指脾对体内水液的吸收转输和布散起着促进的作用。脾在运输水谷精微的同时，还把水液输送到各组织中去，使人体的组织得到水液的充分濡润。可见，脾在机体水液代谢过程中，起着转输的重要作用。若脾运化水湿的功能失职时，就可引起水肿、痰饮、泄泻等水湿潴留的病证。

链接

后天之本

由于饮食水谷是人出生以后所需营养物质的主要来源，也是生成气血的主要物质基础，因此，脾的运化对整个人体的生命活动至关重要，故称脾（胃）为"后天之本"。这实际上是对饮食营养和消化吸收功能重要生理意义的高度概括。脾（胃）为"后天之本"，在防病和养生方面也有着重要意义。因此，在日常生活中不仅要注意饮食营养，而且要善于护脾（胃）。

2. 主统血 统，是统摄、控制的意思。脾统血，是指脾气具有统摄血液在脉道中运行，而不溢出于脉外的功能。若脾气虚弱，失去统摄的功能，血液就会离开正常的脉道而外溢，导致种种出血的病证，如出现便血、尿血、皮肤瘀斑、妇女崩漏等症。

3. 主肌肉和四肢 指脾具有化生气血以营养四肢、肌肉的作用。脾主肌肉、四肢，是由于肌肉、四肢依靠脾运化的水谷精微提供营养。因此，脾气健运、营养充足，则肌肉丰满、发达，四肢轻健有力；若脾失健运、营养不足，则肌肉消瘦萎软、四肢倦怠乏力。

4. 开窍于口、其华在唇 是指食欲口味与脾的运化功能密切相关，口唇的变化在一定程度上能反映出脾气的盛衰。脾气健运，食欲旺盛，消化功能正常，故口味正常、唇色红润有光泽；若脾失健运，食欲减退，消化功能低下，则见口淡无味、唇淡无华（图3-3）。

（四）肺

肺位于胸腔。肺的主要生理功能有主气、司呼吸，主宣发肃降、通调水道；主皮毛，开窍于鼻，与大肠相表里。

1. 主气，司呼吸 是指肺具有呼吸、交换清气浊气的功能。肺吸入的清气与脾胃运化的水谷精微之气在胸中相结合是形成宗气的关键。肺有规律的呼吸运动，对全身之气的升

图 3-3 脾的主要生理功能

降出入有至关重要的调节作用，以保证人体新陈代谢的正常进行。肺主气的功能正常，则气道通畅，呼吸均匀和调。若肺气不足，则呼吸无力、气短，同时也影响宗气的生成，出现语声低微、身倦无力等气虚症状。

2. 主宣发肃降，通调水道　肺主宣发，是指由肺气向上、向外的运动能将津液和卫气输送全身。主肃降，指肺气向下、向内的运动可以使人体的整个气机得以下降，并使津液不断向下输送到膀胱，通过尿排出体外。正因为水液的运行和排泄与肺的宣发和肃降功能有关，所以有"肺主行水""肺为水之上源"的说法。因此，肺失于宣发，即可出现呼吸不利、胸闷咳喘以及鼻塞、喷嚏和无汗等病理现象。若肺气不能正常的肃降，就会出现胸闷、咳嗽、喘息等肺气上逆的症状。如果肺的宣发和肃降功能失常，影响水道的通畅，就会发生小便不利、尿少、水肿、痰饮等病证。

3. 主皮毛，开窍于鼻　皮毛，包括皮肤、汗腺、毫毛等组织，是一身之表，为抵御外邪侵袭的屏障。肺宣发卫气和输布津液于体表的功能，可以温养、润泽皮毛，调节汗孔开阖。鼻与肺相通，是呼吸的门户，故有"鼻为肺之窍"的说法。正常情况下，肺气调和，鼻窍通畅，呼吸通利，嗅觉灵敏。若外邪侵袭，或肺气不足，导致宣降失常，鼻窍不通，呼吸不利，可见鼻塞、流涕、嗅觉功能减退等症（图 3-4）。

（五）肾

肾位于腰部，左右各一。肾的主要生理功能有主藏精，主人体的发育与生殖，主水液，主纳气，主骨、生髓；通于脑，下系二阴，其华在发，开窍于耳，与膀胱相表里。

1. 主藏精、主人体发育与生殖　精是指肾所藏先天之精和后天之精，是人体生育繁殖的基本物质。先天之精禀受于父母，后天之精来源于饮食精微，由脾胃化生，是维持人体生命活动的基本物质。精能化气，肾精所化之气，称为肾气。肾气的盛衰关系到人体的生长发育和生殖。从幼年开始，肾中精气逐渐充盛，表现为齿更发长等变化；到了青春期，肾中精气开始旺盛，性功能逐渐成熟，开始有生育能力，男子能产生精子，女子能按期行经；到了老年，肾中精气逐渐衰减，性功能和生殖能力逐渐减退而消失，形体也随之衰老。这一过程，突出地反映出肾中精气对人体生长发育和生殖功能的重要作用。如果肾中精气不足，则人体的生长发育和生殖能力势必受到影响，在儿童表现为生长迟缓、智力不全，成人则表现为早衰或生殖功能的障碍等。从阴阳属性来说，肾精属肾阴，肾气属肾阳。因此，肾的精气是产生肾阴、肾阳的物质基础。肾阴和肾阳，在

图 3-4 肺的主要生理功能（漫画）

人体内相互制约、相互依存、相互为用，以维持生理上的动态平衡。如果这一平衡遭到破坏，就会出现肾阴、肾阳失调的病理变化。

2. 主水液 肾主水液，是指肾具有主持和调节人体水液代谢的功能。人体水液代谢与肺、脾、肾三脏有关，但主要是肾的气化作用。在正常情况下，水液通过胃的受纳、脾的转输、肺的宣降、三焦的决渎、膀胱的开合等共同作用，将其中清的部分运送到全身各脏腑，浊的部分化为汗液、尿液和呼吸之气排出体外，使体内水液代谢维持着相对平衡。这些作用的发挥，都有赖于肾阳的蒸腾气化才能完成。若肾的气化失常、水液代谢障碍，就会出现小便不利、水肿等病证。

3. 主纳气 纳，有固摄、受纳之义。肾主纳气，是指肾具有摄纳肺吸入之清气而调节呼吸的功能。人体的呼吸运动为肺所主，但吸入之气，必须下归于肾，由肾气摄纳，呼吸才能通畅调匀，所以说"肺为气之主，肾为气之根"。只有肾气充沛，才能使肺的气道通畅，呼吸均匀。如肾气虚，摄纳无权，就会出现呼吸困难、动则气喘等症，称为"肾不纳气"。

4. 主骨，生髓，通于脑，其华在发 指肾精化髓，具有滋养骨骼、充养于脑的作用。肾藏精，精能生髓，髓有脑髓、骨髓和脊髓之分。骨髓贮于骨中以滋养骨骼，所以说"肾主骨"。而"齿为骨之余"，意即牙齿为骨的外余部分，齿与骨同出一源，也属于肾，由肾精所充养。因此，肾精充足，骨髓生化有源，骨骼及牙齿则坚固有力。若肾精不足，骨髓生化之源不足，不能充养骨骼，就会出现骨骼软弱无力、小儿囟门迟闭、牙齿生长迟缓、发育不良等，成人可见牙齿易于松动或过早脱落。脊髓上通于脑，脑为髓聚而成，所以称"脑为髓之海"。脑的功能是主持人的精神意识和思维活动，为"元神之府"。因此，古人认为人的精神活动也与肾有关。如肾精不足，则脑海不充，可见头晕耳鸣、健忘失聪等症。毛发的濡养来源于血，故有"发为血之余"之说。发的营养虽然来源于血，但还需要肾精的充养，精与血互相资生，精充则血旺。因此，发的生长与脱落、润泽与枯槁，均与肾中精气的盛衰有关。青壮年肾精充沛，毛发乌黑光泽；老年人肾气虚衰，则毛发变白而脱落。

5. 下系二阴、开窍于耳 是指尿液和粪的排泄，都依赖肾的气化作用，肾的气化作用正常，则二便通利，开合有度。若肾气虚衰，排尿方面可见尿频、遗尿、尿失禁或尿闭；排便方面可出现大便不通、五更泻或滑脱不禁等症。肾气通于耳，耳的听觉功能依赖于肾的精气充养。肾精充沛，耳得所养，故听觉灵敏；若肾精不足，则可出现耳鸣、听力减退等症（图3-5）。

考点：五脏的主要生理功能

图3-5 肾的主要生理功能

二、六 腑

1. 胆 胆的主要生理功能有贮藏和排泄胆汁，促进饮食消化的作用，并主决断，与人的精神情志活动有关。若肝气不舒，胆气郁结，就会影响脾胃运化，而出现胁下胀痛、食欲减退、腹胀、便溏等症状，若胆气上逆还可出现口苦、呕吐黄绿苦水、黄疸等病理现象。

胆虽为六腑之一，但它贮藏胆汁，胆汁有利于饮食物的消化，而与饮食物又不直接接触，有别于六腑，故又属奇恒之腑。

2. 胃 胃的主要生理功能有主受纳与腐熟水谷。受纳，接收和容纳的意思。因其容纳饮食物故又称"水谷之海""太仓"。腐熟，是对饮食物进行初步消化形成食糜的意思。胃对食物消化腐熟有三种方式：一是通过蠕动把食物磨成小的碎屑；二是分泌胃液分解食物（即胃阴腐化食物）；三是胃中阳气（胃阳）蒸化食物，并把腐熟所形成的食糜下传小肠；其精微通过脾的运化营养全身，对维持生命活动至关重要。临床治疗中，常把"保胃气"作为重要的治疗原则。由于食物经胃的腐熟后，下行入小肠，经过进一步消化吸收后，小肠将食物残渣下输大肠，大肠向下传化糟粕，故有"胃主通降，以降为和"的说法。若胃失通降，可出现口臭、脘腹胀满、疼痛、便秘等症状；若胃气上逆，则可出现恶心、呕吐、嗳气、呃逆等病证。

3. 小肠 小肠的主要生理功能是主分别清浊，其接受胃中传来的水谷之后，进一步消化吸收，清者经脾传至全身，浊者移向二阴排出体外。若小肠泌别清浊功能失常，则粪便稀薄，尿量少。故临床常用"利小便以实大便"的治法。

4. 大肠 大肠的主要生理功能是接受小肠下传的糟粕，吸收其中多余的水液，使之成粪便向下排出体外。大肠的向下传导变化是胃降浊，肺肃降功能的延伸，亦与肾的气化功能相关。若传化功能失调，可出现腹痛、腹胀、腹泻、便秘等病证。

5. 膀胱 膀胱的主要生理功能为贮尿和排尿。人体内通过代谢的津液在肾的蒸腾气化作用下，形成尿液，下输膀胱，待贮至一定量时又在肾的气化作用下，排出体外。若肾的气化失常，则膀胱开阖失司，临床表现为小便不利、癃闭或尿频、遗尿、尿失禁等病证。若出现尿频、尿急、尿痛则属膀胱湿热证。

<u>考点：六腑的主要生理功能</u>

6. 三焦 三焦是上焦、中焦、下焦的全称。三焦的主要生理功能为总司人体的气化作用，为水液代谢的通路。

附：奇恒之腑

奇恒之腑包括脑、髓、骨、脉、胆、女子胞。其中脉、髓、骨、胆前已叙述，此述脑、女子胞。

1. 脑 脑居颅内，由髓汇聚而成，故名"髓海"。关于脑的生理功能和病理变化，《素问·脉要精微论》说："头者，精明之府"。明代李时珍指出："脑为元神之腑"。清代王昂说："人之记性，皆在脑中"。清代王清任说："灵机，记性在脑"。可见脑是生命要害之所在，是人体极其重要的器官。人的视觉、听觉、语言、嗅觉、思维、记忆、精神意识均出于脑。脑通过经络与五脏六腑紧密相连。脏腑功能正常，精、气、血、津液旺盛，脑得充养，其功能就正常。如果脏腑经络，精、气、血、津液失常，势必影响于脑，导致其功能失常。如肝肾不足，肝阳上亢，就会发生眩晕、耳鸣、头目胀痛，甚至突然昏倒，不醒人事等病证。

2. 女子胞 女子胞，又称胞宫、子宫。主要生理功能是发生月经和孕育胎儿。

(1) 发生月经：女子14岁左右，肾精旺盛，天癸至，任脉通，冲脉血盛，胞宫发育成熟，月经来潮。49岁左右，肾精渐衰，天癸渐绝，任、冲二脉气血衰少，月经紊乱，以至绝经。胞宫主持月经的功能，受肾、天癸、任脉、冲脉的制约和调节。

(2) 孕育胎儿：女子月经来潮，胞宫就具备了妊娠和养育胎儿的功能；妊娠后，胞宫成为保护胎元、营养胎儿的主要器官，并在胎儿发育成熟后将其娩出母体。

三、脏腑之间的关系

（一）脏与脏之间的关系

脏与脏之间的关系依据两个原则来确定：一是五脏之间生理功能的联系，二是五脏之间的五行生克关系。

1. 心与肺 心主血脉，肺主气。心与肺的关系，实际上就是血与气的关系。心主血脉有利于肺主气，肺主气促进心行血。若肺气虚，行血无力，可见胸闷、气短，甚至唇青、舌紫等瘀血病证。心气不足或心阳不振也会影响肺的宣发和肃降，出现咳嗽、气喘等肺气上逆之病证。

2. 心与脾 心主血，脾统血、生血。心与脾的关系主要体现在血的生成和运行方面。脾运化、统血正常，血液充盈则心有所主，心行血于脾，则脾运健旺。病理上脾虚可致心虚，心虚可致脾虚，最终导致心脾两虚，出现心悸、失眠、健忘、多梦、体倦、面白无华、食少、腹胀等病证。

3. 心与肝 心行血，主血脉，肝藏血，主疏泄。心行血正常，则肝有所藏，疏泄有度。肝藏血、疏泄正常，则心血旺盛，血行畅通。病理上肝病及心，心病及肝，终致心肝同病，可出现心肝血虚、心肝阴虚、心肝火旺等病证。

4. 心与肾 心五行属火，位居于上属阳；肾五行属水，位居于下属阴。生理情况下，心火下降于肾，温煦肾脏使肾水不寒；肾水上济于心，滋养心阴，使心火不亢，心肾之间这种生理上的协调平衡称为"心肾相交""水火既济"。反之则会发生"心肾不交""水火不济"的病理改变。如心悸、心烦、失眠、腰膝酸软、男子遗精等症状。

5. 肺与脾 肺与脾的关系主要体现于气的生成，津液的代谢两方面。气的生成中，肺的呼吸，脾的运化密切配合；水液代谢方面，肺的宣降，通调水道与脾的运化起协同作用。病理上脾失健运，水液停滞，聚而成痰，影响肺的宣降，可出现喘咳，痰多等症状。故云："脾为生痰之源，肺为贮痰之器"。反之，肺病日久也可导致脾虚，出现纳呆、腹胀、水肿、便溏等病理表现。

6. 肺与肝 肺与肝的关系主要体现于气机调节方面。肺五行属金主降，肝五行属木主升，二者一升一降，共同维持气机协调平衡。若肝升太过，肺降不及，导致气火上逆，可见咳嗽、咯血等"木火刑金"的病理表现；反之，肺失清肃可致肝阳上亢，出现咳嗽、胸胁胀满引痛、头晕、头痛、面红目赤等症状。

7. 肺与肾 肺与肾的关系主要表现于水液代谢和呼吸运动两方面。"肺为水之上源"，其宣发肃降，通调水道，有赖于肾的蒸腾气化；肾为水脏，其主水功能有赖于肺的宣降，通调水道。若肺失宣降，通调失职累及于肾，可见水肿、少尿等症；肾不主水累及于肺，可出现水肿、咳喘等病证。

肺的呼吸功能特别是呼吸的频率、节律、深度需要肾的纳气作用来维持。故云"肺为气之主""肾为气之根"。病理上肾气不足、摄纳无权，或肺病日久、累及于肾，都可出现动则气喘、呼吸表浅等症。

8. 肝与脾 肝的疏泄促进脾的运化，脾的运化有赖于肝的疏泄。若肝失疏泄、木不疏土就可出现精神抑郁、胸胁胀满、食欲缺乏、腹胀腹痛、泄泻便溏等症状。

肝藏血，脾生血、统血。二者在血液的贮存、运行方面起协同作用。若二脏受损，统藏失司，可产生肝不藏血、脾不统血的出血病证。

9. 肝与肾 肝藏血，肾藏精，精血可以互相转化。所以说："肝肾同源""精血同源"。病理上二脏互损，可以出现"肝肾阴虚"的病证。

肝主疏泄，肾主闭藏。二者共同维持女子月经、男子排精的生理功能。藏泄失调，可出现女子月经不调、男子排精异常等生殖方面疾病。

10. 脾与肾 脾为后天之本，肾为先天之本。先天后天相互促进，相互依赖。脾的运化须借肾阳的温煦（脾阳根于肾阳），肾中精气有赖于后天水谷精气不断补充。病理上常发生脾肾阳气互损，导致脾肾阳虚而见腹部冷痛，下利清谷，五更泄泻，水肿等病证。

（二）脏与腑之间的关系

主要是表里关系。脏为阴，腑为阳，阳为表，阴为里。心与小肠，肺与大肠，脾与胃，肝与胆，肾与膀胱，一脏一腑。一阴一阳，一表一里，它们所属经脉互相络属，组成脏腑表里关系。

1. 心与小肠的关系 心与小肠各以经脉相互络属构成表里关系。病理方面心火下移小肠可见尿少、尿赤、尿痛等病证。小肠有热，亦可循经上扰于心而见心烦、舌红、口舌生疮等病证。

2. 肺与大肠 肺与大肠各以经脉相互络属构成表里关系。生理上肺的肃降可促进大肠的传导；大肠的传导，有利于肺的肃降。病理上大肠实热，腑气不通，可导致肺失清肃，肺气上逆而见胸闷气喘等症。反之肺失清肃，肺气虚损亦可引起大肠传导障碍，而见便秘。

3. 脾与胃 脾与胃各以经脉相互络属构成表里关系。脾主运化，胃主受纳，脾主升清，喜燥恶湿，属于湿土；胃主降浊，喜湿恶燥，属于燥土。二者升降相因，燥湿相济，阴阳相合，纳运结合，共同完成饮食物的消化吸收及精微输布，化生气血，充养全身，故称"脾胃为后天之本，气血生化之源"。

病理上脾气不升可导致胃气不降，临床上可见食少、恶心、呕吐、脘腹胀满；胃失和降可导致脾气不升，临床上可见腹胀、泄泻等症。

4. 肝与胆 肝与胆各以经脉相互络属构成表里关系。肝的疏泄有利于胆汁的生成、排泄；胆的贮存、排泄胆汁功能正常有利于肝的疏泄。病理上肝胆互相影响，可出现肝胆火旺，肝胆湿热等病证。

5. 肾与膀胱 肾与膀胱各以经脉相互络属形成表里关系。膀胱的贮尿、排尿，依赖于肾的气化。若肾气不足、气化失司、膀胱开合失职，既可出现小便不利、尿闭，亦可出现尿失禁、遗尿、尿频等症。

传统上认为三焦为"孤府"，在脏与腑的关系之中一般没有把心包与三焦进行配对。

考点：五脏六腑的关系

（三）腑与腑之间的关系

六腑之间，主要表现为饮食物的消化、吸收和排泄过程的相互联系和紧密配合。饮食物经胃初步消化，食糜下传小肠，泌别清浊，清者归脾，浊者糟粕下输大肠，水分渗入膀胱，胆汁参与消化，三焦是水谷运行和气化的通道、场所。饮食物的传导消化过程是虚实交替的过程。故《素问·五脏别论篇》说："胃实而肠虚""肠实而胃虚"。前世医家有"六腑以通为用，腑病以通为补"的说法。

六腑在病理上也相互影响，如胃热可致大肠津伤产生便秘；大便不通，可致胃气不降，造成恶心、呕吐；胆火犯胃则呕吐；脾胃湿热熏蒸肝胆则成黄疸。

案例 3-1 分析

学习了五脏之后，应该懂得脾肾的生理功能，脾主升清。脾阳足，则水谷之精微可升入心肺；脾阳不足，不能将饮食之物运化，而发生食泻。脾阳虚日久，累及肾阳不足，肾主封藏，主司二便开合，临晨4-5时，阴盛阳虚之时，故脾脏阳气不足表现明显。腰为肾之府，肾虚则腰膝酸软。中年女性本身阳气渐虚，肾阳虚，则形寒肢冷。本例中患者舌脉皆符合脾肾阳虚之征。

第2节 精、气、血、津液

> 引言：前面学习了五脏六腑，五脏六腑的生理机能正常，能产生精、气、血、津液，精、气、血、津液的生理功能是什么？其与五脏六腑的关系是什么？本节将一一回答这些问题。

案例 3-2

患者，男性，55岁。近半年来，常自汗，活动后加重，伴气短神疲。查体：舌质淡，脉虚弱。

问题：请运用相关理论分析本病例。

精、气、血、津液是构成人体、维持人体生命活动的基本物质。它们是脏腑、经络等组织器官进行生理活动的物质基础。在人体生命过程中，精、气、血、津液和脏腑、经络等组织器官之间，在生理病理上，始终存在互为因果的密切关系。

一、精

精是构成人体和维持生命活动的最基本的物质，对人体的生长、发育和脏腑的生理功能活动起着促进的作用。精有广义与狭义之分，狭义之"精"是指肾中所藏之精，即指通常所说的生殖之精，又称"先天之精"；广义之"精"，泛指人体的一切精微物质，包括肾中所藏之精，脾胃所化生的水谷精气，肺吸入自然界的清气的统称，故又称作"精气"。

考点：精的概念

二、气

（一）气的概念

气的含义有两个：一是构成和维持人体生命活动的最基本物质。如水谷之气、呼吸之气；二是指脏腑组织的功能活动，如脏腑之气、经络之气。二者又是相互联系的，前者是后者的物质基础，后者是前者的功能表现。

考点：气的概念

（二）气的生成

气的生成来源有三个方面：①禀受于父母的先天精气。依赖于肾藏精气的生理功能，才能发挥先天之精气的生理效应。②饮食物中化生的水谷精气。即饮食中的营养物质，依赖于脾胃的运化功能，才能从食物中摄取而化生。③肺所吸入自然界的清气。依赖于肺的呼吸功能，才能吸入。

所以，气的生成，与先天禀赋、后天营养以及肾、脾胃、肺等脏的功能是否正常密切相关。

（三）气的分类

1. 元气　元气又称"原气""真气"，是人体生命活动的原动力，是人体最基本、最重要的气。它根源于肾，由先天之精所化生，又依赖后天之精的充养，经三焦通达全身，以激发和推动所有脏腑组织的功能活动，促进人体的生长发育。元气充沛，则脏腑功能强盛，身体健康少病；若先天禀赋不足，或久病损伤元气，则脏腑气衰，抗邪无力，就会体弱多病。

2. 宗气　宗气是由肺吸入的清气和脾胃运化的水谷精气结合而成，它的主要功能是推动肺的呼吸和贯注心脉以助心行血。它在胸中积聚之处称作"气海"。凡语言、声音、呼吸的强弱以及气血的运行都与宗气有关。

3. 营气　营气主要由水谷精微所化生，是富有营养作用的一种气。它行于脉中，主要功能是化生血液，营养周身，是血液的重要组成部分。由于营气与血液同行于脉中，所以常以"营血"并称。

4. 卫气　卫气也由脾胃运化的水谷精微所化生。它行于脉外，活力甚强，运动迅速，内而脏腑，外而皮肤、肌肉，遍及全身。卫气是人体阳气的一部分，故有"卫阳"之称。它的主要功能：一是护卫肌表，防御外邪入侵；二是温养脏腑、肌肉、皮毛；三是控制汗孔的开阖，调节体温。

（四）气的生理功能

1. 推动作用　气是活力很强的精微物质，它对人体的生长发育，脏腑、经络等组织器官的生理活动，血的生成和运行，津液的生成、输布和排泄等，均起着激发和推动作用。

2. 温煦作用　人的正常体温，依靠气的温煦作用来维持；脏腑、经络等组织器官，要在气的温煦下进行正常生理活动；血和津液要在气的温煦下正常循行。

3. 防御作用　指气具有护卫肌表，抗御外邪的作用。

4. 固摄作用　气对血、津液等液态物质具有防止其流失的作用。主要表现：固摄血液，可使血液循脉而行，防止其溢出脉外；固摄体液，控制汗液、尿液、唾液、胃液、肠液和精液等，防止体液大量丢失。

考点：气的生理功能

5. 气化作用　气能促使精、气、血、津液在体内的生成和相互转化。如饮食物转化成水谷精气，然后再化成气、血、津液，再经代谢转化成汗液、尿液、糟粕等，都是气化作用的具体表现。

链接

气的运动形式

气的运动，称作"气机"。气是不断运动着的具有很强活力的精微物质。它流行于全身的脏腑、经络、形体、诸窍，无处不到。根据气的运动特点，归纳为升、降、出、入四种基本运动形式。脏腑的生理功能活动，体现脏腑气机升降出入的特性，如肝、脾之气主升，肺、胃之气主降等。气机的升降出入对于人的生命，至关重要，可以说，人的生命活动，就是气的升降出入运动。升降出入的平衡失调，即是"气机失调"的病理状态。表现形式有气滞、气逆、气陷、气脱、气闭等。

考点：血的概念

三、血

血，是红色的液态样物质，是构成人体和维持人体生命活动的基本物质之一，具有很强的营养和滋润作用。

1. 血的生成　血主要由水谷精微所化生，由营气和津液所组成，是生成血液的物质基础。饮食物经过脾胃的消化吸收后，其精微部分，化生为营气，通过心肺的气化作用，变化为赤色的血液。

2. 血的功能　血具有营养和滋润全身的作用，主要体现在面色红润、肌肉壮实、皮毛润泽、感觉运动灵活等。另外，血是神志的物质基础，如血虚失养，则可见头昏目眩、面色不华或萎黄、毛发干枯、肢体麻木等血虚的表现。

3. 血液的循行　主要是靠心气的推动、肝气的调节、脾气的统摄及肺朝百脉的辅助下共同完成。此外，脉道是否通利、血液或寒或热等，都直接影响着血液运行的或迟或速。

考点：血的生理功能

四、津　液

津液，是机体一切正常水液的总称，包括各脏腑组织器官的内在体液及其正常的分泌物，如胃液、肠液、涕、泪等，其中清稀者为津，稠厚者为液。津液也是构成人体和维持人体生命活动的基本物质。

考点：津液的概念

1. 津液的来源　津液主要来源于饮食水谷。

2. 津液的生成、输布和排泄　津液的生成依赖于脾胃对饮食物的运化功能；津液的输布依靠脾的转输和肺的通调水道功能；津液的排泄主要是在肾的气化作用下形成汗液、尿液和呼吸之气排出体外。津液在体内的升降出入，是在肾的蒸腾作用下，以三焦为通道，随着气的升降出入运动，布散于全身而环流不息。由此可见肺、脾、肾三脏对津液代谢的正常与否，起着主要的调节平衡作用。

3. 津液的功能　津液主要有滋润、濡养的作用。津液布散全身以滋润五脏六腑等各个组织器官；津液在血脉之内，又是组成血液的重要成分。

五、精、气、血、津液之间的关系

1. 精与气、血、津液之间的关系　精与气、血、津液是相互依存、相互滋生的关系。具体表现在生理上精气互生、精血津液同源，病理上也相互影响（图3-6）。

2. 气与血的关系　气与血是相互资生，相互依存的关系，可以概括为"气为血之帅""血为气之母"。

气为血之帅体现在三个方面："气能生血"，即饮食物转化为水谷精微，再由水谷精微转化为血；"气能行血"，即血的运行有赖于气的推动，气行则血行，气滞则血瘀；"气能摄血"，即血在脉中运行有赖于气的固摄作用，防止血液溢出脉外。

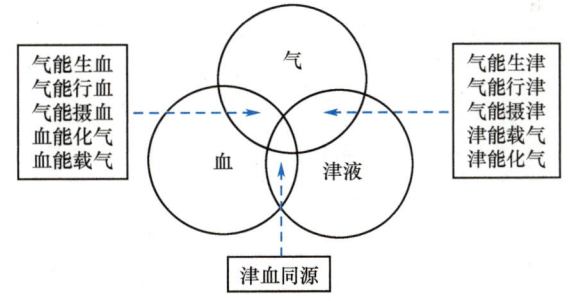

图3-6　精、气、血、津液之间的关系

血为气之母有两个含义：一是血能载气，血是气的载体，气若不能依附于血中，则气无所归；二是血能养气，血不断为气的功能活动提供充分营养。当大量出血时，气无所附，常常引起气脱，而血虚也会引起气虚。

3. 气与津液的关系　气与津液的关系和气与血的关系极其相似。具体表现在气能生津、气能行津、气能摄津和津能载气，病理上也相互影响。

4. 血与津液的关系　血与津液都来源于水谷精微，两者均属阴，都具有滋润和濡养的作用，并相互渗透，相互转化，关系极为密切。津液渗入脉中，即成为血液的组成部分；

血液的一部分渗出脉外,又转化为津液,所以有"津血同源"之说。

案例 3-2 分析

学习了精、气、血、津液学说之后,应该知道精液为人体的正常水液。汗出与不出,主要由气的功能所控制。若气足,则汗不能随意外泄;若气不足,则气不能控摄精液,故使精液排出体外形成汗液。气虚又表现为气短神疲,故自汗多为气虚所致。本例中患者舌脉皆符合气虚之征。

案例 3-3

护患对话

患者:护士,我心悸、胸闷、气短神疲、自汗,活动后加重是什么原因引起的?

护士:是因为心气虚所致。

患者:既然我的病是因为心气虚所致,为什么给我开补血的药?

护士:中医认为:"气为血之帅,血为气之母"。一是因为血能载气,血是气的载体,气若不能依附于血中,则气无所归,产生气虚;二是血能养气,血液充分,血不断为气的功能活动提供充分营养,进而气也不虚。

患者:原来是这样,我试试,谢谢您!

小结

藏象是中医基础理论的核心。主要由脏腑和精、气、血、津液两部分组成。它们虽然在人体生命活动过程中各具生理特点,但又相互密切联系,形成有机统一的整体。

脏腑是机体生命活动的中心。五脏的基本功能是贮藏精气,特点是"藏而不泻"。六腑的基本功能是受盛和传化水谷,特点是"泻而不藏"。五脏与六腑构成表里关系。脏腑之间在生理上相互为用,在病理上相互影响。

精、气、血、津液是构成和维持人体生命活动的物质基础。脏腑的生理功能需要精、气、血、津液作为营养物质,而精、气、血、津液的化生又依赖脏腑正常的功能活动。

总之,人体以五脏为中心,以精、气、血、津液为功能活动的物质基础,通过经络将六腑、五体(皮、肉、筋、骨、脉)、五官九窍(目、舌、口、鼻、耳、前后阴)等组织器官联结成一个既相互联系、又相互制约的复杂的生命活动整体。

自 测 题

一、选择题

A_1 型题

1. 与血液运行关系最为密切的脏腑是(　　)
   A. 心　　　　B. 肝
   C. 脾　　　　D. 肺
   E. 肾

2. "后天之本,气血生化之源"是(　　)
   A. 肾　　　　B. 脾
   C. 肝　　　　D. 心

   E. 肺

3. 心开窍于(　　)
   A. 鼻　　　　B. 舌
   C. 耳　　　　D. 目
   E. 口

4. 主疏泄,主藏血的脏腑是(　　)
   A. 肝　　　　B. 心
   C. 脾　　　　D. 肺
   E. 肾

5. 受纳和腐熟水谷的脏腑是（ ）
   A. 大肠　　　　　　B. 胃
   C. 膀胱　　　　　　D. 小肠
   E. 胆
6. 机体水液代谢过程中起最主要作用的脏腑是（ ）
   A. 肺、肾、脾及膀胱、三焦
   B. 脾、肝、肾及三焦
   C. 肾、脾、肺及小肠
   D. 肺、脾、肝、肾
   E. 脾、胃、膀胱、肾
7. 自汗、出血、遗尿等症是气的哪一个功能失常（ ）
   A. 推动功能　　　　B. 固摄功能
   C. 温煦功能　　　　D. 防御功能
   E. 气化功能
8. 以下哪一项不是津液的范畴（ ）
   A. 胃液　　　　　　B. 泪液
   C. 痰液　　　　　　D. 涕液
   E. 唾液
9. 人的生命活动原动力是指（ ）
   A. 水谷精气　　　　B. 营气
   C. 宗气　　　　　　D. 元气
   E. 卫气
10. 恶心、呕吐、呃逆、嗳气属于（ ）
    A. 肺气上逆　　　　B. 肝气上逆
    C. 胃气上逆　　　　D. 肝脾不调
    E. 肝胃不和
11. 肝与肾的关系主要体现在（ ）
    A. 骨与筋　　　　　B. 水与血
    C. 精与血　　　　　D. 目与耳
    E. 气与血
12. 能够调节汗孔开合，控制体温的是（ ）
    A. 元气　　　　　　B. 宗气
    C. 营气　　　　　　D. 卫气
    E. 精气

A_2 型题

13. 患者，女性，40岁。平时体弱多病，四肢不温，舌淡脉弱。季节变化容易感冒，是气的什么功能减弱的表现（ ）
    A. 推动作用　　　　B. 温煦作用
    C. 防御作用　　　　D. 固摄作用
    E. 气化作用

A_3 型题

（14～15题共用题干）

患者，男性，30岁。有胃痛病史，昨晚饮酒后出现剧烈呕吐，现粪便出血量甚多（黑粪），面色淡白，舌淡脉细。

14. 剧烈呕吐主要损耗（ ）
    A. 津液　　　　　　B. 血
    C. 精　　　　　　　D. 气
    E. 神
15. 大便出血量甚多，除了损耗血外，还可以影响（ ）
    A. 津　　　　　　　B. 液
    C. 精　　　　　　　D. 气
    E. 神

二、临床情景化任务

请同学们根据所学"肾"的主要生理功能，做一份健康人群（含生、长、壮、老、死不同阶段）保健注意事项的宣传手册。

（伍利民）

第4章 经络

清代名医喻昌曾言学习中医"不明脏腑经络，开口动手便错"，非常重视经络学说在中医学中的重要地位。经络学说对临床诊断疾病、拟定治则、处方遣药、辨证施护，特别是针灸、推拿等，都具有重要的指导作用。学好经络学说对于养生防病及疾病的诊治、护理、康复具有重要的意义。

经络学说，是研究人体经络循行分布规律、生理功能、病理变化及其与脏腑相互联系的学说，是中医学理论体系的重要组成部分，也是学习针灸及推拿的理论核心。

案例4-1

患者，男性，20岁，3天前突发皮肤瘙痒，继而出现沿着上肢外侧前缘分布的皮肤病损，并伴有咽痛，食欲缺乏，腹痛，腹泻等症，到医院就诊，诊断为神经性皮炎，患者非常苦恼。
问题：请运用经络理论说明该患者病症属于何种经络？

一、经络的概念

经络是经脉和络脉的总称，是运行全身气血，联络脏腑形体官窍，沟通上下内外，感应传导信息的通路。经脉的"经"，有路径之意，是经络系统中的主干；络脉的"络"，有网络之意，是经脉的分支。

考点：经络的概念

经络相贯，遍布全身，通过有规律的循行和复杂的联络交会，组成了经络系统，把人体五脏六腑、肢体官窍及皮肉筋骨等组织紧密地联结成统一的有机整体。

二、经络的组成

人体的经络系统由经脉、络脉及其连属部分组成，其中以经脉为主体，经络系统结构见图4-1。

（一）经脉系统

1. 十二经脉 即手三阴经、手三阳经、足三阴经、足三阳经，又称十二正经。

2. 奇经 即督脉、任脉、冲脉、带脉、阴跷脉、阳跷脉、阴维脉、阳维脉，合称奇经八脉。奇经八脉有统率、联络和调节全身气血盛衰的作用。

（二）络脉系统

络脉有别络、孙络、浮络之分。

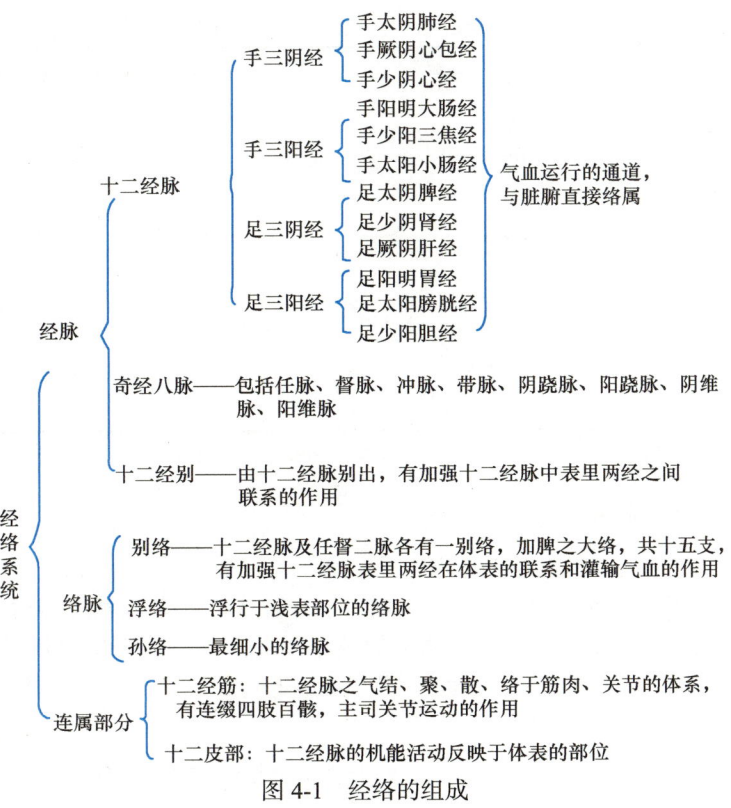

图 4-1 经络的组成

1. 十五别络 别络有本经别走邻经之意,共有十五支,包括十二经脉在四肢各分出的络,躯干部的任脉络、督脉络及脾之大络。十五别络有加强十二经脉表里两经在体表的联系和灌输气血的作用。

2. 浮络 浮络是浮行于浅表部位的络脉。

3. 孙络 孙络是络脉中最细小的分支。

此外,经络系统还包括十二经别、十二经筋、十二皮部。

三、十二经脉的命名、走向、交接规律、表里关系及流注次序

(一) 十二经脉的命名

十二经脉对称地分布于人体的两侧,分别循行于上肢或下肢的内侧或外侧,每一经脉分别隶属于一脏或一腑,因此,十二经脉中每一经脉的名称,都包括手足、阴阳、脏腑三个部分。

1. 命名原则 根据其分布于手足内外、所属脏腑的名称和阴阳属性而定。行于上肢的经脉,称"手经";行于下肢的经脉,称"足经"。分布于四肢内侧面的经脉,属"阴经";分布于四肢外侧面的经脉,属"阳经"。阴经隶属于脏,阳经隶属于腑。

2. 十二经脉的具体名称 手太阴肺经、手厥阴心包经、手少阴心经、手阳明大肠经、手少阳三焦经、手太阳小肠经、足太阴脾经、足厥阴肝经、足少阴肾经、足阳明胃经、足少阳胆经、足太阳膀胱经。

3. 十二经脉名称分类及其在四肢的分布规律 见表 4-1。

表 4-1　十二经脉名称分类及其在四肢的分布规律

阴经（属脏）	阳经（属腑）	循行部位（阴经行于内侧，阳经行于外侧）
手		上肢
太阴肺经	阳明大肠经	前部
厥阴心包经	少阳三焦经	中部
少阴心经	太阳小肠经	后部
足		下肢
太阴脾经	阳明胃经	前部
厥阴肝经	少阳胆经	中部
少阴肾经	太阳膀胱经	后部

注：在小腿下半部和足背部，肝经在前缘，脾经在中线，在内踝尖上八寸处交叉后，脾经在前缘，肝经在中线

（二）十二经脉的走向

十二经脉的走向，手三阴经，从胸走手，交手三阳经；手三阳经，从手走头，交足三阳经；足三阳经，从头走足，交足三阴经；足三阴经，从足走腹（胸），交手三阴经。如此，十二经脉就构成了"阴阳相贯，如环无端"的循环径路。"手之三阴，从胸走手；手之三阳，从手走头；足之三阳，从头走足；足之三阴，从足走腹。"是对十二经脉走向规律的高度概括（图 4-2）。

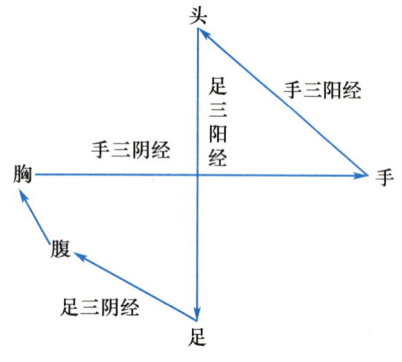

图 4-2　十二经脉走向交接规律

（三）十二经脉的交接规律

1. 阴经与阳经交接　阴经与阳经在四肢末端衔接。
2. 阳经与阳经交接　阳经与阳经在头面部相交接。
3. 阴经与阴经交接　阴经与阴经在胸腹部相交接。

（四）十二经脉的分布规律

十二经脉在体表的分布是有一定规律的。

1. 四肢部　阴经分布在内侧面，阳经分布在外侧面。内侧分三阴，外侧分三阳，太阴、阳明在前缘，少阴、太阳在后缘，厥阴、少阳在中线。

2. 头面部　阳明经行于面部、额部；太阳经行于面颊、头顶及头后部；少阳经行于头侧部。

3. 躯干部　手三阳经行于肩胛部；足三阳经则阳明经行于前（胸、腹面），太阳经行于后（背面），少阳经行于侧面。手三阴经均从腋下走出，足三阴经均行于腹面。循行于腹面的经脉，自内向外的顺序为足少阴、足阳明、足太阴、足厥阴。

（五）十二经脉的表里关系

手足三阴、三阳，通过经脉的别络相互沟通，阴经属脏主里络腑，阳经属腑主表络脏，一脏配一腑，一阴配一阳，组合成六对阴阳表里配偶关系。即足太阳膀胱经与足少阴肾经为表里，足少阳胆经与足厥阴肝经相表里，足阳明胃经与足太阴脾经相表里，手阳明大肠经与手太阴肺经相表里，手少阳三焦经与手厥阴心包经相表里，手太阳小肠经与手少阴心经相表里。

十二经脉之间由于相互表里的两经衔接而加强了联系，而且相互络属于同一脏腑，因而使互为表里的脏腑在生理上密切联系，在病理上相互影响，同时在治疗上，相互表里两

经的腧穴经常交替使用。

（六）十二经脉的流注次序

流注，是人体气血流动不息，向各处灌注的意思。十二经脉是气血运行的主要通道，它们首尾相贯、依次衔接，因而脉中气血的运行也是循经脉依次传注的。由于全身气血皆由脾胃运化的水谷之精化生，故十二经脉气血的流注从起于中焦的手太阴肺经开始，依次流注各经，最后传至足厥阴肝经，复再回到手太阴肺经，从而首尾相贯，如环无端（图4-3）。

> 考点：十二经脉的走向、交接规律、分布、表里关系、流注次序

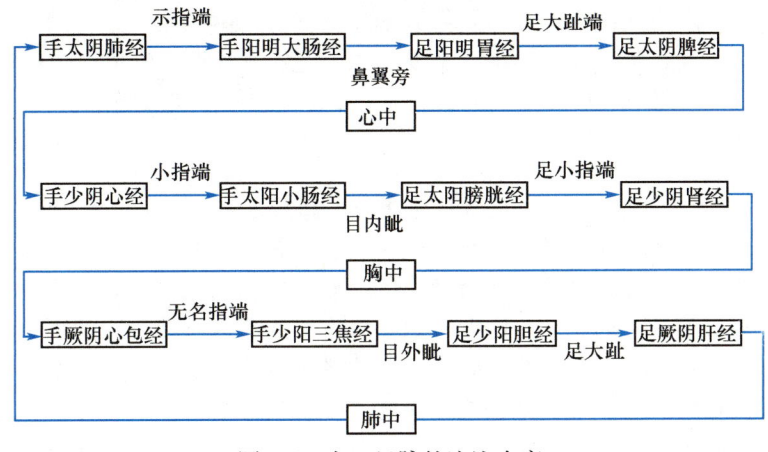

图 4-3　十二经脉的流注次序

链接

十二经脉助记口诀

十二经脉走向口诀：手之三阴胸内手，手之三阳手外头，足之三阳头外足，足之三阴足内腹。交接规律：阳与阳交头面，阴与阴交胸腹，阳与阴交手足。分布规律（四肢部）：外侧经脉阳少太，内侧经脉太厥少。流注次序：肺与大肠胃连脾，心及小肠膀胱经，肾接心包三焦走，胆经序交肝环肺。

四、经络的生理功能

《灵枢·经脉》言："经脉者，所以决死生，处百病，调虚实，不可不通。概括说明了经络系统在生理、病理和防治疾病方面的重要性，经络系统主要有以下几方面的功能。

1. 沟通联系作用　人体是由五脏六腑、四肢百骸、五官九窍、皮肉脉筋骨等组成的，它们虽各有不同的生理功能，但又共同进行着有机的整体活动，使机体内外、上下保持协调统一，构成一个有机的整体。这种有机配合，相互联系，主要是依靠经络的沟通、联络作用实现的。由于十二经脉及其分支的纵横交错，入里出表，通上达下，相互络属于脏腑，奇经八脉联系沟通十二正经，十二经筋、十二皮部联络筋脉皮肉，从而使人体的各个脏腑组织器官有机地联系起来，构成了一个表里、上下彼此之间紧密联系、协调共济的统一体。

2. 感应传导作用　经络不仅有运行气血营养物质的功能，而且还有传导信息的作用。所以，经络也是人体各组成部分之间的信息传导网。当肌表受到某种刺激时，刺激量就沿着经脉传于体内有关脏腑，使该脏腑的功能发生变化，从而达到疏通气血和调整脏腑功能

的目的。脏腑功能活动的变化也可通过经络而反映于体表。经络循行四通八达而至机体每一个局部，从而使每一局部成为整体的缩影。针刺中的"得气"和"行气"现象，就是经络传导感应作用的表现。

3. 运输濡养作用　人体各个组织器官，均需气血濡养，才能维持正常的生理活动。而气血通过经络循环贯注而通达全身，发挥其营养脏腑组织器官、抗御外邪保卫机体的作用。

4. 调节平衡作用　经络能运行气血和协调阴阳，使人体机能活动保持相对的平衡。当人体发生疾病时，出现气血不和及阴阳偏胜偏衰的证候，可运用针灸等治法以激发经络的调节作用，以"泻其有余，补其不足，平复阴阳"。实验证明，针刺有关经络的穴位，对各脏腑有调节作用，即原来亢进的可使之抑制，原来抑制的可使之兴奋。

> 考点：经络的主要生理功能

链接

经络实质的研究进展

关于对经络实质的研究，通过剖析古人论述，结合临床实际和科研实验，现有以下初步推断：经脉是附着于筋膜组织，借助神经、血管、淋巴管调整人体功能的带状结构；络脉是小血管，借助神经、血管、淋巴管等调整人体功能的网状结构；筋膜组织和小血管是经络的物质结构，神经、血管、淋巴管等组织是经络的作用途径，对人体功能的调整是经络效应表现，这是经络的三大要素，三者缺一不可。目前学术界的共识：认为经络现象是客观存在的，经络是人体生理综合调整系统。但在经络的组织结构、作用通路、调节机制等方面的研究还处于进一步深入之中。

五、经络学说的应用

1. 阐释病理变化　在正常生理情况下，经络有运输濡养、感应传导的作用。所以在发生病变时，经络就可能成为传递病邪和反映病变的途径。

经络是外邪从皮毛腠理内传于五脏六腑的传变途径。由于脏腑之间有经脉沟通联系，所以经络还可成为脏腑之间病变相互影响的途径。如足厥阴肝经挟胃、注肺中，所以肝病可犯胃、犯肺。相为表里的两经，因络属于相同的脏腑，因而使相为表里的脏腑之间在病理上常相互影响，如心火可下移小肠，大肠实热，腑气不通，可使肺气不利而喘咳胸满等。通过经络的传导，内脏的病变可以反映于外，表现于某些特定的部位或与其相应的官窍。如胃火炽盛见牙龈肿痛，肝火上炎见目赤等。

2. 指导疾病的诊断　由于经络有一定的循行部位和络属的脏腑，它可以反映所属经络脏腑的病证，因而在临床上，就可根据疾病所出现的症状，结合经络循行的部位及所联系的脏腑，作为诊断疾病的依据。如，两胁疼痛，多为肝胆疾病；缺盆中痛，常是肺的病变。又如，头痛一证，痛在前额者，多与阳明经有关；痛在两侧者，多与少阳经有关；痛在后头部及项部者，多与太阳经有关；痛在巅顶者，多与厥阴经有关。在临床实践中，还发现在经络循行的通路上，或在经气聚集的某些穴位处，有明显的压痛或有结节状、条索状的反应物，或局部皮肤的形态变化，也常有助于疾病的诊断。如肠痈可在阑尾穴有压痛，长期消化不良的病人可在脾俞穴见到异常变化等。

3. 指导疾病的治疗与护理　经络学说被广泛地用以指导临床各科的治疗与护理。是针灸、按摩和药物治疗的理论基础。

针灸与按摩疗法,主要是根据某一经或某一脏腑的病变,而在病变的邻近部位或循行的远隔部位上取穴,通过针灸或按摩,以调整经络气血的功能活动,从而达到治疗的目的。而穴位的选取,就必须按经络学说进行辨证,断定疾病属于何经后,根据经络的循行分布路线和联系范围来选穴,这就是"循经取穴"。

药物治疗是以经络为渠道,通过经络的传导转输,才能使药到病所,发挥其治疗作用。在长期临床实践的基础上,根据某些药物对某一脏腑经络有特殊作用,确定了"药物归经"理论,如治头痛,属太阳经的可用羌活,属阳明经的可用白芷,属少阳经的可用柴胡。羌活、白芷、柴胡,不仅分别归手足太阳、阳明、少阳经,且能引他药归入上述各经而发挥治疗作用。

案例 4-1 分析

该患者皮肤病损发生的部位沿着上肢外侧前缘分布,通过经络理论的学习,依照十二经脉的交接分布规律,此为手阳明大肠经分布区域,同时结合伴有咽痛、食欲不振、腹痛、腹泻等症,该患者属于手阳明大肠经经络的病症。

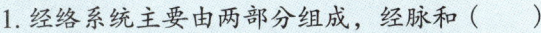

1. 经络系统主要由两部分组成,经脉和( )
   A. 络脉　　　　　B. 十五络脉　　　　C. 孙络
   D. 皮部　　　　　E. 浮络
   分析:人体的经络系统主要由经脉、络脉组成,故选A。

2. 手三阴经的循行走向是( )
   A. 从手走头　　　B. 从头走足　　　　C. 从足走腹
   D. 从胸走手　　　E. 从头走手
   分析:十二经脉的走向规律为手三阴经从胸走手,手三阳经从手走头,足三阳经从头走足,足三阴经从足走胸腹,故选D。

小结

经络学说,是研究人体经络循行分布规律、生理功能、病理变化及其与脏腑相互联系的学说,是中医学理论体系的重要组成部分。人体的经络系统由经脉、络脉及其连属部分组成,其中以经脉为主体。经络相贯,遍布全身,把人体五脏六腑、肢体官窍及皮肉筋骨等组织紧密地联结成统一的有机整体。十二经脉的命名、走向、交接、表里关系、流注次序都有其特定的规律。生理上具有沟通联系、感应传导、运输濡养、调节平衡的作用。经络学说对于养生防病及疾病的诊治、护理、康复具有重要的指导作用。

自测题

选择题

A₁ 型题

1. 经络系统的主体是( )
   A. 十二经脉　　　　B. 奇经八脉
   C. 十五络脉　　　　D. 十二皮部
   E. 浮络

2. 十二经脉命名的三要素是( )
   A. 阴阳,五行,脏腑　　B. 阴阳,五行,手足
   C. 五行,脏腑,手足　　D. 阴阳,脏腑,手足
   E. 五行,手足,经络

3. 手三阳经行于上肢的外侧，其排列顺序由前向后是（　　）
   A. 太阳，阳明，少阳　　B. 太阳，少阳，阳明
   C. 阳明，少阳，太阳　　D. 少阳，阳明，太阳
   E. 阳明，太阳，少阳

4. 足三阴经行于下肢的内侧从小腿中部以上，由前向后排列的是（　　）
   A. 太阴，厥阴，少阴　　B. 太阴，少阴，厥阴
   C. 厥阴，太阴，少阴　　D. 厥阴，少阴，太阴
   E. 厥阴，太阴，少阳

5. 手足六阴经与手足六阳经，属于（　　）
   A. 表里关系　　B. 属络关系
   C. 连接关系　　D. 相配关系
   E. 附属关系

6. 下列经脉中，名称不正确的是（　　）
   A. 足少阳胆经　　B. 足阳明大肠经
   C. 足太阳膀胱经　　D. 足厥阴肝经
   E. 足太阴脾经

7. 十二正经阳经与阳经（同名经）相交部位是（　　）
   A. 头面　　B. 胸
   C. 腹　　D. 四肢末端
   E. 腰背

8. 奇经八脉与十二正经不同之处，错误的是（　　）
   A. 不直属脏腑　　B. 无表里关系
   C. 无循环流注　　D. 都没有专属的腧穴
   F. 分属正经奇经

9. 足厥阴肝经交出足太阴之后是在内踝上（　　）
   A. 4寸　　B. 3寸
   C. 7寸　　D. 8寸
   E. 12寸

10. 经脉不按照十二经脉循行流注次序排列的是（　　）
    A. 胆、肝、肺经　　B. 大肠、胃、脾经
    C. 心、小肠、肾经　　D. 肾、心包、三焦经
    E. 脾、心、小肠 经

11. 足阳明经所属的脏腑是（　　）
    A. 心包　　B. 胆
    C. 小肠　　D. 膀胱
    E. 胃

12. 足三阴经的循行走向是（　　）
    A. 从头走足　　B. 从足走腹
    C. 从胸走手　　D. 从头走手
    E. 从手走头

13. 按流注次序，大肠经流注至（　　）
    A. 胃经　　B. 脾经
    C. 小肠经　　D. 三焦经
    E. 肺经

A_2型题

14. 患者，男性，52岁。平时体弱多病，经常头痛，头痛的部位多在前额，病变多与（　　）有关。
    A. 少阳经　　B. 阳明经
    C. 太阳经　　D. 厥阴经
    E. 督脉

（王跃丰）

第5章 病因病机

人之所以健康无病，是因为人体内各脏腑组织之间以及人体与外界环境之间，经常处于一个相互依存、相互制约的动态平衡状态。当自然界气候异常、情志过度波动及其他因素发生改变，人体不能适应这种变化时，这种相对平衡状态就会遭到破坏，人体就会发生疾病。人体是怎么发生疾病，其发病与哪些因素有关呢？这些感兴趣的问题将在本章可以找到答案。

案例 5-1

患者，女性，13岁。昨日沐浴后受凉，今日出现恶寒、无汗、鼻流清涕、头痛、肢体酸痛、舌苔薄白、脉浮紧。查体：体温 38.2℃。

案例 5-2

患者，男性，20岁。夏季中暑，出现四肢困倦、全身乏力、高热、汗出较多、心烦口渴、脘痞腹胀的症状，舌苔滑腻，脉滑数。

案例 5-3

患者，男性，28岁。秋季，天气干燥，故出现干咳无痰或咳而痰少质黏、喉咙干痛、鼻干唇燥、心烦口渴、苔薄白、舌边尖俱红、脉浮数。

问题：以上案例中患者感受了哪些邪气？

第1节 病　　因

病因，就是导致疾病发生的原因，主要有六淫、疫疠、七情、饮食、劳逸、痰饮、瘀血、外伤和虫兽伤等。

考点：病因的概念

一、外感病因

外感病因，是指来源于自然界，通过皮毛或口鼻，侵入机体引起疾病的原因。主要有六淫与疫疠两类。

（一）六淫

风、寒、暑、湿、燥、火是四季气候中的六种表现，正常情况下是自然界六种不同的

考点：六气、六淫的概念

气候变化，称为"六气"。六气对自然界的万物生长和变化起着促进作用，也是人类生存的条件，所以正常的六气不会致病。如果发生太过或不及，而当人体正气不足时就可能成为致病因素，这种能使人致病的反常气候称为"六淫"。淫，有太过和浸淫之意。由于六淫是不正之气，所以又称为"六邪"。

1. 六淫致病的共同特点

（1）季节性：六淫为病，多与季节气候有关，如春季多风病、夏季多暑病、长夏多湿病、秋季多燥病、冬季多寒病等。

（2）地域性：六淫为病，与生活地域、居住环境有关，如西北高原地区多寒病、燥病；东南沿海地区多湿病、温病；久居潮湿环境多湿病；高温环境作业者又常因燥热或火邪而致热病等。

（3）相兼性：六淫邪气既可单独侵袭人体致病，又可两种以上邪气相兼侵犯人体而致病，如风寒感冒、暑湿泄泻、风寒湿痹等。

（4）转化性：六淫在发病过程中，不仅可以互相影响，而且在一定的条件下可以相互转化，如寒邪入里可以化热；热极可以生风；暑湿日久可以化燥伤阴等。

考点：六淫致病的共同特点

（5）外感性：六淫为病，其受邪途经多侵犯人体肌表，或从口鼻而入，或两者同时受邪，故又有"外感六淫"之称。其所致之病，统称为外感疾病（图5-1）。

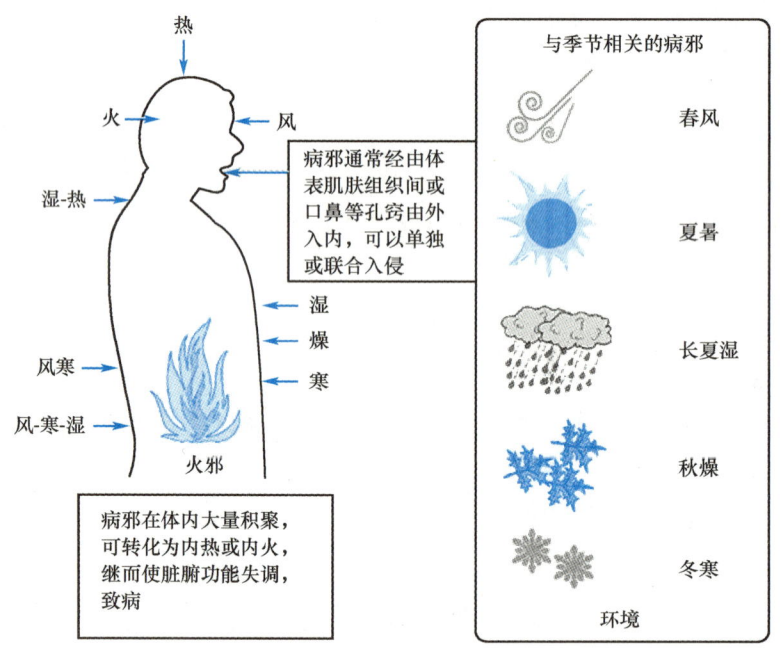

图5-1 六淫致病特点

2. 六淫各邪的性质及其致病特点

（1）风邪：风是春天的主气，但四季皆有。因此风邪为病，春季多见，其他季节也可发生。风邪的性质和致病特点如下。

①风为阳邪，其性开泄，易袭阳位：风邪具有升发、向上、向外的特性，故属于阳邪。其性开泄，是指风邪犯人易使腠理疏泄而开张。因此，风邪易犯人体的头面（上部）和肌表（外部）等属于阳的部位，出现头痛、鼻塞、流涕、汗出、恶风等症状。

②风性善行数变："善行"是指风邪致病具有病位游移，行无定处的特性。如风邪偏

盛的行痹，常见游走性的关节疼痛，痛无定处。"数变"是指风邪致病具有发病急、变化快的特性。如卒中之突然昏仆、不省人事；风疹块的此起彼伏、时隐时现、皮肤瘙痒等。

③风为百病之长：风为六淫之首，常为外邪致病的先导，寒、湿、燥、热诸邪多依附于风而侵犯人体，如风寒、风热、风湿等。

④风性主动：指风邪致病其临床表现具有动摇不定的特点，如眩晕、上视、口噤、项强、震颤、四肢抽搐等。

(2) 寒邪：寒是冬季的主气，其他季节亦可有之。寒邪致病，根据其侵犯的部位而有伤寒、中寒之分。寒邪伤于肌表，阻遏卫阳，称为"伤寒"；寒邪直中于里，伤及脏腑阳气，称为"中寒"。寒邪的性质和致病特点如下。

①寒为阴邪，易伤阳气：寒为阴气盛的表现，故其性属阴。寒邪最易损伤阳气，使阳气温煦气化作用减弱，全身或局部出现机能减退的寒象。如寒邪袭表，卫阳被遏，则见恶寒；寒邪直中脾胃，中阳受损，可见呕吐清水、脘腹冷痛等症。

②寒性凝滞，主痛：凝滞，即凝结阻滞不通之意。寒邪侵袭人体，损伤阳气，使气血循行迟缓，甚至凝结阻滞，运行不畅，不通则痛，故疼痛是寒邪致病的重要特征。

③寒性收引：收引，即收缩牵引之意。寒邪侵袭人体，易使气机收敛，腠理闭塞，而出现无汗、脉紧；寒邪侵袭经络关节，则经脉收缩拘急，以致拘挛疼痛、屈伸不利等。

> **案例 5-1 分析**
>
> 　　风为阳邪，其性开泄，易袭阳位，该患者出现鼻流清涕、头痛、舌苔薄白、脉浮等症状，符合感受六淫中"风邪"的性质和致病特点。寒为阴邪，易伤阳气，寒性凝滞，寒性收引，该患者恶寒、无汗、肢体酸痛、脉紧等症状，符合感受六淫中"寒邪"的性质和致病特点，二者结合，该患者为感受"风寒"二邪所致。

(3) 暑邪：暑是夏季的主气，为火热之气所化生。暑邪独见于夏季，有明显的季节性，主要发生在夏至以后，立秋之前。暑纯为外感，无内暑之说。暑邪的性质和致病特点如下。

①暑为阳邪，其性炎热：暑为夏季的火热之气所化生，火热属阳，故为阳邪。暑邪致病可出现高热、烦渴、肌肤灼热、汗出、脉洪大等症状。

②暑性升散，耗气伤津：升散即上升发散之意。暑邪侵犯人体使腠理开泄而大汗出，汗多必致津伤，气随津外泄，而见口渴多饮、短少尿赤、气短乏力、脉虚大无力等症状。

③暑多挟湿：暑季气候炎热，多雨而潮湿，因而暑邪为患，往往兼有湿邪。其临床特征除有发热、烦渴等暑热症状之外，常兼有四肢困重、胸闷呕恶、大便溏泻不爽等湿阻症状。

(4) 湿邪：湿为长夏的主气，长夏时当夏秋之交，雨量较多，湿气最盛，故长夏多湿病。但亦可因涉水淋雨、居处潮湿、水中作业等湿邪侵袭所致，因此，湿邪为患，四季均可发病（图 5-2）。湿邪的性质和致病特点如下。

①湿性重浊：重，即沉重、重着。湿邪致病可见头身困重、四肢酸楚、关节疼痛重着等。浊，即秽浊不洁。湿邪致病出现各种秽浊症状，如疮疡脓水、小便浑浊、便痢脓血、妇女黄白带下等。

图 5-2　湿邪为有形之邪

②湿为阴邪，易阻遏气机，损伤阳气：湿邪与水同类，归属于阴。湿邪侵入人体，留滞脏腑经络，最易阻遏气机，使气机升降失常，出见胸闷脘痞、小便不利、大便不爽等症状。

③湿性黏滞：黏滞，即黏腻、停滞之意。因湿性黏滞，故湿邪致病常缠绵难愈，易反复发作，其分泌物多黏滞，排泄不爽。

④湿性趋下，易袭阴位：湿水同类，水性向下，具有沉降之性，故可见下部症状，如下肢水肿、小便淋浊、赤白带下等症。

> **案例 5-2 分析**
>
> 暑为阳邪，其性炎热，暑性升散，耗气伤津，该患者夏季感受暑湿之气，出现高热、汗出、口渴等症状，符合感受六淫中"暑邪"的性质和致病特点。暑多挟湿，湿性重浊，湿为阴邪，易阻遏气机，该患者还有四肢困倦、全身疲乏、脘痞腹胀等症状，符合感受六淫中"湿邪"的性质和致病特点。二者结合，该患者为感受"暑湿"二邪所致。

（5）燥邪：燥是秋季的主气。秋季气候干燥，水分滋润减少，故秋季多燥病。燥邪为病，有温燥、凉燥之分。初秋尚有夏热之余气，故多为温燥；深秋近冬气候渐凉，故多为凉燥。燥邪的性质和致病特点如下。

①燥性干涩，易伤津液：燥邪干涩，致病最易耗伤津液，造成阴津亏损的病变，表现各种干涩的症状和体征，如鼻干咽燥、口唇燥裂、皮肤干燥皲裂等。

②燥易伤肺：肺为娇脏，喜润而恶燥。燥邪犯肺，损伤肺津，宣降失司，症见咳呛气逆、干咳少痰，或痰黏稠难咳、痰中带血等。

> **案例 5-3 分析**
>
> 燥邪患病，易伤津液，易伤肺，该患者出现了鼻干唇燥、干咳无痰的症状，符合感受六淫中"燥"的性质和致病特点。

（6）火邪：火为热之极，性质相同而程度有异，故常火热并称。火旺于夏季，但并不像暑邪那样有明显的季节性，也不受季节气候的限制。风、寒、暑、湿、燥诸邪，均能在病理变化过程中化热成火，故又有"五气化火"之说。火邪的性质和致病特点如下。

①火热为阳邪，其性炎上：火热性属阳，有升腾上炎的特性，故火邪致病与热相似，但比热更甚，多表现头面部位症状，如心火上炎可致口舌生疮；肝火上炎可致头痛、目赤肿痛；胃火炽盛可致牙龈肿痛、出血等；火易扰神明，常见心烦失眠、狂躁妄动、神昏谵语等症。

②火易伤津耗气：火热之邪，既可消灼津液，又能迫津外泄，使机体的津液耗伤。故火邪致病，除有明显的热象外，还伴有口渴喜饮、咽干舌燥、小便短赤、大便秘结等津液耗伤的症状。

③火易生风动血：火热之邪侵袭人体，灼伤阴津，使筋脉失其滋养濡润，而致肝风内动，表现为高热、神昏谵语、四肢抽搐、颈项强直、角弓反张、目睛上视等症，称之为"热极生风"。同时，火热之邪可以加速血行，灼伤脉络，甚则迫血妄行，而致各种出血，如吐血、衄血、便血、尿血、皮肤发斑及妇女月经过多、崩漏等病证。

④火易致肿疡：火热之邪入于血分，可壅迫聚集于局部，腐蚀血肉发为痈肿疮疡，故有"痈疽原是火毒生"之说。

综上所述，六淫各自具有不同的性质和特点，风、暑、火、燥为阳邪，寒、湿为阴邪（表5-1）。

表 5-1 六淫性质和特点

六淫	属性	性质和特点	常见病证
风	阳	开泄、善行数变、主动	伤风、肝风内动
寒	阴	收引、凝滞、疼痛、伤阳	寒痹、脾胃虚寒
暑	阳	升散、耗气、伤津、挟湿	中暑、暑湿
湿	阴	重浊、黏滞、阻遏气机	湿痹、湿阻中焦
燥	阳	干涩、易伤津、易伤肺	温燥、寒燥
火	阳	上炎、伤津液、生风、动血	心火、热入营血

考点：风、寒、暑、湿、燥、火邪的性质和致病特点

 **链接**

内生五邪

在疾病的发生发展过程中，由于脏腑气血津液功能失调而产生不同的病理反应，出现类似于风、寒、湿、燥、火（除暑）等邪发病特点的病证表现。因病起于内，与六淫无关，故称为"内风""内寒""内湿""内燥""内火"，即"内生五邪"。"内生五邪"与外感六淫有一定的区别，它并不是致病因素，而是由于脏腑气血津液等生理功能失调所引起的综合性病理变化，是内伤病的病机。

（二）疫疠

疫疠是一类具有强烈传染性的病邪，又称瘟疫、疫毒、异气、毒气等名称。它不同于六淫，具有明显的传染性和流行性，是一种特殊的外感致病因素。疫疠具有发病急骤、病情较重、症状相似、传染性强，易于流行等特点。疫疠发生和流行的主要因素是气候反常与自然灾害、环境污染、饮食卫生不良、预防隔离不及时或措施不当、社会因素等。古医籍中记载的疫疠有疫痢、白喉、烂喉痧、天花、霍乱、大头瘟等，包括西医学中许多传染病或烈性传染病，如中毒性菌痢、非典型性肺炎、禽流感等均属疫疠的范畴。

考点：疫疠的概念和致病特点

 **链接**

非典型性肺炎

简称SARS，又称严重急性呼吸综合征（severe acute respiratory syndromes），是一种因感染SARS相关冠状病毒而导致的以发热、干咳、胸闷为主要症状，严重者出现快速进展的呼吸系统衰竭的疾病，是一种新的呼吸道传染病，极强的传染性与病情的快速进展是此病的主要特点。

二、七 情

（一）七情的概念

七情，即喜、怒、忧、思、悲、恐、惊七种情志变化，是机体的精神状态。七情是人体对客观事物的不同反映，也是人的精神活动的外在表现，在正常情况下一般不会致病，只有突然、强烈或长期持久的情志刺激，超过了人体本身的正常活动范围，使人体气机紊乱，脏腑阴阳气血失调，才会导致疾病的发生，如"范进喜中之疯""林黛玉悲忧之死""诸葛亮三气周瑜""诸葛亮过思积劳"等。由于它是造成内伤病的主要致病因素之一，是直接影响脏腑的功能而发病，有别于六淫从口鼻肌肤而入，故又称"内伤七情"。

考点：七情的概念

链接

杯弓蛇影

《晋书·乐广传》记载乐广有一极为亲密的朋友,很长时间没有来了。乐广问其原由,朋友回答说"上次你请我喝酒。我正要喝的时候,突然看见杯中有一条蛇,当时心里甚为厌恶,喝下去以后,我就病倒了。"乐广家中的墙壁上挂着一只弓,乐广猜想朋友所见杯中的蛇,也许就是这只弓的影子。于是重倒了一杯酒,放在原先的位置上,问朋友:"你在这酒中有没有看到什么?"朋友回答说:"我所看到的,同上次见到的一样。"乐广就向朋友讲明原因,使他明白杯中的蛇就是弓的倒影,朋友心中的疑团一下子解开了,很长时间都没有治好的病,顿时全好了。

该典故充分说明了"心病要用心药医",消除疑惑的最好办法是说明事实的真相。

(二) 七情致病的特点

1. 直接伤及内脏 《素问·阴阳应象大论》曰:"怒伤肝""喜伤心""思伤脾""忧伤肺""恐伤肾"。根据临床观察,七情致病主要以影响心、肝、脾为多见(图5-3)。

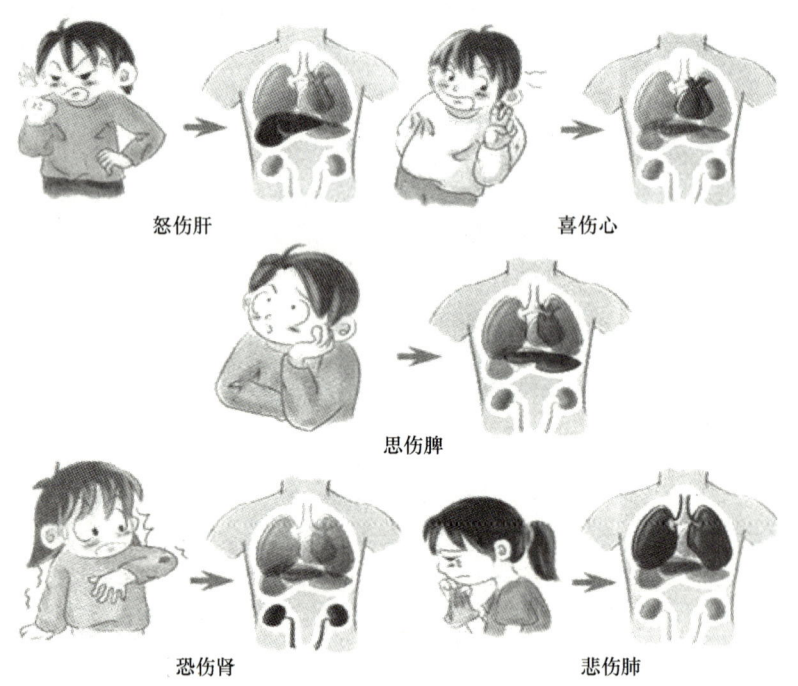

图 5-3 七情损伤脏腑

2. 影响脏腑气机,导致气血运行紊乱 《素问·举痛论》曰:"怒则气上""喜则气缓""悲则气消""恐则气下""惊则气乱""思则气结"。所谓"怒则气上",指过于愤怒,可使肝气的疏泄功能失常,横逆上冲,甚则血随气逆,引起昏厥;"喜则气缓",指过度的喜笑,可使心气涣散,精神不能集中,甚则失神狂乱;"悲则气消",是过度的悲哀,可使意志消沉,肺气耗伤,出现气短乏力、精神萎靡不振等;"恐则气下",指过于恐怖,可使肾气不固、气陷于下,大小便失禁,遗精等;"惊则气乱",指突然受惊,则心气紊乱、心无所倚、神无所归、虑无所定,出现心悸、惊恐不安等;"思则气结",指思虑过度,可使气机阻滞不畅、脾胃运化无力,出现纳呆食少、脘腹胀满、便溏等症(图5-4,表5-2)。

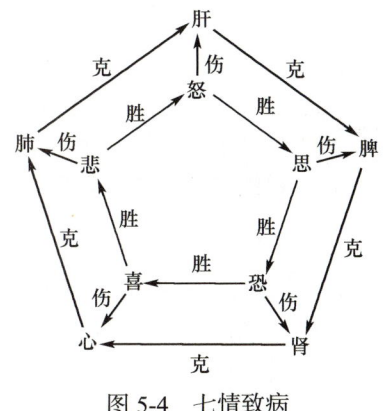

表 5-2 七情致病

情志	病机	临床表现
喜为心志	喜伤心，喜则气缓	心悸不安、精神涣散、哭笑不休等
怒为肝志	怒伤肝，怒则气上	飧泄腹胀、胸胁胀满、嗳气叹息等
忧为肺志	忧伤肺，忧则气郁	少气、声低、息微、咳嗽、胸满等
思为脾志	思伤脾，思则气结	食少倦怠、肌肉消瘦、腹胀便溏等
悲为肺志	悲伤肺，悲则气消	抽吸饮泣、意志消沉、精神错乱等
恐为肾志	恐伤肾，恐则气下	肢厥精遗、二便失禁、心烦失眠等
惊为心志	惊伤心，惊则气乱	心悸气乱、表情惊慌、精神错乱等

图 5-4 七情致病

3. 影响病情转归 七情不仅可以引起多种疾病的发生，而且对疾病的发展有着重要的影响（图 5-4）。良好和稳定的情绪可使病情好转，而剧烈的不良刺激往往可使病情加重，甚或急剧恶化。如高血压患者，突发情绪激动，引起血压急剧上升，症状随之加重，甚至引发卒中。

 链接

范进中举变狂人，一个耳光怪病愈

吴敬梓《儒林外史》中的范进在科举路上奋斗了大半辈子，屡试不弟，连连败北，以至于穷困潦倒，精疲力竭。不料在 50 岁那年，突然中举，得了"乡试第七名"，捷报传来，这位可怜的范老爷因大喜过望发狂，高喊："噫！好！我中了！"赤足披发，满脸泥污，四处奔跑。众人在无望之际，求助于阅历丰富的报录人，于是找来了范进平日最怕的岳父胡屠户。胡见"贤婿"正站在一个庙门口，兀自拍手高叫："中了，中了！"便凶神恶煞的走到跟前，说道："该死的畜生，你中什么了？"一个耳光打过去，范进连痛带吓，狂病遂愈。此例因患者喜乐过度，使心神受伤，而致神志异常，即"喜伤心"。一个耳光，病愈即"恐胜喜"。真是"范进中举变狂人，一记耳光怪病愈"。

三、其他因素

（一）饮食失宜

"民以食为天"，饮食是人类赖以生存和保持健康的必要条件，人体的生长发育及一切生命活动，离不开饮食所提供的营养物质。但饮食要有一定的节制，否则就会影响人体的生理功能，甚至形成疾病。饮食失宜致病，主要有以下三个方面。

 链接

世界卫生组织健康"十六字"方针

合理膳食；适量运动；戒烟限酒；心理平衡。

1. 饮食不节 饮食应以适量为宜，过饥过饱，均可发生疾病。长期摄食过少，气血生化不足，则会造成脏腑亏虚、正气不足而容易生病。饮食过量，超过脾胃的运化功能，则会出现脘腹胀痛、呕恶厌食、嗳腐酸臭、舌苔垢腻等食伤脾胃病证。

2. 饮食不洁 指食用了不清洁、不卫生、被污染或陈腐变质或有毒的食物。饮食不洁可引起多种胃肠道疾病，出现腹痛、吐泻、下痢脓血等症。若误食毒物（食物、药物）可

导致人体中毒，出现剧烈腹痛、吐泻、惊厥、昏迷，甚至死亡。

3. 饮食偏嗜 饮食应品种多样，五味齐全，寒热适中，营养物质才能摄入全面。若饮食偏嗜，则可导致阴阳失调或某些营养物质缺乏而发生疾病。如过食生冷寒凉，可损伤脾胃阳气，导致寒湿内生，发生腹痛泄泻等症；若偏食辛温燥热，则可使胃肠积热，出现口渴、腹满胀痛、便秘或酿成痔疮病证；过食肥甘厚味，可助湿、生痰、化热或酿成疖肿疮疡等病症。

（二）劳逸失度

正常的劳动和体育锻炼，有助于气血流通，增强体质。必要的休息，可以消除疲劳，恢复体力和脑力，不会使人致病。而过度劳累和过度安逸，又可成为致病因素。

1. 过度劳累 包括劳力过度、劳神过度和房劳过度三个方面。劳力过度是指过度的体力劳动及运动，或超时间劳作不息，积劳成疾，损伤人体脏腑功能，症见气短乏力、懒言神疲、自汗、容易感冒等症。劳神过度指思虑太过，耗伤心血，损伤脾气，出现心悸、健忘、失眠、多梦、纳呆、腹胀、便溏等心脾两虚症状。房劳过度指性生活不加节制，房事过度耗伤肾精，出现眩晕耳鸣、腰膝酸软、精神萎靡，或遗精、早泄、阳痿等症。

2. 过度安逸 是指过度安闲，长期缺乏体力活动。若长期不从事劳动或体育锻炼，易使人体气血运行不畅，脾胃功能减弱，出现食欲不振、精神疲乏、肢体软弱、或发胖臃肿，动则气喘、心悸、汗出或继发他病。

（三）病理产物性病因

人体在疾病过程中所形成的痰饮、瘀血等病理性产物，又可直接或间接作用于人体某些脏腑组织，继续发生病理变化，形成多种证候，把这些致病因素称为病理产物性病因，也称"继发性病因"。

1. 痰饮

考点：痰饮的概念

（1）痰饮的概念：痰和饮都是水液代谢障碍所形成的产物。一般以较稠浊的称为痰，清稀的称为饮。

（2）痰饮的形成：痰饮多由外感六淫，或内伤七情，或饮食劳逸等原因，使肺、脾、肾及三焦等脏腑气化功能失常，水液代谢障碍，以致水液停蓄凝聚而成。

（3）痰饮的致病特点：痰饮形成之后，饮多留积于肠胃、胸胁及肌肤，痰则随气升降可内而脏腑，外而筋骨皮肉，无所不至。痰饮致病，主要是阻滞脏腑经络气机，影响气血运行。随着所在部位不同，痰饮的临床病证各异，以苔腻、脉滑为特征（图5-5）。

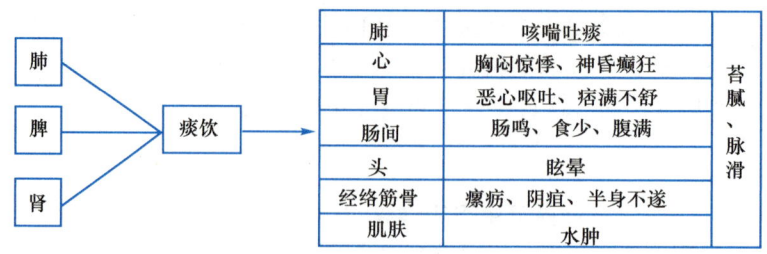

图 5-5　痰饮病机

📚 **链接**

痰饮的八大症状

咳、喘、悸、眩、呕、满、肿、痛。

2. 瘀血

（1）瘀血的概念：是体内血液停滞，包括离经之血积存于体内，或血行不畅，阻滞于经脉及脏腑内的血液。

(2) 瘀血的形成：主要有两个方面。①由于气虚、气滞、血寒、血热等原因，使血液运行不畅，甚至停滞，形成瘀血；②由于外伤、气虚失血或血热妄行等原因造成血离经脉，停留体内，不能及时消散或排出体外，从而形成瘀血。

(3) 瘀血的病证特点：瘀血形成之后，主要是阻塞经脉，影响气机运行，导致脏腑功能失调而引起新的病证。瘀血所致病证常因血瘀的部位不同而异，病证虽然繁多，但其临床表现有以下共同的特点。①疼痛：疼痛多呈刺痛，痛处固定不移，拒按，昼轻夜重。②肿块：固定不移。在体表，则局部青紫肿胀；在体内，常可在患处触及癥块，推之不移，按之痛甚。③出血：血色多呈紫暗，或兼挟血块。

此外，瘀血还有一些全身症状，如面色黧黑、肌肤甲错、舌色紫黯有瘀点、脉细涩或结、代等（图5-6）。

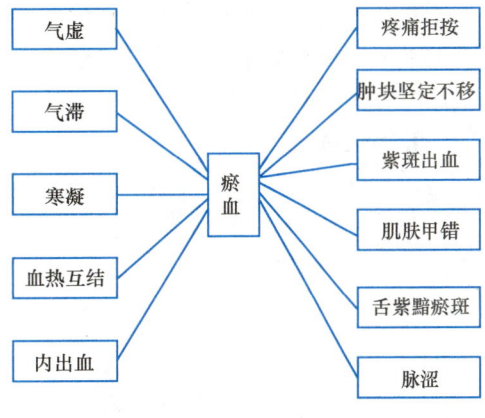

图 5-6 瘀血病机

第 2 节 病 机

病机，是疾病发生、发展、变化与转归的机制。病邪入侵，邪正斗争，破坏了人体阴阳的相对平衡，而致阴阳失调，形成各种疾病。尽管疾病种类繁多，临床表现错综复杂，但从总体而言，都离不开正邪相争、阴阳失调的基本规律。

一、正邪盛衰

"正"即"正气"，指人体正常的机能活动和抗病、康复能力。"邪"即"邪气"，泛指一切致病因素。疾病的发生和变化是复杂的，但总不外乎邪正双方斗争的结果。

1. 邪正相争与发病 疾病的发生，主要关系到正邪两个方面。

(1) 正气不足是发病的内在根据：中医学认为正气决定疾病的发生、发展和转归，特别重视正气在发病中的作用。人体正气强盛，病邪难以侵入，或虽有邪气也不一定发病，正如《素问·刺法论》所说："正气存内，邪不可干"。与之相反，若正气虚弱，卫外不固，或邪气致病力特强，正气不足以抗邪则易发病，即《素问·评热病论》所说："邪之所凑，其气必虚"。

(2) 邪气侵袭是发病的重要条件：中医学虽然强调正气在发病中的主导地位，但也不忽视邪气对疾病发生的重要作用。邪气是发病的条件，在某些特殊情况下甚至起主导作用。如高压电流、化学毒剂、枪弹伤、毒蛇咬伤、疠气等，即使正气强盛，也难以抵御。

2. 邪正盛衰与疾病的虚实变化 一般而言，正气旺盛，则邪气必然消退；反之邪气亢盛，则会耗伤正气。而这种邪正消长盛衰的变化就形成了病证的虚实变化，如《素问·通评虚实论》曰："邪气盛则实，精气夺则虚"。

实，主要指邪气亢盛而正气未衰，以邪气亢盛为矛盾主要方面的一种病理反映。常见于外感六淫的初、中期，以及痰、食、血、水等滞留所引起的病证。

虚，主要指正气虚损而邪气不盛，以正气虚损为矛盾主要方面的一种病理反映。多见于素体虚弱或疾病后期及多种慢性疾病。

3. 邪正盛衰与疾病的转归 在疾病的发生、发展过程中，正气与邪气不断地进行斗争，其力量对比变化对疾病的转归起着决定性作用。若正胜邪退则疾病好转或痊愈，若邪盛正衰则疾病加重或恶化，甚至导致死亡。

二、阴阳失调

机体在疾病的发生、发展过程中，由于各种致病因素的影响，使机体的阴阳消长失去动态平衡而出现阴不制阳、阳不制阴的病理变化，称为阴阳失调。阴阳失调是疾病发生、发展的内在依据。

1. 阴阳偏盛

（1）阳偏盛：阳盛则热，其病机特点是阳盛而阴未衰，临床表现为实热证（图5-7）。

（2）阴偏盛：阴盛则寒，其病机特点是阴盛而阳未衰，临床表现为实寒证（图5-8）。

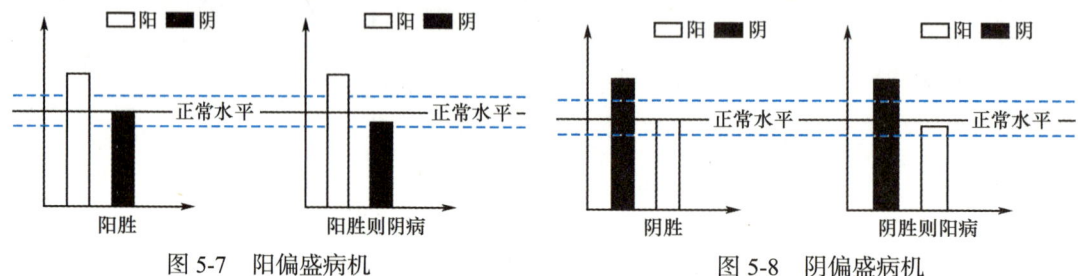

图5-7　阳偏盛病机　　　　图5-8　阴偏盛病机

2. 阴阳偏衰

（1）阳偏衰：阳虚则寒，其病机特点为阳气不足，阴相对偏盛，临床表现为虚寒证（图5-9）。

（2）阴偏衰：阴虚则热，其病机特点为阴精虚损，阳气相对偏盛，临床表现为虚热证（图5-10）。

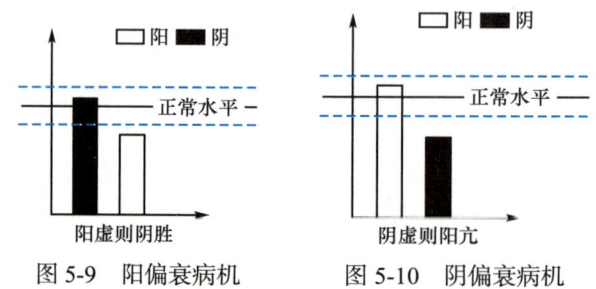

图5-9　阳偏衰病机　　　　图5-10　阴偏衰病机

护考链接

1. 六淫致病中，性属"黏滞"的病邪为（　　）
A. 风邪　　B. 寒邪　　C. 暑邪　　D. 湿邪　　E. 燥邪
分析："黏滞"是湿邪的性质和致病特点，故选D。

2. 六淫的概念是（　　）
A. 风、寒、暑、湿、燥、火
B. 内风、内寒、内暑、内湿、内燥、内火
C. 风、寒、暑、湿、燥、火六种外感病邪的统称
D. 风、寒、暑、内湿、内燥、内火
E. 外风、外寒、外暑、外湿、外燥、外火
分析：六淫是风、寒、暑、湿、燥、火六种外感病邪的统称，故选C。

小结

1. 病因就是导致疾病发生的原因，包括六淫、疫疠、七情、饮食、劳逸、痰饮、外伤和虫兽伤等。其中以六淫、七情为重点内容。

六淫，即风、寒、暑、湿、燥、火六种外感病邪的总称，其致病的共同特点有：季节性、地域性、相兼性、转化性和外感性。

七情，即喜、怒、忧、思、悲、恐、惊七种情志活动，在生理活动范围不会致病。其致病特点有三：①直接伤及内脏，以心、肝、脾多见；②影响脏腑气机，导致气血运行紊乱；③七情的变化影响病情转归。

2. 病机是疾病发生、发展、变化与转归的机制。但总体而言，邪正相争、阴阳失调是诸病机中最基本规律。

邪正相争，直接影响着疾病的发生、发展、变化及转归。阴阳失调是疾病发生、发展的内在依据。

自 测 题

一、选择题

A_1 型题

1. 下列哪项不是病因（ ）
   A. 六淫　　　　　B. 痰饮
   C. 饮食　　　　　D. 七情
   E. 咳嗽

2. 六淫的概念是（ ）
   A. 风、寒、暑、湿、燥、火在正常情况下称为"六气"
   B. 内风、风寒、风暑、外湿、外燥、外火
   C. 风、寒、暑、湿、燥、火六种外感病邪的统称
   D. 内风、内寒、内暑、内湿、内燥、内火
   E. 外风、外寒、外暑、外湿、外燥、外火

3. 风邪的致病特点（ ）
   A. 易伤阳气　　　　B. 火易耗伤津液
   C. 燥易伤肺　　　　D. 善行而数变
   E. 易致肿疡

4. 疫疠是指（ ）
   A. 异常气候　　　　B. 气机阻滞
   C. 有强烈传染性的病邪　D. 六淫邪气不压正
   E. 气机失常

5. 瘀血导致疼痛的特点是（ ）
   A. 刺痛　　　　　B. 隐痛
   C. 胀痛　　　　　D. 掣痛
   E. 冷痛

6. 燥邪最易伤（ ）
   A. 肾　　　　　　B. 肝
   C. 心　　　　　　D. 肺
   E. 脾

7. 寒邪的致病特点是（ ）
   A. 其性重浊　　　　B. 易于动血
   C. 易伤津血　　　　D. 其性凝滞
   E. 其性开泄

8. 六淫致病中，性属"黏滞"的病邪为（ ）
   A. 湿邪　　　　　B. 风邪
   C. 燥邪　　　　　D. 火邪
   E. 寒邪

9. 瘀血导致疼痛的特点是（ ）
   A. 刺痛　　　　　B. 隐痛
   C. 胀痛　　　　　D. 掣痛
   E. 冷痛

A_2 型题

10. 患者，女性，20岁，外出春游淋雨后第2天即发热，体温39℃，微恶风寒，汗不多，头痛，咽喉肿痛，口渴，咳嗽，痰微黄稠，舌尖红，苔薄微黄，脉浮数。该患者是哪一类型的感冒（ ）
    A. 风寒感冒　　　　B. 风热感冒
    C. 时行感冒　　　　D. 阴虚感冒

E. 气虚感冒

11. 患者胃脘疼痛，痛有定处而拒按，痛如针刺，食后痛甚，舌质紫暗，脉涩。该患者的胃痛为哪种类型（　　）
    A. 风寒胃痛　　B. 胃热胃痛
    C. 瘀血胃痛　　D. 阴虚胃痛
    E. 气虚胃痛

A₃型题

（12～14题共用题干）

患者腰部冷痛、重着，转侧不利，每逢阴雨天加重，其痛遇热稍减，舌苔白腻、脉沉缓。

12. 该患者的主要致病原因为（　　）
    A. 风寒　　B. 风热
    C. 寒湿　　D. 湿热
    E. 燥热

13. 该患者疼痛重着因为其感受了（　　）
    A. 风邪　　B. 寒邪
    C. 暑邪　　D. 湿邪
    E. 火邪

14. 该患者应如何治疗（　　）
    A. 散寒行湿，温经通络
    B. 清热利湿，舒筋止痛
    C. 活血化瘀，理气止痛
    D. 温补肾阳，补虚止痛
    E. 滋补肾阴，补虚止痛

二、临床情景化任务

《医苑典故趣谈》载：清朝一巡抚抑郁寡欢，家人请来名医为其治病，名医沉思良久，说巡抚患了"月经不调"。巡抚认为这个诊断荒唐可笑，一想起名医的诊断就大笑不止，于是心情逐渐好转。

1. 想一想：是什么原因导致巡抚患病？病在何脏？名医用何种情志疗法治愈？

2. 谈一谈：情志活动在我们人的生命活动中的重要作用。

（侯世文）

第6章 诊法与辨证

诊法，是指望、闻、问、切四种诊察收集病情资料的基本方法。

通过四诊所收集到的各种症状、体证，是判断病种、辨别证候的重要依据。临床运用诊法需要四诊合参，诊与断交替进行，即发现有何症状或体证，便同时考虑是何种病因、病性、病位等，继而进行有目的的检查或询问。

辨证是中医认识和诊断疾病的过程。临床病症复杂多样，如何根据四诊收集的症状、体证，判断病人是何种证候，并采用何种方法、方药进行治疗护理呢？

带着问题，让我们来共同学习中医诊法与辨证。

第1节 诊 法

案例 6-1

患者，男性，34岁。咳嗽3天。现症见：咳嗽，痰多、色黄质稠，咽红口干，大便干、小便短黄，舌质红，苔薄黄，脉滑数。

问题： 患者为何病、何证？如何辨别？

望诊是医护人员运用视觉对病人的神色形态、局部表现、舌象、分泌物和排泄物等进行有目的审察，用以诊察疾病的一种方法。

望诊应在充足的光线下进行，以自然光线为佳。分为全身望诊和局部望诊。

一、望 诊

全身望诊是指医护人员在诊察病情时，首先对病人的神、色、形、态等全身情况进行有目的地观察，以期对病人的整体病情做出初步判断。

（一）全身望诊

1. 望神 望神是观察人体生命活动的外在表现，即观察人的精神状态和机能状态。

神是生命活动的外在表现，其概念有广义和狭义之分：广义的神，是指整个人体生命活动的外在表现，可以说神就是生命；狭义的神，乃指人的精神活动，可以说神就是精神。

望神的内容包括得神、失神、少神、假神，此外，还有神志异常。

（1）得神：神志清楚，语言清晰，目光明亮，反应灵敏，体态自如。其是精充气足神旺的表现；在病中，则是虽病而正气未伤，是病轻的表现，预后良好。

（2）失神：精神萎靡，表情淡漠或呆板，目暗睛迷，反应迟钝，言语不清，甚或神志不清。

其是精损气亏神衰的表现；病属重笃，预后不良。

(3) 少神：精神不振，少气懒言，两目乏神，倦怠乏力，动作迟缓。其是轻度失神的表现，是正气不足表现，见于虚证或轻病。

(4) 假神：久病重病之人，本已失神，但突然精神转佳，目光转亮，言语不休，想见亲人；或病至语声低微断续，忽而响亮起来；或原来面色晦暗，突然颧赤如妆；或本来毫无食欲，忽然食欲增强。由于精气衰竭已极，阴不敛阳，阳虚无所依附而外越，以致暴露出一时"好转"的假象。这是阴阳即将离绝的危候，古人比做"残灯复明""回光返照"。是垂危患者出现的精神暂时好转的假象，是临危的预兆，并非佳兆。

2. 望色 望色是医者观察患者面部颜色与光泽的一种望诊方法。古人把颜色分为五种，即青、黄、赤、白、黑，称为五色诊。

(1) 青色：主寒证、痛证、瘀血证、惊风证。寒主收引、凝滞，寒盛则血瘀，故面色发青。经脉气血不通，不通则痛，故痛也可见青色。血瘀气血不畅，也常见青色。血不养筋，则肝风内动，故惊风（或欲作惊风），其色亦青。

(2) 黄色：主湿证、脾虚证。黄为脾虚湿蕴表现。若脾失健运，水湿内停，气血不充，故面色发黄；或脾虚失运，气血不生，则面见淡黄，称为"萎黄"。

(3) 赤色：主热证。气血得热则行，热盛而血脉充盈，血色上荣，故面色赤红。外感实热证，满面通红；阴虚火旺证，仅两颧潮红。

(4) 白色：主虚证、寒证、血虚证。白为气血虚弱不能荣养机体的表现。阳气不足，气血运行无力，或耗气失血，致使气血不充，血脉空虚，均可呈现色白。

(5) 黑色：主肾虚证、水饮证、寒证、痛证及瘀血证。黑为阴寒水盛之色。由于肾阳虚衰、水饮不化、气化不行、阴寒内盛、血失温养、经脉拘急、气血不畅、故面色黑。

3. 望形体 望形体包括身体的强弱胖瘦、体型特征、躯干四肢、皮肉筋骨等，可测知内脏精气的盛衰。形体强壮者，反映脏腑精气充实，虽然有病，但正气尚充，预后多佳；形体衰弱者，反映脏腑精气不足，体弱易病，若病则预后较差。

4. 望姿态 正常的姿态是舒适自然，运动自如，反应灵敏，行住坐卧各随所愿。望姿态，主要是观察病人的动静姿态、异常动作及与疾病有关的体位变化。

不同的疾病可以出现不同的姿态和体位：①如病人喜动多言，属阳证；喜静少言，属阴证。②蜷卧面向里的多属寒证，仰卧展肢的多属热证。③四肢抽搐或拘挛，常见于热极生风；手足软弱无力，行动不灵而无痛，是痿证；肢体疼痛，行动困难，是为痹证。④若卒然昏倒，而呼吸自续，多为厥证。

(二) 局部望诊

局部望诊是在整体望诊的基础上，根据病情或诊断需要，对病人身体某些局部进行重点、细致地观察。

1. 望头部 头为诸阳之会，精明之府，中藏脑髓，为肾所主。肾其华在发，发又为血之余。望头部可以了解肾和气血的盛衰情况。

(1) 望头：小儿头形过大或过小，伴有智力低下者，多因先天不足、肾精亏虚。囟门凹陷，称为囟陷，多属虚证；囟门高突，称囟填，多属湿热证。小儿囟门迟迟不能闭合，称为解颅，是为肾气不足、发育不良的表现。无论大人或小儿，头摇不能自主者，皆为肝风内动之兆。

(2) 望发：发黄干枯，稀疏易脱，多属精血不足。头发突然片状脱落，显现光亮头皮为斑秃，多属血虚受风所致。小儿头发稀疏黄软、生长迟缓，多为先天不足、肾精亏损所致。

2. 望五官

（1）望目：目为肝之窍，五脏六腑精气皆上注于目。故望目不仅可以望神，而且可诊察五脏病变。目眦赤为心火，淡白为血虚；白睛赤为肺热，黄为湿热内盛；珠肿为肝火；眼胞皮红而湿烂为脾火；全目红肿为风热。若见瞳仁扩大是肾精耗竭，见于濒死危象；若瞳仁缩小，多属肝胆火旺、虚火上扰或为中毒；目翻上视、直视，病较严重；昏睡露睛，则常见于小儿脾虚或慢惊风。

（2）望唇：唇以红而鲜润为正常。若唇色深红，属实、属热；唇色淡红多虚、多寒；唇色深红而干焦者，为热极伤津；唇色嫩红为阴虚火旺；唇色淡白，多属气血两虚；唇色发绀者常为阳气虚衰、血行郁滞的表现。嘴唇干枯皱裂，是津液已伤、唇失滋润。

（3）望咽喉：咽喉红肿而痛，多属肺胃积热；红肿而溃烂，有黄白腐点是热毒深极；若鲜红娇嫩、肿痛不甚者，是阴虚火旺。如咽部两侧红肿突起如乳突，称乳蛾，是肺胃热盛、外感风邪凝结而成。如咽间有灰白色假膜，擦之不去，重擦出血，随即复生者，是白喉，因其有传染性，故又称"疫喉"。

3. 望皮肤 望皮肤要注意皮肤的色泽及形态改变。

（1）斑疹：斑色红，点大成片，平摊于皮肤下，摸不应手，多属热入营血、络脉受损、迫血妄行所致；疹形如栗粒，色红而高起，摸之碍手，多属风热郁于血络所致。

（2）白痦：白痦是皮肤上出现的一种白色小疱疹，多为湿热之邪，郁于肌表，汗出不彻而发。

（3）痈、疽、疔、疖：若患部范围较大，红肿热痛，根盘紧束的为"痈"，多属湿热火毒内蕴，气血壅滞所致；若漫肿无头、根脚平塌、肤色不变、不热少痛者为"疽"，多属气血亏虚、阴寒凝滞所致；若范围较小，初起如粟，根脚坚硬较深，麻木或发痒，继则顶白而痛者为"疔"，多属竹木刺伤或感受疫疠火毒所致；起于浅表，形小而圆，红肿热痛不甚，容易化脓，脓溃即愈为"疖"，多属外感火热毒邪或湿热蕴结所致。

（三）望排出物

望排出物是观察患者的分泌物和排泄物，如痰涎、呕吐物、大小便、涕唾、带下等。一般色泽清白、质地稀薄者，多为寒证、虚证；色泽黄赤、质地黏稠，形态秽浊不洁的，多属热证、实证。

1. 望痰 痰黄黏稠、坚而成块者，属热痰；痰白而清稀或有灰黑点者，属寒痰；痰白滑而量多，易咳出者，属湿痰；滑利易出，痰少而黏，难于咳出者，属燥痰。

2. 望呕吐物 呕吐物清稀无臭，多为寒，多由脾胃虚寒或寒邪犯胃所致；呕吐物酸臭秽浊，多为热，因邪热犯胃、胃有实热所致；呕吐未消化的食物，腐酸味臭，多属食积。

3. 望粪便 粪便色黄、干湿适中成形，便后舒适者、是正常粪便。粪便清稀、完谷不化，或如鸭溏者，多属寒泻；如粪便色黄稀清如糜有恶臭者，属热泻；粪便燥结者，多属实热证；粪便干结如羊屎，排出困难或多日不便而不甚痛苦者，为阴血亏虚；粪便如黏冻而夹有脓血且兼腹痛、里急后重者，是痢疾。

4. 望尿 正常尿颜色淡黄，清净不浊，尿后有舒适感。如排尿清长量多，伴有形寒肢冷，多属寒证；排尿短赤量少，尿量灼热疼痛，多属热证；尿中带血，为尿血，多属下焦热盛、热伤血络。

（四）望小儿指纹

指纹是浮露于小儿两手示指掌侧前缘的脉络，仅适用于3岁以下的幼儿。指纹中，示指近掌部的第一节为"风关"，第二节为"气关"，第三节为"命关"（图6-1）。

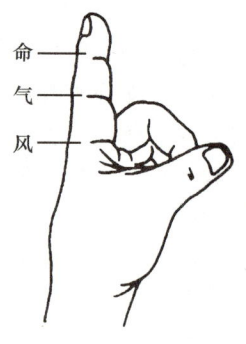

图6-1 小儿指纹三关

1. 望指纹的方法 将患儿抱到向光处,医护人员用左手的示指和拇指握住患儿示指末端,以右手大拇指在其示指掌侧,从命关向气关、风关直推几次,用力要适当,使指纹更为明显,便于观察。

2. 望指纹的临床意义 正常指纹,络脉色泽浅红兼紫,隐隐于风关之内,大多不浮露,甚至不明显,多是斜形、单枝、粗细适中。

(1) 三关测轻重:根据指纹在手指三关中出现的部位,以测邪气的浅深、病情的轻重。指纹显于风关附近者,表示邪浅、病轻;指纹过风关至气关者,为邪已深入,病情较重;指纹过气关达命关者,是邪陷病深之兆;若指纹透过风、气、命三关,一直延伸到指甲端者,是所谓"透关射甲",提示病情危重。

(2) 红紫辨寒热:纹色鲜红多属外感风寒;纹色紫红,多主热证;纹色青,主风证或痛证;纹色青紫或紫黑色,是血络闭郁;纹色淡白,多属脾虚。

(3) 浮沉分表里:如指纹浮而明显的,主病在表;沉隐不显的,主病在里。

(4) 淡滞定虚实:纹细而色浅淡的,多属虚证;纹粗而色浓滞的,多属实证。

(五) 望舌

望舌是通过观察舌象进行诊断的一种望诊方法之一。望舌主要是望舌质和望舌苔。正常的舌象为淡红舌、薄白苔。淡红舌为气血上荣、心气充足、阳气布化之象。

1. 舌与脏腑经络的关系 舌与脏腑经络有着密切的联系。舌与脏腑的联系,主要是通过经络和经筋联系起来的,脏腑的精气可上营于舌,脏腑的病变亦可以从舌象变化中反应出来。在脏腑中尤以心、脾胃与舌的关系更为密切。

舌为心之苗,心开窍于舌。手少阴心经之别系舌本,舌质的血络最为丰富,从而能够反映心主血脉的功能。舌体运动是否灵活自如,语言是否清晰,在一定程度上又可反映"心藏神"的功能。

舌为脾胃之外候。足太阴脾经连舌本,散舌下;舌苔为胃气熏蒸而生成;舌的味觉,又与脾主运化和胃主收纳的功能密切相关。脾胃的病变可以从舌象上显示出来。足少阴肾经挟舌本,足厥阴肝经络舌本,足太阳之筋结于舌本。

2. 舌诊的方法及注意事项 望舌时患者面向亮光,嘱其自然地将舌平伸出口外,充分显露舌体,医护人员迅速地依次从舌尖、舌中、舌根和舌边,观察舌质与舌苔。望舌时必须注意以下几点。

(1) 光线:望舌应以充足而柔和的自然光线为好,面向光亮处,使光线直射口内,要避开有色门窗和周围反光较强的有色物体,以免舌苔颜色产生假象。

(2) 姿势:望舌时要求患者把舌伸出口外,充分显露舌体。口要尽量张开,伸舌要自然放松,舌面应平展舒张,舌尖自然垂向下唇。

(3) 染苔:某些食物或药物会使舌苔染色,出现假象,称为"染苔"。这些都是因外界干扰导致的一时性虚假舌质或舌苔,与患者就诊时的病变并无直接联系,不能反应病变的本质。

3. 舌诊的内容 以脏腑分属诊舌部位:舌尖主心肺;舌中部主脾胃;舌根部主肾;舌边主肝胆,左边属肝,右边属胆(图6-2)。这种说法,一般用于内伤杂病。

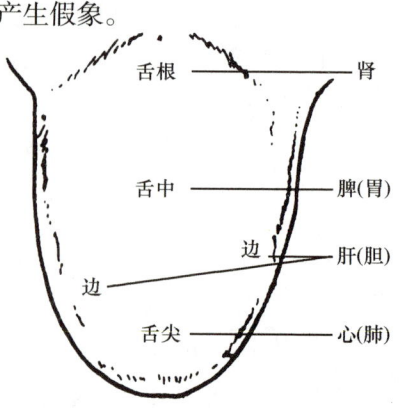

图6-2 舌诊脏腑部位分属

(1) 望舌质：包括舌色、舌形和舌态等。

①舌色：主病舌色一般可分为淡白、红、绛、紫。

淡白舌：舌色较淡红、舌浅淡，甚至全无血色，多属阳气虚弱、气血不荣所致。若舌淡白、舌体稍小，多属气血双亏；舌淡白稍胖嫩或有齿痕，多属阳气虚衰。

红舌：舌色鲜红，较淡红舌为深，称为"红舌"。多属热盛，主热证。

绛舌：绛为深红色，主病有外感与内伤之分。在外感病为热入营血；在内伤杂病，为阴虚火旺。

紫舌：紫舌为血液运行不畅、瘀滞所致。热盛伤津、气血壅滞，多表现为绛紫而干枯少津。寒凝血瘀或阳虚生寒，舌淡紫或青紫湿润。

②舌形：是指舌体的形状。

老嫩：舌质纹理粗糙，形色坚敛，谓苍老舌，属实证；纹理细腻，其色娇嫩，其形多浮胖，称为娇嫩舌，多主虚证。

胖大舌：分胖大和肿胀。舌体较正常舌大，甚至伸舌满口或有齿痕，称胖大舌。多因水饮痰湿阻滞所致。舌体肿大，胀塞满口，不能缩回闭口，称肿胀舌。多因热毒、酒毒致气血上壅，致舌体肿胀，多主热证或中毒病证。

瘦薄：舌体瘦小枯薄者，称为瘦薄舌。多由气血阴液不足、不能充盈舌体所致，主气血两虚或阴虚火旺。

芒刺：若舌乳头突起如刺，摸之刺手，称为芒刺舌，多见于舌尖和舌边。多因邪热亢盛所致。

裂纹：舌面上有裂沟，而裂沟中无舌苔覆盖者，称裂纹舌。多因精血亏损、津液耗伤、舌体失养所致。故多主精血亏损。此外，生来舌面上有纵横向深沟，称先天性舌裂，裂纹中多有舌苔覆盖，身体无其他不适，与裂纹舌不同。

③舌态：指舌体运动时的状态。正常舌态是舌体活动灵敏，伸缩自如。

强硬：舌体板硬强直，运动不灵，称为"强硬舌"。多见于热入心包、高热伤津、痰浊内阻、卒中或卒中先兆等证。

痿软：舌体软弱、无力屈伸，痿废不灵，称为"痿软舌"。可见于气血俱虚、热灼津伤、阴亏已极等证。

颤动：舌体振颤抖动，不能自主，称为"颤动舌"。可见于血虚生风及热极生风等证。

歪斜：伸舌偏斜一侧，舌体不正，称为"歪斜舌"。多见于卒中证或卒中先兆。

吐弄：舌常伸出口外者为"吐舌"；舌不停舐上下左右口唇，或舌微出口外，立即收回，皆称为"弄舌"。二者合称为"吐弄舌"，皆因心、脾二经有热，灼伤津液，以致筋脉紧缩频频动摇。弄舌常见于小儿智能发育不全。

(2) 望舌苔：望舌苔，应注意苔质和苔色两方面的变化。

①望苔色：一般分为白苔、黄苔、灰苔和黑苔四类，观察苔色可以了解疾病的性质。

白苔：一般常见于表证、寒证。若舌淡苔白而湿润，常是里寒证或寒湿证。如舌上满布白苔，如白粉堆积，扪之不燥，为"积粉苔"，常见于温疫或内痈。如苔白燥裂如砂石，扪之粗糙，称"糙裂苔"，常见于温病或误服温补之药。

黄苔：一般主里证、热证。淡黄热轻，深黄热重，焦黄热结。苔薄淡黄，为外感风热表证或风寒化热；舌淡胖嫩，苔黄滑润者，多是阳虚水湿不化。

灰苔：灰苔即浅黑色。常由白苔晦暗转化而来，也可与黄苔同时并见。主里证，常见于里热证，也见于寒湿证。苔灰而干，多属热炽伤津，可见外感热病，或阴虚火旺，常见于内伤杂病。苔灰而润，见于痰饮内停，或为寒湿内阻。

黑苔：黑苔多由焦黄苔或灰苔发展而来，一般来讲，所主病证无论寒热，多属危重。苔色越黑，病情越重。

②苔质：包括舌苔的的厚薄、润燥、腐腻、剥落等变化。

厚薄：厚薄以"见底"和"不见底"为标准。凡透过舌苔隐约可见舌质的为见底，即为"薄苔"，属正常舌苔；有病见之，多为疾病初起或病邪在表，病情较轻。不能透过舌苔见到舌质的为不见底，即是"厚苔"，多为病邪入里，或胃肠积滞，病情较重。

润燥：舌面润泽，干湿适中，是"润苔"，表示津液未伤。若水液过多，扪之湿而滑利，甚至伸舌涎流欲滴，为"滑苔"，是有湿有寒的反应，多见于阳虚而痰饮水湿内停之证。若望之干枯，扪之无津，为"燥苔"，多见于热盛伤津、阴液不足、阳虚水不化津、燥气伤肺等证。

腐腻：苔厚而颗粒粗大疏松，形如豆腐渣堆积舌面，揩之可去，称为"腐苔"。常见于痰浊、食积，且有胃肠郁热之证。苔质颗粒细腻致密，揩之不去，刮之不脱，上面罩一层不同腻状黏液，称为"腻苔"，多见于痰饮、湿浊内停等证。

考点：望神、望色、望小儿示指络脉、望舌

剥落：舌苔忽然全部或部分剥脱，剥处见底，称"剥落苔"。若全部剥脱，不生新苔，光洁如镜，称"镜面舌"，属胃气将绝之危候。若舌苔剥脱不全，剥处光滑，余处斑斑驳驳地残存舌苔，称"花剥苔"，是胃之气阴两伤所致。

二、闻 诊

闻诊包括听声音和嗅气味两个方面的内容，是医护人员通过听觉和嗅觉了解由病体发出的各种异常声音和气味，以诊察病情。

（一）闻声音

闻声音主要是听患者言语气息的高低、强弱、清浊、缓急等变化及咳嗽、呕吐、呃逆、嗳气等声响的异常，以分辨病情的寒热虚实。

1. 语声 若语声高亢宏亮，多言而躁动，多属实证、热证。若感受风、寒、湿诸邪，声音常兼重浊。若语声低微无力，少言而沉静，多属虚证、寒证或邪去正伤之证。

语声低而清楚，称音哑，发音不出，称失音。临床发病往往先见音哑，病情继续发展则见失音，故二者病因病机基本相同，当先辨虚实。新病多属实证，因外感风寒或风热袭肺，或因痰浊壅肺，肺失清肃所致。久病多属虚证，因精气内伤、肺肾阴虚、虚火灼金所致。

2. 语言 "言为心声"，故语言异常多属心的病变。一般来说，沉默寡言者多属虚证、寒证；烦躁多言者，多属实证、热证。语声低微，时断时续者，多属虚证；语声高亢有力者多属实证。

谵语表现为神志不清、胡言乱语。声高有力，往往伴有身热烦躁等，多属实证，尤以急性外感热病多见；郑声表现为神志昏沉、语言重复、低微无力、时断时续，多因心气大伤、神无所依而致，属虚证；独语表现为独自说话，喃喃不休，首尾不续，见人便止，多因心之气血不足，心神失养，或因痰浊内盛，上蒙心窍，神明被扰所致；错语表现为语言颠倒错乱，或言后自知说错，不能自主，多因肝郁气滞，痰浊内阻，心脾两虚所致；狂言表现为骂詈歌笑无常、胡言乱语、喧扰妄动、烦躁不安等，主要见于狂证，属阳证，多因痰火扰心、肝胆郁火所致；癫语表现为语无伦次、自言自语或默默不语、哭笑无常、精神恍惚、不欲见人，主要见于癫证，属阴证，多因痰浊郁闭或心脾两虚所致。

3. 呼吸

（1）喘：是指呼吸急促困难，甚至张口抬肩，鼻翼煽动，端坐呼吸，不能平卧的现象。

喘证有虚实之分,实喘多因外邪袭肺或痰浊阻肺所致;虚喘多因肺之气阴两虚或肾不纳气所致。

(2) 哮:是以呼吸急促、喉中痰鸣如哨为特征。哮证有寒热之分,寒哮多因阳虚痰饮内停;热哮多因阴虚火旺或热痰阻肺所致。

(3) 短气:是以呼吸短促、不相接续为特点,其症似虚喘而不抬肩,似呻吟而不无痛楚,多因肺气不足所致。此外,若胸中停饮也可见短气,为水饮阻滞胸中气机、肺气不利而致。

(4) 少气:是以呼吸微弱、语声低微无力为特点。患者多伴有倦怠懒言,面色不华,于谈话时自觉气不足以言,常深吸一口气后再继续说话,为全身阳气不足之象。

4. 咳嗽 肺病中最常见的症状,是肺失肃降、肺气上逆的表现。一般说来,外感咳嗽,起病较急,病程较短,必兼表证,多属实证;内伤咳嗽,起病缓慢,病程较长或反复发作,以虚证居多。咳声紧闷,多属寒湿,咳声清脆多属燥热,咳嗽昼甚夜轻者,常为热为燥;夜甚昼轻者,多为肺肾阴亏。若无力作咳,咳声低微者,多属肺气虚。

顿咳又称为"百日咳",其特点是咳嗽阵作,咳声连续,是痉挛性发作,咳剧气逆则涕泪俱出,甚至呕吐,阵咳后伴有怪叫,其声如"鹭鸶鸣"。顿咳以 5 岁以下的小儿多见,多发于冬春季节,其病程较长,不易速愈。白喉病则咳声如犬吠,干咳阵作,为疫毒内传,里热炽盛而成。

> **案例 6-1 分析**
> 患者病属咳嗽。痰多,色黄质黏稠,为湿热之象;加之咽红口干,大便干、小便短黄,均为热之征,舌红、苔薄黄,脉滑数,均为湿热之表现,故此病为湿热壅肺。

5. 呕吐 有声有物称为呕;有物无声称为吐,如吐酸水、吐苦水等;干呕是指欲吐而无物有声或仅呕出少量涎沫。多由胃失和降、胃气上逆所致。吐势徐缓、声音微弱者,多属虚寒;而吐势较急、声音响亮者,多为实热。

6. 呃逆 呃逆为胃气上逆,从咽部冲出,发出的一种不由自主的冲击声,为胃气上逆、横膈拘挛所致。一般呃声高亢、音响有力的多属实、属热;呃声低沉、气弱无力的多属虚、属寒。实证往往发病较急,多因寒邪直中脾胃或肝火犯胃所致。虚证多因脾肾阳衰或胃阴不足所致。正常人在刚进食后,或遇风寒,或进食过快均可见呃逆,往往是暂时的,大多能自愈。

7. 嗳气 嗳气是气从胃中上逆出咽喉时发出的声音。饱食之后,偶有嗳气不属病态。嗳气亦当分虚实。虚证嗳气,其声多低弱无力,多因脾胃虚弱所致;实证嗳气,其声多高亢有力。嗳气后腹满得减,多为食滞胃脘、肝气犯胃、寒邪客胃而致。

8. 叹息 又称"太息",是指病人自觉胸中憋闷而长嘘气,嘘后胸中略舒的一种表现,多因气机不畅所致,为肝郁之象。

(二)嗅气味

嗅气味主要是嗅患者病体、排出物、病室等的异常气味,以了解病情,判断疾病的寒热虚实。

1. 病体气味

(1) 口臭:是指患者张口时,口中发出臭秽之气。多见于口腔本身的病变或胃肠有热之人。口腔疾病致口臭的,可见于牙疳、龋齿或口腔不洁等;胃肠有热致口臭的,多见胃火上炎、宿食内停或脾胃湿热之证。

(2) 汗气:气分实热壅盛或久病阴虚火旺之人,汗出量多而有酸腐之气。痹证若风湿之邪久羁肌表化热,也可汗出色黄而带有特殊的臭气。阴水患者若出汗伴有"尿臊气"则

2. 排出物气味

(1) 呕吐物：呕吐物气味臭秽，多因胃热炽盛；若呕吐物气味酸腐，呈完谷不化之状，则为宿食内停；呕吐物腥臭，挟有脓血，可见于胃痈；若呕吐物为清稀痰涎，无臭气或腥气为脾胃有寒。

(2) 大小便：小便臊臭，其色黄混浊，属实热证；若小便清长，微有腥臊或无特殊气味，属虚证、寒证。大便恶臭，黄色稀便或赤白脓血，为大肠湿热内盛；小儿大便酸臭，伴有不消化食物，为食积内停；大便溏泻，其气腥者为脾胃虚寒。

(3) 经带：月经或产后恶露臭秽，因热邪侵袭胞宫。带下气味臭秽、色黄，为湿热下注；带下气腥、色白，为寒湿下注。

考点：闻咳嗽、闻呼吸、嗅病室之气

3. 病室气味
病室有血腥味，病者多患失血；病室散有腐臭气，病者多患溃腐疮疡；病室尸臭，多为脏腑衰败，病情重笃；病室尿臊气（氨气味），见于肾衰竭；病室有烂苹果样气味（酮体气味），多为消渴厥患者，属危重病证；病室有蒜臭气味，多见于有机磷中毒。

三、问 诊

问诊，是医护人员通过询问患者或陪诊者，了解疾病的发生、发展、治疗经过、现在症状和其他与疾病有关的情况，以诊察疾病的方法。目的在于充分收集其他三诊无法取得的与辨证关系密切的资料。

现以张景岳的《十问篇》补充修改的"十问歌"内容："一问寒热二问汗，三问头身四问便，五问饮食六胸腹，七聋八渴俱当辨，九问旧病十问因，再兼服药参机变；妇女尤必问经期，迟速闭崩皆可见；再添片语告儿科，天花麻疹全占验。"为参考进行问现在症状。但在实际应用中，不能机械的套用，一定要根据病人的不同病情，灵活而有主次地进行询问。

案例 6-2

患者，男性，49岁。心烦不得眠8年，加重2年，现症见：夜不能寐，入睡困难，每晚仅睡2小时左右，须服用地西泮（安定）片方可睡5小时左右，纳差，口干不欲饮，二便可。舌质红、苔薄黄，脉弦细。

问题：患者为何病、何证？如何辨别？

（一）问寒热

问寒热是询问患者有无冷与热的感觉。寒热的产生，主要取决于病邪的性质和机体的阴阳盛衰两个方面。因此，通过问患者寒热感觉可以辨别病变的寒热性质和阴阳盛衰等情况。

1. 恶寒发热 恶寒与发热感觉并存称为"恶寒发热"。它是外感表证的主要症状之一。寒热的轻重不同，可推断感受外邪的性质。如恶寒重、发热轻，多属外感风寒的表寒证；如发热重、恶寒轻，多属外感风热的表热证。

2. 寒热往来 患者恶寒与发热交替发作，其寒时自觉寒而不热，其热时自觉热而不寒。常见于半表半里证，亦见于少阳病、温病及疟疾。

3. 但寒不热 患者怕冷而无发热，即为但寒不热。可见于外感病初起尚未发热之时，或者寒邪直中脏腑经络及内伤虚证等。

4. 但热不寒 患者但觉发热而无怕冷的感觉，称为"但热不寒"。可见于里热证。

（1）壮热：即患者身发高热（体温超过39℃），持续不退，属里实热证。为风寒之邪入里化热或温热之邪内传于里，邪盛正实、交争剧烈、里热炽盛、蒸达于外所致。

（2）潮热：即患者定时发热或定时热甚，有一定规律，如潮汐之有定时。外感与内伤疾病中皆可见有潮热。由于潮热的热势高低、持续时间不同，临床上又有阳明潮热、湿温潮热及阴虚潮热。

（二）问汗

汗是津液所化生，在体内为津液，经阳气蒸发从腠理外泄于肌表则为汗液。发生疾病时，各种因素影响了汗的生成与调节，可引起异常出汗。问病人有无出汗，出汗的时间、部位、汗量的多少等，有助于分辨病情虚实和转归。

1. 表证辨汗 表证无汗，多属外感寒邪的表实证；表证有汗，多属外感风邪的表虚证。

2. 里证辨汗 白天经常汗出，活动尤甚，称为"自汗"，常伴有神疲乏力、气短懒言或畏寒肢冷等，多属气虚或阳虚证。睡眠汗出，醒则汗止，称为"盗汗"，常伴有潮热、颧红、五心烦热、舌红脉细数等，多属阴虚或气阴两虚。

3. 脱汗 又称为"绝汗"，为冷汗淋漓或汗出如油，伴有呼吸喘促、面色苍白、四肢厥冷、脉微欲绝，是久病重病、阳气外脱、津液大泄、阳亡阴竭的危候。

（三）问疼痛

疼痛是临床常见的一种自觉症状，各科均可见到。问诊时，应问清疼痛产生的原因、性质、部位、时间、喜恶等。

1. 问疼痛的性质

（1）胀痛：痛且有胀感，为胀痛。以胸胁、胃脘、腹部较为多见，多因气机郁滞所致。

（2）刺痛：疼痛如针刺，称为"刺痛"。部位固定不移，多因瘀血所致。

（3）绞痛：痛势剧烈如绞割者，称为"绞痛"。多为有形实邪突然阻塞经络闭阻气机，或寒邪内侵、气机郁闭，导致血流不畅而成。

（4）窜痛：疼痛部位游走不定或走窜攻痛称为"窜痛"。痛处不固定或者感觉不到确切的疼痛部位，多为风邪留着机体的经络关节，阻滞气机，产生疼痛。

2. 疼痛部位

（1）头痛：外感多由邪犯于脑，经络郁滞不畅所致，属实；内伤多由脏腑虚弱，清阳不升，脑失所养，或肾精不足，髓海不充所致，属虚。凡头痛较剧，痛无休止，并伴有外感症状者，为外感头痛；如头重如裹，肢重者属风湿头痛。头项痛属太阳经病，前额痛属阳明经病，头侧部痛属少阳经病，头顶痛属厥阴经病。

（2）胸痛：总由胸部气机不畅所致。胸痛、潮热盗汗、咳痰带血者，属肺阴虚证，因虚火灼伤肺络所致；胸痛憋闷，痛引肩臂者，为胸痹，多因心脉气血运行不畅所致；胸背彻痛剧烈、面色青灰、手足青至四末者，为"真心痛"，为因心脉急骤闭塞不通所致。

（3）胃痛：凡寒、热、食积、气滞等病因及机体脏腑功能失调累及于胃，皆可使胃的气机不畅而出现疼痛。胃脘痛的性质不同，其致病原因也不同。如胃脘冷痛，疼势较剧，得热痛减，属寒邪犯胃；胃脘灼痛，多食善饥，口臭便秘者，属胃火炽盛；胃脘胀痛，嗳气不舒，多是肝气犯胃所致。

（4）腹痛：腹部隐痛、便溏、喜温喜按，属脾胃虚寒。少腹冷痛，牵引阴部，为寒凝肝脉。

凡腹痛暴急剧烈、胀痛、拒按、得食痛甚者，多属实证。凡腹痛徐缓、隐痛、喜按、得食痛减者，多属虚证。

（四）问饮食与口味

1. 食欲与食量 病中饮食如常，是胃气未伤，属病轻；病中食量渐增，多为胃气渐复之佳象；食量渐减，多为胃气已虚。多饮多食、形体反瘦，多为胃火亢盛或肾阴虚的消渴病；饥不欲食，多为胃阴不足；小儿异嗜，喜吃泥土、生米等异物，多属虫积；妇女已婚停经而嗜食酸味，多为妊娠。

2. 口渴与饮水 口渴与否，可以了解患者津液的盛衰与输布以及病证的寒热虚实。若口不渴，为津液未伤，见于寒证或无明显热邪之证；若口渴，是由津液不足或输布障碍所致。

3. 口味 口味，是指病人口中的异常味觉或气味。口淡乏味，多因脾胃气虚而致；口甜，多见于脾胃湿热证；口中泛酸，可见于肝胆蕴热证；若口中酸腐，多见于伤食证；口苦，属热证的表现，可见于火邪为病和肝胆郁热之证。

（五）问大小便

1. 问大便 大便秘结，兼有腹满胀痛或发热口渴，多为实证、热证；久病、老年人、孕妇或产后便秘，腹软不胀，多属津亏血少或气阴两虚；大便溏薄、腹痛即泻、肛门灼热为热泻；腹冷便溏、腹痛绵绵、不思饮食为寒泻；长期黎明前腹痛泄泻，为"五更泻"，属脾肾阳虚；大便酸臭多沫，泻后腹痛得解，属食滞；大便脓血，伴有发热、腹痛、里急后重，为湿热下利；便血鲜红，为热伤血络或痔疮出血；先便后血，血色紫黑似柏油状，多属瘀血内阻。

2. 问小便 小便清长而多，多属虚寒；小便短少黄赤，多属热证；若尿痛、排尿不畅而浑浊，多属膀胱湿热；尿量多而频数，多因肾阳不足；自遗、失禁，属于肾气不固。

（六）问睡眠

1. 不寐 是指经常不易入睡或睡而易醒、不易再睡，或睡而不酣，易于惊醒，甚至彻夜不眠的表现。其病机是阳不入阴，神不守舍。阴虚阳亢，虚热内生；肾水不足、心火亢盛等，皆可扰动心神，导致失眠，属虚；痰火、食积、瘀血等邪火上扰，心神不宁，亦可出现失眠，属实证。

> **案例 6-2 分析**
>
> 患者病为不寐，证属阴虚火旺。夜不能寐，入睡困难，为阳不入阴，口干不欲饮，为阴虚火旺，虚热内生，邪火上扰，故而不得眠。

2. 嗜睡 是指神疲困倦，睡意很浓，经常不自主地入睡。湿邪困阻，清阳不升；脾气虚弱，中气不足，不能上荣，皆可使精明之府失于清阳之荣，故出现嗜睡。可见于湿邪困脾、脾气虚弱等证。

（七）问经带

1. 问月经 月经先期，色鲜红而量多，多为血热；月经后期，色紫暗有块，经前腹痛，多为瘀血或寒证；色淡量少、腹痛喜暗，多为气血两虚；月经先后不定期，腹痛拒按，或经前乳胀，多为肝郁气滞。

停经3个月以上，又未妊娠者，称为"闭经"或"经闭"；已婚者，平素体健，忽然停经，呕吐择食，脉滑而匀，多为妊娠；月经长期淋漓不断，称为经漏；月经忽大下，量多不止，称为血崩。

2. 问带下 带下是妇女阴道内的一种无色、无臭、少量的分泌物，有润泽阴道的作用。带下量多色白质稀、无臭，多属虚寒证；带下量多色黄、质稠臭秽，多属实热证。若带下量多色白，淋漓不绝，清稀如涕，多属寒湿下注；带下量多色黄，黏稠臭秽，多属湿热下注。

（八）问小儿

小儿科古称"哑科"，不仅问诊困难，而且不一定准确。问诊时，若小儿不能述说，可以询问其亲属或陪诊者。问小儿，除了一般的问诊内容外，还要注意询问出生前后情况、喂养情况、生长发育情况及预防接种情况、传染病史和传染病接触史。

> **考点：** 问寒热、问疼痛

四、切 诊

切诊包括脉诊和按诊两部分内容，脉诊又称"切脉"，是医者以指腹触按病人的脉搏，体察脉象，以了解病情、诊断疾病；按诊是在患者身躯上一定的部位进行触、摸、按压，以了解疾病的内在变化或体表反应，从而获得辨证资料的一种诊断方法。

（一）脉诊

1. 脉诊的部位和方法

（1）诊脉的部位：寸口又称"脉口""气口"，其位置在腕后桡动脉搏动处，寸口脉分寸、关、尺三部，以高骨（桡骨茎突）为标志，其稍内侧动脉搏动处为关，关前为寸，关后为尺。两手各分寸、关、尺三部，共六部。寸关尺分候脏腑：左寸候心，右寸候肺；左关候肝，右关候脾；左尺候肾，右尺候命门。

（2）诊脉的方法：患者取坐位或仰卧位，前臂平放与心脏近于同一水平，直腕仰掌，并在腕关节背垫上脉枕，这样可使气血运行无阻，以反映机体的真正脉象。

医者和患者侧向坐，用左手按诊患者的右手，用右手按诊患者的左手。诊脉时，用中指按在掌后高骨内侧关脉位置，再用示指按在关前的寸脉位置，环指按在关后尺脉位置。三指应呈弓形，指头平齐，以指腹触脉。布指的疏密要和患者的身高相适应，总以适度为宜。

用轻指力按在皮肤上称"举"，又称"浮取"或"轻取"；用重指力按在筋骨间，称"按"，又称"沉取"或"重取"；指力适中，按至肌肉、不浮不沉处以体察脉象，称为"中取"；指力不轻不重，还可亦轻亦重挪移于脉管之上下、内外纵横，细心体察脉形、趋势，称"寻"。因此诊脉必须注意举、按、寻之间的脉象变化（图6-3）。

一呼一吸称为"一息"，诊脉时，医者呼吸要自然均匀，根据呼吸计算患者脉搏至数。每次诊脉时间以2～3分钟为宜，至少不少于1分钟。

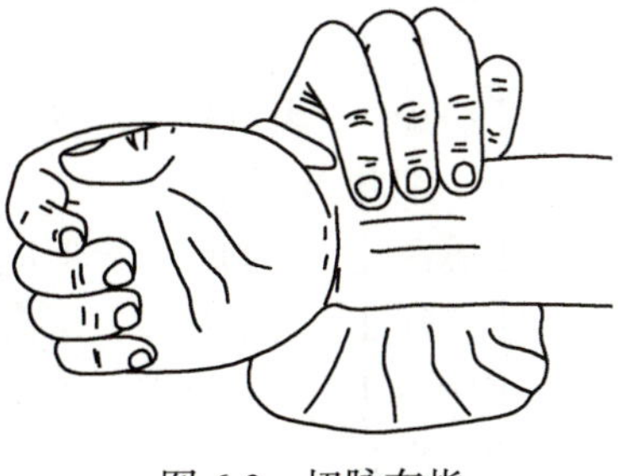

2. 正常脉象 正常脉象又称"平脉"，是指人在生理功能状态下的脉象。正常脉象的形态：寸、关、尺三部有脉，一息四至（相当70～80次/分），不浮不沉，不大不小，从容和缓，柔和有力，节律均匀，尺脉沉取不绝，并随生

图6-3 切脉布指

理活动和气候环境的不同而有相应的正常变化。正常脉象有胃、神、根三个特点。此外，有一些人，脉不见于寸口，而从尺部斜向手背，称为"斜飞脉"；若脉出现于寸口的背侧，则称为"反关脉"，不属病脉。

3. 常见病脉分类与主病

（1）浮脉

[脉象] 轻取即得，重按稍减而不空。

［主病］　表证、虚证。

［脉理］　外邪侵袭体表，卫阳起而抵抗，脉气鼓动于外，故浮而有力；若卫外阳气不足，则脉象但浮而无力。

(2) 沉脉

［脉象］　轻取不应，重按乃得。

［主病］　里证。亦可见于无病之正常人。

［脉理］　病邪在里，气血内困，正邪相搏，故脉沉而有力；若脏腑气血不足，脉气鼓动乏力，则脉沉而无力。

(3) 迟脉

［脉象］　脉来迟缓，一息不足四至（相当于每分钟脉搏60次以下）。

［主病］　寒证。迟而有力为实寒证，迟而无力为虚寒证。

［脉理］　寒凝气滞，血行不畅，阳气犹奋力鼓动，故脉迟而有力；若阳气虚弱，无力推动血行，则脉象迟而无力。

(4) 数脉

［脉象］　脉来一息五至以上（相当于每分钟脉搏90次以上）。

［主病］　热证。有力为实热，无力为虚热。

［脉理］　邪热内盛，血行加速，故见数脉而有力；久病阴虚，虚热内生，则脉细数而无力。

(5) 虚脉

［脉象］　三部脉会之无力，按之空虚。

［主病］　虚证。

［脉理］　气虚不足以运其血，血虚不足充盈脉道，故脉象空虚无力。

(6) 实脉

［脉象］　三部脉举按均有力。

［主病］　实证。

［脉理］　邪气亢盛而正气不虚，邪正相搏，气血壅盛，故脉象有力。

(7) 洪脉

［脉象］　脉来洪大有力，状若波涛汹涌，来盛去衰。

［主病］　里热证。

［脉理］　内热炽盛，气盛血涌，脉道充盈，故脉洪大。

(8) 细脉

［脉象］　脉细如线，但应指明显。

［主病］　气血两虚，诸虚劳损，湿证。

［脉理］　气血两虚，不足以充盈脉道，故脉体细小。

(9) 滑脉

［脉象］　往来流利，如珠走盘，应指圆滑。

［主病］　痰饮、食积、实热。

［脉理］　实邪气壅盛于内，气实血涌，故脉往来甚为流利，应指圆滑。妇女妊娠见滑脉，是气血充盛而调和的表现。

(10) 涩脉

［脉象］　往来艰涩，极不流利，如轻刀刮竹。

［主病］　精血亏少，气滞血瘀，挟痰，挟食。

[脉理]　气滞血瘀，脉道不畅或精亏血少，不能濡养经脉，故脉见涩象。

(11) 弦脉

[脉象]　端直以长，如按琴弦。

[主病]　肝胆病、痰饮、痛证、疟疾。

[脉理]　弦是脉气紧张的表现。邪气滞肝，疏泄失常，气郁不利则见弦脉。若诸痛、痰饮，气机阻滞，脉气因而紧张，故脉弦。

(12) 紧脉

[脉象]　脉来绷急，状若牵绳转索。

[主病]　寒证、痛证。

[脉理]　寒性收引，以致脉道紧张而拘急，故见紧脉。诸痛而见紧脉，也是寒邪积滞与正气激搏之缘故。

(13) 促脉

[脉象]　脉来急促，时而一止，止无定数。

[主病]　阳热亢盛，气血痰食郁滞。

[脉理]　阳热盛极，阴不和阳，故脉来急数而时见歇止。气血、痰食等实热证，均可见脉促有力。若促而细小无力，多见虚脱之象。

(14) 结脉

[脉象]　脉来缓慢，时而一止，止无定数。

[主病]　阴盛气结，寒痰血瘀。

[脉理]　阴盛而阳不和，故脉缓慢而时有歇止，寒痰血瘀、气郁不疏，脉气阻滞，故见结脉。

(15) 代脉

[脉象]　脉来缓慢，时见一止，止有定数，良久方来。

[主病]　脏气衰微，风证、痛证。

[脉理]　脏气衰微，气血亏损，致脉气不相衔接而止有定数。

考点：浮脉、沉脉、数脉、迟脉的脉象、主病

4. 相兼脉与主病　由于疾病常由多种病因相兼而致，因而脉象也常两种以上相兼出现。凡脉象由两种或两种以上的单因素脉象同时出现复合构成的脉象即相兼脉。相兼脉象的主病，往往等于各个脉所主病的总和，如浮为表、数为热，浮数主表热；浮为表、紧为寒，浮紧主表寒，以此类推。

（二）按诊

按诊在临床上以按肌肤、按手足、按脘腹为常用。

1. 按肌肤　主要诊察全身肌肤寒热、润燥、肿胀等情况。凡身热初按甚热，久按热反转轻的，是热在表；若久按其热反甚，热自内向外蒸发者，为热在里。肌肤濡软而喜按者，为虚证；患处硬痛拒按者，为实证。肌肤按之凹陷，放手即留手印，不能即起的，为水肿；按之凹陷，举手即起的，为气肿。

2. 按手足　凡疾病初起，手足均冷是阳虚寒盛，属寒证。手足均热多为阳盛热炽，属热证。手足背部较热为外感发热，手足心较热为内伤发热。

3. 按脘腹　主要了解脘腹的疼痛、软硬以及有无痞块积聚等情况。脘腹喜按，按之痛减为虚证；拒按为实证。腹满，叩之如鼓，小便自利者，为气胀；按之如囊裹水，推之漉漉有声，小便不利者，为水鼓。腹内有肿块，按之坚硬，推之不移且痛有定处的，为癥积，多属血瘀；肿块时聚时散，或按之无形、痛无定处的，为瘕聚，多属气滞。

> **护考链接**
>
> 在病情观察中，中医的"四诊"方法是（　　）
> A. 望、触、叩、听　　　　B. 望、触、问、切
> C. 望、闻、问、切　　　　D. 触、摸、按、压
> E. 触、摸、叩、听
> 分析：中医的"四诊"方法是望、闻、问、切四种诊察疾病的方法，故选 C。

第2节　辨　证

辨证即是诊断的过程，也就是从整体观出发，运用中医理论，将四诊收集的病史、症状、体征等资料进行综合分析，判断疾病的病因、病变部位、疾病性质和正邪盛衰变化，从而做出诊断的过程。证有"证据"之意。证既不是病名，也不是症状，而是中医学特有的诊断学概念。它概括了发病的各方面的因素和条件，确定了病变的部位、性质，提示了发病机制和发展趋势，提供了治疗方向。

> **考点：**辨证的概念、常用的辨证方法

常用辨证方法有八纲辨证、脏腑辨证、经络辨证、六经辨证、气血津液辨证、卫气营血辨证、三焦辨证、病因辨证等。其中八纲辨证为总纲；脏腑辨证主要应用于内科杂病，是其他辨证方法的基础；六经辨证是《伤寒杂病论》中对外感病发生发展中所反映的证候进行分类归纳的一种方法；卫气营血辨证、三焦辨证是外感病中"温病"的辨证方法。这些辨证方法虽各有特点，对不同疾病诊断上各有侧重，但又是互相联系和相互补充的。

链接

证与症的区别

证：即证候，指疾病发展过程中某一阶段的病理概括。是在中医理论指导下，对四诊搜集来的各种资料进行全面综合分析而得出的诊断性结论。如虚证、实证、热证、寒证。

症：即症状。指由患者自身察觉到各种异常感觉，或由医护人员的感官直接感知的机体病理变化的各种外部表现。如头痛、腹痛、发热、出汗、咳嗽等。

一、八纲辨证

（一）八纲辨证的概念

八纲，是指阴、阳、表、里、寒、热、虚、实八类证候。八纲辨证，是根据四诊收集的资料，经过综合分析，以概括病变的类别、部位、性质及正邪盛衰等方面的情况，从而归纳为阴证、阳证、表证、里证、寒证、热证、虚证、实证八类基本证候。

（二）八纲的证候表现

1. 表里辨证　表里是辨别病变部位、病情轻重和病势趋向的两个纲领。人体皮毛、肌腠、经络在外属表；五脏六腑在内属里。表证病邪尚浅，病情较轻；里证病邪深入，病情较重。在疾病发展过程中，表邪入里则病进，里病出表则病退。

(1) 表证：是指六淫之邪从皮毛、口鼻侵入机体所致病位表浅的证候。表证多见于外感病的初期阶段，具有起病急、病程短、病位浅的特点。临床表现为恶寒（或恶风）、发热、舌苔薄白、脉浮，常兼见头身痛、鼻塞、咳嗽等。

(2) 里证：是指疾病深入脏腑、气血、骨髓所产生的症候。里证多见于外感病的中、后期及内伤杂病。多由表邪不解内传入里，或外邪直中脏腑，或由情志内伤、饮食劳逸等因素导致脏腑功能失调所致。里证范围较广，临床表现以脏腑的证候为主，病程长，不恶风寒，脉象不浮。

(3) 表证与里证的鉴别：见表6-1。

表6-1 表证与里证的鉴别

证候\症状	病程	寒热	舌象	脉象
表证	短，新病	恶寒发热	常无变化	浮
里证	长，久病	发热不恶寒或但寒不热	有异常表现	沉

2. 寒热辨证 寒热是辨别疾病性质的两个纲领，是阴阳偏盛偏衰的具体表现，"阳胜则热，阴胜则寒""阳虚则外寒，阴虚则内热"，所以辨寒热就是辨阴阳的盛衰。

(1) 寒证：是指机体感受寒邪或阳虚阴盛所出现的一类证候，表现为机体机能活动衰减或抑制，分实寒证和虚寒证两类。多由外感阴寒邪气或久病内伤、阳气耗损，或过服生冷寒凉、阴寒内盛所致。临床表现为恶寒或畏寒喜暖，口淡不渴，面色苍白，肢冷蜷卧，痰、涕清稀，小便清长，大便稀溏，舌淡苔白而滑润，脉迟等。

(2) 热证：是指感受火热阳邪或阴虚阳亢所出现的一类证候，表现为机体机能活动亢进，分实热证和虚热证两类。多由外感热邪或寒邪入里化热，或七情过激、五志化热，或过食辛辣燥热、内生火热，或房室劳伤、劫夺阴精，使阴虚阳亢所致。临床表现为发热喜凉，口渴喜冷饮，面红目赤，烦躁不安，痰涕黄稠，小便黄赤、大便秘结，舌质红、苔黄而干，脉数等。

(3) 寒证与热证的鉴别：见表6-2。

表6-2 寒证与热证的鉴别

证候\症状	面色	四肢	寒热	口渴	大便	小便	舌象	脉象
寒证	苍白	清凉	怕热	不渴或热饮不多	稀溏	清长	舌质淡、苔白润	迟
热证	红赤	燥热	发热	口渴喜冷饮	干结	短赤	舌质红、苔黄干	数

(4) 寒热真假

①真热假寒：又称阳盛阴格，由于内热过盛、深伏于里，阳气被郁而不能外达四肢，就会出现格阴于外的一些假寒的现象。如四肢厥冷、脉沉等，似属寒证；但其身寒却不喜加衣被，脉沉有力，并且又可见口渴喜冷饮，咽干口臭，谵语，小便短赤、大便燥结等热象。此证内热炽盛是真，外呈寒象是假。

②真寒假热：又称阴盛阳格，由于阴寒内盛，阳气虚弱已极，阳不制阴虚浮越于外，

使阴阳不相顺接而致。临床上表现身热、面红口渴、脉大等，似为热证；但身热欲加衣被，面红而四肢寒冷，口渴而又喜热饮，饮而不多，脉大但无力，并且又见小便清长、大便稀溏、舌淡、苔白等寒象。此证阴寒内盛是真，外呈热象是假。

3. 虚实辨证 虚实是以概括和辨别正气强弱和邪气盛衰的两个纲领。"邪气盛则实，精气夺则虚"，实证取决于邪气盛方面，虚证取决于正气虚方面。辨别虚实是治疗时确定扶正或祛邪的主要依据。

（1）虚证：是指人体的正气不足，脏腑功能衰退所表现的证候。多见于素体虚弱，后天失养，或久病、重病损耗正气所致。虚证可分为气虚、血虚、阴虚、阳虚四种。

①气虚证：是指由于全身或某一脏腑气的不足或气的功能减退所致脏腑功能低下而产生的证候。临床表现为面色无华、神疲乏力、少气懒言、语声低微、自汗，动则诸证加重，舌质淡、脉虚弱。

②血虚证：是指血液不足，不能濡养脏腑、经络、组织、器官而出现的证候。临床表现为面色苍白或萎黄无华、唇色淡白、头晕眼花、心悸失眠、手足麻木，妇人月经量少、或迟或闭，舌质淡、脉细无力。

③阴虚证：是指由于体内阴液亏损，脏腑组织失去滋养所表现的证候。临床表现为午后潮热、盗汗、颧红、咽干、手足心热，舌质红少津或苔少，脉细数。

④阳虚证：是指由于体内阳气虚衰，其温煦、推动、蒸腾气化功能不足所表现的证候。临床表现为形寒肢冷，面色苍白，精神不振，口淡不渴，小便清长、大便稀溏，舌淡胖、苔白滑，脉沉迟无力。

（2）实证：是指邪气亢盛而正气未衰所表现的证候。凡外邪入侵或因脏腑功能失调而产生的痰饮、瘀血、水湿、食积等留滞体内，都属于实证。由于邪气的性质及其所在的部位不同，在临床表现上也不一样，常见的症状有形体壮实、发热，精神烦躁，声高气粗，痰涎壅盛，胸胁脘腹胀满，疼痛拒按，大便秘结或下痢里急后重，小便不利，舌苔厚腻，脉实有力等。

（3）虚证与实证的鉴别：见表6-3。

表6-3 虚证与实证的鉴别

症状 证候	病程	体质	形态	疼痛	大小便	舌象	脉象
虚证	久病	虚弱	精神萎靡、身倦乏力、气弱懒言	隐痛喜按	大便稀溏、小便清长	舌淡嫩、少苔	细弱
实证	新病	壮实	精神兴奋、声高气粗	疼痛拒按	小便短赤、大便秘结	舌苔厚腻	实而有力

4. 阴阳辨证 阴阳是概括证候类别的一对纲领，又是八纲的总纲，所有的病证都可以概括为阴证和阳证两大类，其中表、热、实属阳；里、寒、虚属阴。

（1）阴证：是体内阳气虚衰或寒邪凝滞的证候。此证属虚、属寒。机体反应多呈衰退表现。临床表现为精神萎靡，面色苍白，畏寒肢冷，气短声低，口不渴，大便稀溏、小便清长，舌质淡胖嫩、苔白，脉迟弱等。

（2）阳证：是体内热邪壅盛或阳气亢盛的证候。此证属热、属实。机体反应多呈亢盛表现。临床表现为身热面赤，精神烦躁，气粗声高，口渴喜饮，大便秘结、小便短赤，舌质红绛、苔黄，脉洪滑实等。

(3) 亡阴证与亡阳证：是指疾病过程中，体内阴液或阳气大量丧失所表现的危重证候。一般出现在高热大汗或发汗过多，或剧烈吐泻，或失血过多，或久病、重病等情况。

①亡阴证：是指体内阴液大量消耗或丢失而出现阴液衰竭的病变和证候。临床表现为烦躁不安，面色潮红，呼吸短促，身热、手足温，汗出而黏，渴喜冷饮，舌质红而干，脉细数无力。

②亡阳证：是指体内阳气严重耗损，而表现出的阳气虚脱的病变和证候。临床表现为精神淡漠，面色苍白，大汗淋漓，手足厥逆，气息微弱，口不渴或渴喜热饮，舌质淡、脉微欲绝。

案例 6-3

患者，女性，36 岁。年前下岗心情郁闷，近半年经常口舌生疮，近 1 周舌边又起如黄豆大的溃疡，疼痛入夜尤甚，难以入睡，口干咽痛，饥不欲食，小便黄少、大便干，二日一行，舌质红、苔薄黄，脉数。

问题：此属何证？如何辨别？

二、脏腑辨证

(一) 脏腑辨证的概念

脏腑辨证是在藏象理论基础上，对四诊收集的病情资料，结合八纲辨证，进行分析归纳，以辨明脏腑病变的病因、病位、病性以及邪正盛衰状况的一种辨证方法。脏腑辨证是中医辨证体系的重要内容之一，也是中医临床各科辨证的基础。

人体是以五脏为中心的有机整体，脏与脏之间、腑与腑之间、脏与腑之间、脏腑与组织器官之间等，在生理上密切联系，在病理上相互影响。因此在进行脏腑辨证时，一定要从整体观念出发，不仅要看到一脏一腑的证候变化，而且要考虑到脏腑之间的相互联系和影响，仔细审辨其内在联系，全面掌握疾病的发生、发展和演变，才能正确判断病情。

(二) 脏腑辨证的常见证型

1. 心与小肠病辨证 心主血脉，主神志，开窍于舌，其华在面，其经脉下络小肠，与小肠互为表里关系。因此心的病变主要表现为血液运行的失常和神志活动的异常，常见症状有心悸、心痛、心烦、失眠、健忘、昏迷、发狂等。心病的证候有虚实之分：虚证有心气虚、心阳虚、心阳暴脱、心血虚、心阴虚等证；实证有心脉瘀阻、心火亢盛、痰迷心窍、痰火扰心等证。

小肠主受盛化物和泌别清浊，因此小肠的病变主要表现为大小便的异常，常见症状有腹泻、尿频、尿赤等。小肠病证常见有小肠实热证和小肠虚寒证。

(1) 心气虚、心阳虚、心阳暴脱

[临床表现] 三者共同脉症为心悸怔忡、胸闷气短、活动时加重，脉细弱或结代。兼见面色苍白、神疲体倦、自汗少气、舌质淡苔白等症者，为心气虚；若见畏寒、肢冷不温、面色滞暗、胸闷痛、舌质淡、紫暗而胖嫩者为心阳虚；若大汗淋漓、四肢厥冷、口唇青紫、呼吸微弱、脉微欲绝、神志模糊甚至昏迷者，为心阳暴脱之危症（表 6-4）。

[治法] ①心气虚治宜益气养心；②心阳虚治宜益气温阳；③心阳暴脱急用回阳救逆。

表 6-4　心气虚、心阳虚、心阳暴脱鉴别

证候＼异同点	共同点	不同点
心气虚	心悸怔忡、胸闷气短、活动时加重，脉细弱或结代	面色苍白、神疲体倦、自汗少气、舌质淡苔白
心阳虚		畏寒、肢冷不温、面色滞暗、胸闷痛、舌淡、紫暗而胖嫩
心阳暴脱		大汗淋漓、四肢厥冷、口唇发绀、呼吸微弱、脉微欲绝、神志模糊甚至昏迷

(2) 心血虚、心阴虚

[临床表现]　二者共同症状为心悸、健忘、失眠、多梦。若兼眩晕、面色无华、唇舌色淡、脉细弱，则为心血虚；若兼五心烦热、潮热盗汗、颧红口干、舌红少津、脉细数，则为心阴虚（表 6-5）。

[治法]　①心血虚治宜养血宁心；②心阴虚治宜滋阴宁心。

表 6-5　心血虚、心阴虚鉴别

证候＼异同点	共同点	不同点
心血虚	心悸、健忘、失眠、多梦	兼眩晕、面色无华、唇舌色淡、脉细弱
心阴虚		五心烦热、潮热盗汗、颧红口干、舌质红少津、脉细数

(3) 心脉瘀阻

[临床表现]　胸闷心悸，心前区憋闷或刺痛，痛引肩背，尤以左臂内侧为多，时发时止。重则面唇发绀，肢冷汗出，舌质紫暗或见瘀点、瘀斑，舌苔多腻，脉细涩或结代。

[治法]　活血化瘀、宣痹通阳。

(4) 心火亢盛

[临床表现]　心中烦热或失眠、口渴饮冷、尿黄赤、舌尖红赤或见口舌生疮、舌体糜烂、苔黄、脉数。

[治法]　清心泻火。

(5) 痰迷心窍

[临床表现]　神志痴呆或意识模糊，喃喃自语或神昏不语，喉中痰鸣，苔白腻、脉滑。

[治法]　涤痰开窍。

(6) 痰火扰心

[临床表现]　身热、面红、气粗、口渴。轻者心烦不寐，胡言乱语，哭笑无常；重者神志错乱，狂躁乱动，打人骂人。舌质红、苔黄腻、脉滑数。

[治法]　清心豁痰泻火。

2. 肺与大肠病辨证　肺主气，司呼吸，主宣发肃降，通调水道，外合皮毛，开窍于鼻，与大肠相表里。所以肺的病变主要表现为呼吸功能和水液代谢障碍，常见症状有咳嗽、气喘、咳痰、胸闷、胸痛等，尤以咳、痰、喘更为多见。肺的病证有虚有实：虚证，多见气虚和阴虚；实证，多由风、寒、燥、热等邪气侵袭，或痰浊阻肺所致。

大肠主传导、排泄糟粕，因此大肠的病变主要表现为传导功能失常，如便秘、泄泻、下痢等。大肠的病证有大肠湿热、大肠液亏、大肠热结等。此处只介绍大肠湿热证。

(1) 肺气虚

[临床表现] 咳喘无力，动则气喘，面色淡白无华，体倦乏力，语声低微，痰多清稀，或自汗畏风，易于感冒，舌质淡、苔白，脉虚弱。

[治法] 补益肺气。

(2) 肺阴虚

[临床表现] 干咳无痰或痰少而黏，或痰中带血，口干咽燥，声音嘶哑，形体消瘦，午后潮热，五心烦热，颧红盗汗，舌质红、少津，脉细数。

[治法] 滋阴润肺。

(3) 风寒束肺

[临床表现] 咳嗽、气喘，痰稀、色白，鼻塞流清涕，兼恶寒发热，头身疼痛，无汗，苔薄白，脉浮紧。

[治法] 宣肺散寒、化痰止咳。

(4) 风热犯肺

[临床表现] 咳嗽气粗、痰黄而稠，口渴，咽红疼痛，头痛，发热、恶风，舌尖红、苔薄黄，脉浮数。

[治法] 辛凉宣肺、化痰止咳。

(5) 燥邪犯肺

[临床表现] 干咳无痰或痰少而黏、难以咳出，鼻燥咽干，咳甚则胸痛咯血或兼有发热、恶风寒、头痛等表证，舌干、苔薄而少津，脉细数或浮数。

[治法] 疏风清肺、润燥止咳。

(6) 痰热阻肺

[临床表现] 咳嗽喘促，呼吸气粗，甚则鼻翼煽动，咳痰黄稠或咳吐脓血腥臭痰，发热，胸痛，口渴，尿黄，便秘，舌质红、苔黄腻，脉滑数。

[治法] 清热化痰、止咳平喘。

(7) 痰浊阻肺

[临床表现] 咳嗽气喘，痰多泡沫或白色而黏，易于咳出，胸闷，喉中痰鸣，甚则不能平卧，舌质淡、苔白腻，脉滑。

[治法] 燥湿化痰、降气平喘。

(8) 大肠湿热

[临床表现] 腹痛，腹泻、色黄热臭，或下痢脓血，里急后重、肛门灼热，小便短赤，或发热，舌质红、苔黄腻，脉滑数。

[治法] 清肠化湿。

3. 脾与胃病辨证 脾主运化，胃主受纳，脾胃相为表里。脾升胃降，燥湿相济，共同完成对饮食物的消化、吸收和输布，为"气血生化之源""后天之本"。脾又具有统血、升清的功能，主肌肉四肢，开窍于舌，其华在唇。因此，脾的病变主要表现在运化水谷功能失常、水液停聚和因气虚下陷发生的内脏下垂，以及脾不统血而造成出血。胃的病变则主要表现在和降失常。

脾胃病有虚有实，虚证常为气、阳与津液的亏顺；实证常为寒、湿、燥、热、食积所致。脾病与湿邪的关系尤为密切，脾虚可以生湿，湿盛最易伤脾。

(1) 脾气虚、中气下陷

[临床表现] 食少纳呆，食后脘腹胀满，少气懒言，四肢倦怠，面色萎黄，形体消瘦，大便溏薄，舌质淡、苔白，脉缓弱。若中气下陷（亦称脾气下陷），则兼见便意频频，肛门重坠，

或久痢不止，甚至脱肛，或内脏下垂等，或小便频数等。

[治法] ①脾气虚治宜益气健脾；②中气下陷治宜补脾益气、升阳举陷。

（2）脾阳虚

[临床表现] 纳减腹胀，大便溏薄清稀，四肢不温，或脘腹隐痛，喜温、喜按，或见面肢浮肿，小便不利，或妇人白带清稀而多，舌质淡嫩、苔白滑，脉沉细或迟弱。

[治法] 温阳助运。

（3）脾不统血

[临床表现] 便血、尿血，肌衄或妇人月经过多、崩漏及其他出血症，同时兼食少便溏，神疲乏力，少气懒言，面色无华，舌质淡、脉细弱。

[治法] 益气摄血。

（4）寒湿困脾

[临床表现] 脘腹胀闷，食少便溏，泛恶欲呕，口淡不渴，头身困重，小便不利，或肢体浮肿，或妇人白带过多，舌质淡胖、苔白腻，脉濡缓。

[治法] 温化寒湿。

（5）湿热蕴脾

[临床表现] 脘腹痞闷，纳呆呕恶，厌油腻，口黏而甜，肢体困重，大便溏泄不爽、小便短赤不利，或面目肌肤发黄，或有身热起伏，汗出热不解，舌质红、苔黄腻，脉濡数。

[治法] 清化湿热。

（6）食滞胃脘

[临床表现] 脘腹胀满或疼痛，嗳腐吞酸，厌食、呕吐，矢气酸臭，大便秘结或泻泄，舌苔厚腻，脉滑。

[治法] 消食导滞。

（7）胃阴虚

[临床表现] 口舌干燥，饥不欲食，或干呕呃逆，胃痛嘈杂，或脘痞不适，大便干燥，舌质红、苔少或无苔少津，脉细数。

[治法] 滋阴养胃。

（8）胃寒证

[临床表现] 胃脘冷痛，轻则绵绵不已，重则拘急剧痛，遇寒则甚，得温则减，口淡不渴，口泛清水，或食后作吐，肠鸣漉漉，舌质淡、苔白滑，脉弦或迟。

[治法] 温中散寒。

（9）胃火炽盛

[临床表现] 胃脘灼热疼痛，渴喜冷饮，消谷善饥，泛酸，食入则吐，口臭，牙龈肿痛或溃疡出血，大便秘结，舌质红、苔黄，脉滑数。

[治法] 清胃泻火。

4. 肝与胆病辨证 肝主疏泄，喜条达而无抑郁，藏血，主筋，开窍于目，其华在爪，肝胆经脉相互络属互为表里。肝病的常见症状有头晕胀痛、胸胁少腹胀痛、情志抑郁或易怒、肢体震颤、手足抽搐，以及目疾、月经不调、睾丸肿痛等。肝病有虚有实，虚证多为肝血、肝阴不足，实证多为气火有余或为寒邪、湿热所侵。

胆主贮藏和排泄胆汁，其病变主要表现为胆汁疏泄的异常如口苦、黄疸等。由于胆排泄胆汁的功能受肝疏泄功能的影响，因此胆病与肝病常同时出现。

（1）肝血虚、肝阴虚

[临床表现] 二者共同症状为头昏目眩，视物模糊，面色无华，爪甲不荣，肢体麻木，

手足震颤,筋脉拘挛,月经量少。若血虚,还可见经闭、失眠、舌质淡,脉细;阴虚者,还兼有颧红,手足心热,耳鸣,舌质红、苔少而干,脉细数。

[治法] ①肝血虚治宜养血柔肝;②肝阴虚治宜滋阴柔肝。

(2) 肝气郁结

[临床表现] 精神抑郁或急躁易怒、胸胁胀痛或窜痛、胸闷不舒、喜叹息、纳呆嗳气、脘腹胀满或咽部似有物梗阻,妇女月经失调、痛经或经前乳房胀痛、少腹胀痛,苔薄白、脉弦。

[治法] 疏肝解郁。

(3) 肝火上炎

[临床表现] 头痛、眩晕,面红、目赤,急躁易怒,口苦或吐血、衄血,耳聋、耳鸣,舌质红、苔黄,脉弦数。

[治法] 清泻肝火。

(4) 肝阳上亢

[临床表现] 眩晕、耳鸣,头痛、目胀,急躁易怒,失眠、多梦,腰膝酸软,舌质红、少津,脉弦细数。

[治法] 平肝潜阳。

(5) 肝风内动:临床出现抽搐、震颤、麻木等症状都属于肝风内动,常见有肝阳化风、热极生风、血虚生风三种。

①肝阳化风

[临床表现] 头痛如掣,肢体麻木,手足震颤,舌质红,脉弦细。若突然昏倒,舌强不语,口眼㖞斜,半身不遂,则为卒中。

[治法] 平肝息风。

②热极生风

[临床表现] 高热,烦渴,抽搐、项强,两目上翻,甚则神志昏迷,角弓反张,舌质红、苔黄,脉弦数。

[治法] 清热息风。

③血虚生风

[临床表现] 头目眩晕,视物模糊,面色不华,爪甲不荣,肢体麻木或震颤,肌肉跳动或皮肤瘙痒,舌质淡、脉细。

[治法] 养血祛风。

(6) 肝胆湿热

[临床表现] 胁肋胀痛,口苦纳呆,呕恶腹胀,小便短赤、大便不调,舌苔黄腻,脉弦数。若见身目发黄,发热,或见阴囊湿疹,或见睾丸肿痛、外阴瘙痒、妇女带下黄臭等,则为肝经湿热证。

[治法] 清热利湿退黄。

(7) 寒凝肝脉

[临床表现] 少腹胀痛、牵引睾丸或睾丸坠胀,或阴囊收缩隐痛,遇寒则剧,得温则减,常伴畏寒肢冷,舌苔白滑,脉弦迟。

[治法] 暖肝散寒。

5. 肾与膀胱病辨证 肾为先天之本,藏精,主骨生髓,主水,主纳气,开窍于耳及二阴,其华在发,与膀胱相表里。肾的病变主要表现在肾精封藏不固,人的生长、发育和生殖功能障碍、水液代谢失常、呼吸功能减退等。肾病多见虚证,如肾阴虚、肾阳虚、肾气不固、肾不纳气等证。

膀胱主贮存和排泄尿液。膀胱的病变主要表现为排尿异常，多见膀胱湿热证。

（1）肾阴虚

［临床表现］ 腰膝酸软，头晕目眩，耳鸣、耳聋，失眠多梦，潮热盗汗，五心烦热，颧红、口干，男子遗精或精少不育、女子崩漏或经闭不孕，舌质红、少苔，脉细数。

［治法］ 滋补肾阴。

（2）肾阳虚

［临床表现］ 畏寒肢冷、腰膝冷痛，眩晕、耳鸣，精神萎靡，男子阳痿、早泄，女子宫寒不孕，小便清长、夜尿频多或尿少浮肿，舌质淡、苔白，脉沉迟，尺部弱。

［治法］ 温补肾阳。

（3）肾气不固

［临床表现］ 神疲乏力、腰膝酸软，小便频数而清，尿后余沥不尽，夜尿频多，甚或遗尿、小便失禁，或男子滑精早泄，妇人白带清稀、胎动易滑，舌质淡、苔白，脉沉弱。

［治法］ 补肾固摄。

（4）肾不纳气

［临床表现］ 久病咳喘，气短喘促、呼多吸少，动则喘甚，声低气怯，咳逆汗出，腰膝酸软，四肢不温、面部虚浮，舌质淡，脉虚无力。

［治法］ 补肾纳气。

（5）膀胱湿热

［临床表现］ 尿频、尿急，小便灼痛，或见血尿，或尿液浑浊，或有砂石，舌质红、苔黄腻，脉滑数或濡数。

［治法］ 清热利水通淋。

6. 脏腑兼病辨证 脏腑兼病是指两个或两个以上脏腑相继或同时发病的复杂证候。

（1）心脾两虚

［临床表现］ 心悸健忘，失眠、多梦，食少、纳差，腹胀便溏，面色萎黄，倦怠乏力，或皮下出血，妇人月经过多、色淡或经少、经闭，舌质淡，脉细弱。

［治法］ 补益心脾。

（2）心肾不交

［临床表现］ 虚烦失眠，心悸健忘，眩晕、耳鸣，腰膝酸软，梦遗早泄，五心烦热，咽干口燥，舌质红、少苔，脉细数。

［治法］ 滋阴降火、交通心肾。

（3）心肺气虚

［临床表现］ 心悸气短，咳喘、少气，胸闷发憋，自汗乏力，动则愈甚，面色苍白或暗滞。甚则可见口唇发绀，舌质暗淡或见瘀斑，脉细弱。

［治法］ 补益心肺。

（4）肝脾不调

［临床表现］ 胁肋胀痛，胸闷叹息，烦躁易怒，饮食减少，腹胀肠鸣，大便溏薄或腹痛即泻，妇人月经不调、经前乳房胀痛，舌苔白，脉弦缓。

［治法］ 疏肝健脾。

（5）肝胃不和

［临床表现］ 胸胁闷胀、烦躁易怒，胃脘胀痛、痛引两胁，嗳气吞酸，舌苔薄黄，脉弦。

［治法］ 疏肝和胃。

(6) 肝肾阴虚

[临床表现] 头晕目眩，耳鸣、胁痛，腰膝酸软，咽干、口燥，五心烦热，颧红盗汗，男子遗精，女子经少，舌质红、少苔，脉细数。

[治法] 滋补肝肾。

(7) 肺肾阴虚

[临床表现] 咳嗽痰少或痰中带血，口燥咽干或声音嘶哑，腰膝酸软，心烦少寐，骨蒸潮热，盗汗颧红，男子遗精、女子月经不调，舌质红、少苔，脉细数。

[治法] 滋补肺肾。

(8) 脾肾阳虚

[临床表现] 畏寒肢冷，面色苍白，腰膝或少腹冷痛，纳减便溏或下利清谷，甚则五更泄泻或小便不利，面肢浮肿，甚则水臌胀满，舌质淡肿，脉沉弱。

[治法] 温补脾肾。

> **案例 6-3 分析**
> 患者证属心火亢盛。
> 分析：情志抑郁，郁久化火致心火内炽，上灼于舌则致口舌生疮，热扰心神加之舌痛致失眠，舌痛进食困难故虽饥而不欲食，心火下移小肠则小便黄少，热灼津伤则口干、咽痛，大便干，舌质红、苔黄，脉数均为热盛之征。

三、卫气营血辨证

卫气营血辨证是运用于外感温热病的一种辨证方法，是指将外感温热病在其病程发展过程中所表现出的证候，进行分析，归纳，概括为卫、气、营、血四个不同阶段的证候类型，用以说明其病位深浅、病情轻重及各阶段的病理变化及其传变规律，为临床治疗提供依据。

（一）卫分证

卫分证是温病的初期阶段，为温热病邪侵袭肌表、肺卫功能失调所表现出的证候，属于表热证。

临床表现为发热，微恶风寒，舌边尖红、苔薄，脉浮数，常伴头痛、口干、咽喉肿痛、咳嗽等症。

（二）气分证

气分证是指温热病邪内入脏腑，为正盛邪实，正邪剧争，阳热亢盛的里热证候。多由于卫分证不解，邪热内传入里或温热病邪直入气分而形成。其病变范围广泛，凡温热病邪不在卫分，又未入营血，皆属于气分范围。常见的有气分热盛、热结肠道等。

临床特点为发热，不恶寒反恶热，口渴，苔黄。若见大热、大汗、大渴、喜冷饮、面赤、心烦、舌质红、苔黄燥、脉洪大，为气分热盛；若见日晡潮热、大便燥结、腹满硬痛、拒按、舌苔黄燥、脉沉实，为热结肠道。

（三）营分证

营分证是指温热之邪内陷心营，温热病发展到深重阶段的证候。以实质性损害为主要病机变化，以营热伤阴、心神被扰的病变为主，其病位在心和心包。

临床表现为身热夜甚，口干不欲饮，心烦不寐或神昏谵语，斑疹隐隐，舌红绛，脉细数。

（四）血分证

血分证是指温热之邪，深入血分，温热病发展到危重阶段的证候。以动血耗血、瘀热内阻为主要病机变化，以心、肝、肾的病变为主。

临床表现为身热，躁扰不安，神昏谵语，斑疹密布，吐血、衄血、便血、尿血，舌质深绛而干，脉数；或见两目上视，牙关紧闭，手足抽搐，颈项强直，角弓反张，舌红绛，脉弦数；或见面色浮红，口咽干燥，昏沉欲睡，手足蠕动，或时而抽搐，心悸不宁，舌质红、少津，脉虚细数。

护考链接

患者，女性，55岁。多思善虑，心悸、胆怯、少寐、健忘，面色少华，头晕神疲，食欲缺乏，舌质淡，脉细弱。其证候是（　　）

A. 忧郁伤神　　　B. 心脾两虚　　　C. 阴虚火旺

D. 气滞痰郁　　　E. 气郁化火

分析： 心脾两虚证在临床上的主要表现为心血不足及脾气虚弱两个方面。如心悸、健忘、失眠、多梦、面色萎黄、脘腹胀满、饮食减少、大便失调、神倦乏力及月经过多，经水淋漓不尽，便血、皮下出血及各种出血现象，舌质淡嫩、苔白，脉细弱。从题干多思善虑可知与脾有关，思虑伤脾，可排除A、C、D、E，故选B。

小结

诊法是指望、闻、问、切四种诊察收集病情资料的基本方法。

望诊是医护人员运用视觉对病人的神色形态、局部表现，舌象、分泌物和排泄物等进行有目的审察，用以诊察疾病的一种方法。包括望神、望色、望小儿食指纹、望舌等。闻诊，是医护人员通过听觉和嗅觉了解由病体发出的各种异常声音和气味，以诊察病情。包括听声音和嗅气味两个方面的内容。问诊，是医者通过询问患者或陪诊者，了解疾病的发生、发展、治疗经过、现在症状和其他与疾病有关的情况，以诊察疾病的方法。切诊，是医者以指腹触按病人的脉搏，体察脉象，以了解病情，诊断疾病；按诊是在患者身躯上一定的部位进行触、摸、按压，以了解疾病的内在变化或体表反应，从而获得辨证资料的一种诊断方法。包括脉诊和按诊两部分内容。

八纲辨证是对疾病从表里、寒热、虚实、阴阳八个方面分析、归纳证候的辨证方法，它是各种辨证的基础，起到执简驭繁、提纲挈领的作用。其中阴阳作为八纲的总纲，统领其他证候，表热实属阳，里寒虚属阴。

脏腑辨证是在八纲辨证基础上的进一步深化，是中医辨证体系的重要内容，也是临床各科辨证的必备基础。尽管各种辨证方法独具特色，各有侧重，但是均与脏腑密切相关，而且脏腑辨证的内容更系统、更完整，有利于辨证思维的指导。

卫气营血辨证是对温热病四类不同证候的概括，又代表着温热病发展过程中轻重深浅各异的四个阶段。

自测题

选择题

A_1 型题

1. 下列哪项属"假神"的表现（　　）
   A. 语无伦次　　B. 面部潮红
   C. 反应迟钝　　D. 突然能食
   E. 表情淡漠

2. 脾胃气虚，气血不足的病人，面色常表现（　　）
   A. 白　　　　　B. 萎黄
   C. 苍白　　　　D. 色黄晦暗
   E. 色黄虚浮

3. 下列哪项不属于正常舌象（　　）
   A. 舌体柔软　　B. 舌体活动自如
   C. 舌质淡嫩少苔　D. 舌质淡红
   E. 舌苔薄白

4. 提示邪气渐盛的舌苔变化，一般是（　　）
   A. 苔由厚变薄　　B. 苔由薄变厚
   C. 苔由润变燥　　D. 苔由多变少
   E. 苔由白变黄

5. 小儿指纹紫红，多主（　　）
   A. 外感表证　　B. 里热实证
   C. 痛证、惊风　D. 血络郁闭
   E. 脾虚、疳积

6. 呕吐物清稀无酸臭味者，多属（　　）
   A. 肝胃不和　　B. 伤食
   C. 热呕　　　　D. 寒呕
   E. 肝胆郁热

7. 呼吸微弱，短而声低多为（　　）
   A. 邪气犯肺　　B. 津枯肺损
   C. 气虚无力　　D. 虚火灼金
   E. 悲忧伤肺

8. 咳嗽声音重浊，痰质清、色白，鼻塞不通，多为（　　）
   A. 外感风邪　　B. 外感燥邪
   C. 外感寒邪　　D. 外感湿邪
   E. 外感热邪

9. 恶寒与发热交替而作，此症是（　　）
   A. 邪犯肌表　　B. 外邪入里
   C. 邪在半表半里　D. 邪犯肠胃
   E. 邪犯肺卫

10. 痛有胀感，伴随时发时止特点者，为（　　）
    A. 气滞　　　　B. 血瘀
    C. 寒凝　　　　D. 热郁
    E. 湿停

11. 下列各项，属于中医护理基本特点的是（　　）
    A. 因人施护　　B. 辨证施护
    C. 因地施护　　D. 因时施护
    E. 标本兼护

12. 辨证论治的基本特点是（　　）
    A. 辨证是中医认识疾病的方法
    B. 一是整体观念，二是辨证论治
    C. 治疗效果是检验辨证正确与否的标准
    D. 辨证是治疗的前提和依据
    E. 只有通过正确的辨证和治疗才能取得预期的效果

13. 论治的主要依据是（　　）
    A. 病　　　　　B. 病位
    C. 病性　　　　D. 病因
    E. 辨证的结果

14. 八纲辨证是指表里、寒热、虚实和（　　）
    A. 浮沉　　　　B. 盛衰
    C. 阴阳　　　　D. 正邪
    E. 润燥

15. 下列表述中属于证的是（　　）
    A. 水痘　　　　B. 麻疹
    C. 风寒束表　　D. 头痛
    E. 恶寒

16. 表证和里证的鉴别要点为（　　）
    A. 咳嗽是否伴有咳痰
    B. 恶寒与否，内脏症候是否突出
    C. 头身疼痛与否
    D. 舌象的变化
    E. 出汗量之多少

17. 下列哪项不是鉴别寒证与热证的要点（　　）
    A. 身热与身冷　B. 面赤与面白
    C. 口渴与不渴　D. 舌苔黄与白
    E. 头痛与不痛

18. 下面属虚证的临床症状为（　　）
    A. 体质多壮实

B.精神萎靡，声低息微

C.声高气粗

D.胸腹按之疼痛，胀满不减

E.脉象有力

A_2型题

19. 右手寸口寸、关、尺三部一般候（　　）
    A.心肺肝　　　　　　B.肺脾命门
    C.心肝肾　　　　　　D.心脾肾
    E.上中下三焦

20. 患者，女性，53岁。咳嗽3个月余，病起于感冒后，咳嗽不止，痰少而黏，时或干咳无痰，心烦，手足心热，小便正常，大便稍干，舌质红、苔少而干，脉细数。此时临床可见的面色最有可能的是（　　）
    A.满面通红　　　　　B.两颧潮红
    C.黄色　　　　　　　D.白色
    E.黑色

21. 患者，女性，43岁。3天前受寒，出现恶寒发热、无汗、咳喘、痰稀色白，舌苔薄白腻，脉浮紧。患者咳嗽的声音最可能的是（　　）
    A.咳声重浊紧闷　　　B.咳声清脆
    C.咳声短促　　　　　D.咳声如犬吠
    E.咳声如鹭鸶

22. 患者，男性，58岁。患"慢性胃炎"3年余，饥而不欲食，纳少眠差，手足心热，盗汗，大便稍干，脉细无力。胃脘部疼痛的性质最可能的是（　　）
    A.胀痛　　　　　　　B.刺痛
    C.隐痛　　　　　　　D.灼痛
    E.重痛

23. 患者，女性，41岁。3年来月经量多，每次行经7～8天，经色淡红，经后小腹部隐隐作痛。面白无华，纳少，稍多食即感脘腹部胀满不舒，气短懒言，神疲乏力，大便正常，舌质淡白、苔薄白，脉最可能的是（　　）
    A.洪大有力　　　　　B.结脉
    C.代脉　　　　　　　D.促脉
    E.沉细无力

24. 患者，男性，30岁。于1天前因受凉，自感恶寒、头身疼痛，有鼻塞、流清涕、喷嚏、咽喉痒痛等症状，舌苔薄白，遂就诊。护士判断该病属于（　　）
    A.表证　　　　　　　B.里证

C.寒证　　　　　　　D.热证

E.半表半里证

25. 患者，男性，46岁。咳痰黄稠，身热微恶风寒，鼻流浊涕，口干咽痛，最宜诊断为（　　）
    A.风热表证　　　　　B.风热犯肺
    C.肺热炽盛　　　　　D.痰热蕴肺
    E.燥邪犯肺

26. 患者，女性，16岁，素体虚弱。近日来，不思饮食，嗳腐吞酸，大便量多而臭，脘腹饱胀，舌质淡红、苔白腻。护士判断该患者的病位在（　　）
    A.肺　　　　　　　　B.大肠
    C.胃　　　　　　　　D.小肠
    E.胆

A_3型题

（27～28题共用题干）

患者，女性，34岁。近1个月咳嗽，咳痰黄稠、量多，伴有胸闷、气喘息粗，喉中痰鸣，烦躁不安，小便短黄、大便秘结。

27. 此时的舌象可见（　　）
    A.舌质红苔黄腻　　　B.舌质淡红苔薄白
    C.舌质淡白苔黄　　　D.舌绛苔白
    E.舌质红苔白厚

28. 此时的脉象可见（　　）
    A.滑数　　　　　　　B.浮数
    C.涩　　　　　　　　D.脉滑细
    E.脉洪数

（29～30题共用题干）

患者，女性，17岁。月经初潮，每3～5个月一行，量少色淡红，渐至经闭，伴有头晕、耳鸣，腰膝酸软，现已停经4个月余，带下量少、色淡，舌苔白，脉沉弱。

29. 其证候是（　　）
    A.脾虚证　　　　　　B.肾虚证
    C.血虚证　　　　　　D.气滞血郁证
    E.寒凝血瘀证

30. 其治法是（　　）
    A.补血养血，活血调经
    B.补肾益气，养血调经
    C.行气活血，祛瘀通经
    D.健脾燥湿，活血调经
    E.温经散寒，活血调经

（郝志红　黄多临）

第7章 中医养生与防治原则

> "生长壮老已"是人类生命的自然发展规律。人的生命只有一次，因此，健康长寿，自古以来就是人类的共同愿望和追求。那么怎样才能做到更健康长寿呢？让我们一起来探讨它的真谛吧！

第1节 中医养生

养生又称摄生，是根据生命发展的规律，采取能够保养身体，减少疾病，增进健康，延年益寿的手段所进行的保健活动。

一、养生的基本原则

中医养生的基本原则包括适应自然规律、重视精神调养、房事有节、注意形体锻炼、谨和五味、防止病邪侵害等，概括起来有以下几个方面。

1. 顺应自然 顺应自然，就是"天人合一"的整体观，即《黄帝内经》所说的："法于阴阳，和于术数"，是养生所必须遵循的基本原则。人生长在天地之间，人的生理活动与自然界的阴阳消长变化周期基本同步，自然界的变化必然会影响人体，使之发生相应的生理和病理反应。另外，社会环境的变化，亦会对人体的心理、生理造成一定的影响，调适不当，也会损害健康，导致疾病的发生。因此，养生必须要适应环境，包括适应自然环境和社会环境（图7-1）。

2. 形神共养 形指形体，神指精神，形是物质基础，神是形的外在表现，形与神是互相依存，对立统一的。形神共养，才能保持生命健康和长寿。其中，养神又为首务，神明则安。中医主张静以养神，动以养形。只有动静结合，适当持久，就能形神共养，增强身心健康，延年益寿。

图7-1 顺应季节（春捂防病）

3. 起居有常 起居有常是指日常生活、工作、学习、劳作和睡眠等各个方面要有一定的规律并合乎自然界阴阳消长的变化，使机体阴阳两个方面始终保持在一个平衡的状态。要养成按时作息的习惯，也就是古人所说的"日出而作，日入而息"，才能有益于健康。

4. 饮食有节 饮食是维持人体生长、发育和生命活动的基本物质条件，合理的调剂饮食，养成良好的饮食方式和习惯，可保证人体营养的需要又维护好脾胃功能，以固后天之本，

图 7-2 饮食有节

使气血旺盛，人就健康长寿（图 7-2）。

5. 劳逸有度 必要的劳动和必须的休息是人体生存和保持健康的基本条件，适度的劳作运动有助于气血流通，增强体质；必要的休息可以消除疲劳，恢复体力和脑力。《黄帝内经》主张"不欲太劳，不欲太逸"。体力劳动、脑力劳动和房事要有度，体力劳动要轻重相宜，脑力劳动要与体力活动相结合。房事有节，可保精护肾。要保证必须的休息，休息保养可多样化。这样才能身体健康，防止疾病的发生。

6. 慎避外邪 人体一旦受到病邪的侵害而生病，健康就会受到损害。任何疾病的发生过程都是正气与邪气双方斗争的过程，病邪是导致疾病发生的重要条件。因此，应根据季节、气候、地域、生活居住环境和工作环境等各方面的情况而采取相应措施，以避免外界不良因素的影响。

考点：中医养生的基本原则

二、养生的主要方法

中医养生的主要方法包括顺时摄养、调神养生、惜精养生、饮食养生、传统养生、药物养生、针灸与推拿养生等，概括起来有以下几个方面。

1. 顺时养生 天人相应，以从其根。如顺应四时的养生："春夏养阳，秋冬养阴"。

2. 调神养生 精神情志活动对人体生理、病理变化都有着很大的影响。心情舒畅、情绪乐观，则气机调畅、气血平和、正气充沛，就可以防止或减少疾病的发生。

（1）静以养神，避免不良刺激：①避免外源性不良刺激，如避免来自社会、自然、家庭等外界的不良刺激；②防止内源性不良刺激，如积极治疗躯体疾病。

（2）淡薄名利，提高自我心理调摄能力，加强文化思想修养。

3. 惜精养生 性欲不过分压抑以防气机郁滞，也不有意放纵以防耗竭肾精。惜精重在保肾，做到房事有节，食疗保肾，运动保健，针灸、药物调治，按摩固肾等。

4. 饮食养生 饮食要有节，要按时节量，不可过饥过饱。要谨和五味，克服饮食偏嗜，要忌厚味，寒温适宜，清洁卫生。

5. 运动养生 "生命在于运动"，经常适量锻炼身体，能够调畅气机，舒畅经络，强筋壮骨、强健体魄，从而增强体质，提高机体抗病能力。如进行传统的五禽戏、太极拳、八段锦、气功等多种健身运动。体育锻炼要注意掌握要领、动静结合、晨运最宜、强调适度、持之以恒（图 7-3）。

6. 中药养生 中药养生最常用的是药膳，药膳适用于普通人群的保健，如山药、蜂蜜、枸杞子等。中医有根据药物的颜色与五脏相对应的"五色食疗"等。同时还要因人、因时、因地制宜，如老人体质虚弱，大剂量强补不宜，而应当少量多次进补；小儿脏腑娇嫩，药膳宜平淡，性味不宜过偏；"女子以血为本"，药膳应以补血、补阴为主等。

7. 针灸与推拿养生 如按摩涌泉穴可补肾；针灸、推拿关元、气海、百会、足三里这些保健穴可强身健体，增强抵抗力；足疗、全身保健按摩等也可强壮身体。

考点：中医养生的主要方法

第7章 中医养生与防治原则

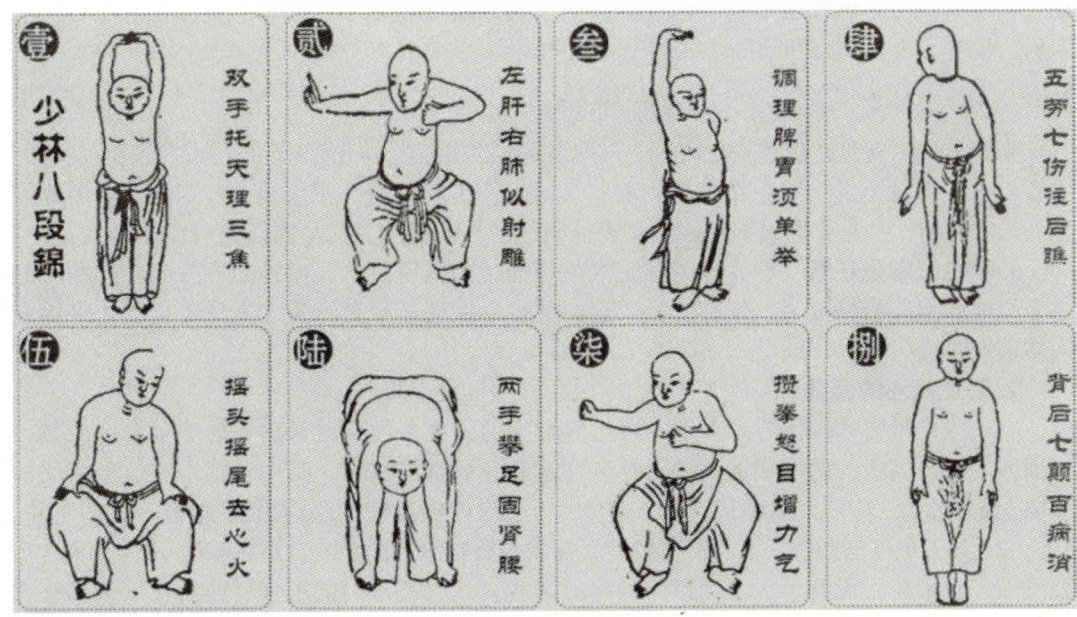

图 7-3 少林八段锦

寿星彭祖的养生之道

且不说彭祖是否活了 800 多岁，其养生之法还是为我们提供了很多启发。①重视运动锻炼：彭祖坚持每天凌晨练功。首先正襟端坐，试揉双目，按摩肢体，舐唇咽液，闭气纳息，服气数十遍；然后起身，熊经鸟伸，导引行步。这就是被后人概括并沿用到今天的"导引法"。②保持良好的生活习惯：彭祖坚持顺乎自然，顺应四季节气变化。长寿的秘方在于不伤身体，劳逸结合，心情舒畅，衣食不求华贵；如果放纵求乐，不知节制，就会伤害身体。③和谐夫妻生活：彭祖主张夫妻生活和谐有节，不赞同"夫妻生活损身减寿"的禁欲观点。

第 2 节　防治原则

案例 7-1

患者甲，男性，75 岁。久泻脱肛，医生认为中气下陷，给予补中益气汤治愈。而患者乙，女性，26 岁，产后子宫下垂，医生亦认为中气下陷，给予补中益气汤治愈。

问题：此为中医的什么理论？患者甲和患者乙不同的疾病为何治法一样？

防治原则包括早治防变及治疗疾病时必须遵循的各种基本原则。

一、早治防变

早治可起到防止疾病发生和已病防变的作用。早治防变，是指采取一定的措施，防止疾病的发生与发展。预防为主是我国卫生工作的四大方针之一，中医学对此极为重视，早在《黄帝内经》中就提出了"不治已病，治未病"的著名论点，强调"防患于未然"。治未病，包含了未病先防和既病防变两个方面的内容。

（一）未病先防

未病先防，就是在疾病发生之前，采取各种预防措施，防止疾病的发生。疾病的发生，主要与正气不足（发病的内在根据）和邪气的入侵（发病的外在条件）密切相关。因此要做到未病先防，一是要通过养生以提高人体正气的抗病能力，二是要防止病邪的侵害。

1. 养生以增强正气 养生以增强正气就是通过前面所讲的养生的主要方法，即顺时养生、调神养生、惜精养生、饮食养生、运动养生、中药养生和针灸、推拿养生等，来提高人体正气的抗病能力。

2. 防止病邪的侵害

（1）避其邪气：病邪的入侵是导致疾病发生的外在条件，故未病先防除了养生保健、增强体质、提高正气的抗病能力外，还要注意防止病邪的侵害。其中包括讲究卫生，保护环境，防止水源、空气和食物的污染；避免六淫、疠气侵袭机体，还要防范外伤、虫兽伤等。

（2）人工免疫与药物预防：我国很早就开始用药物来预防疾病，如《黄帝内经》中有"小金丹……服十粒，无疫干也。"预防疾病的记载。元代，人们就用紫草煎剂来预防麻疹。近年来运用中草药预防疾病的方法，如用贯众、板蓝根、大青叶来预防流感、腮腺炎；用茵陈、栀子来预防肝炎等，都是简单易行，行之有效的预防方法。16世纪发明的人痘接种法预防天花，开创了人工免疫的先驱，为后世免疫学的发展做出了极大贡献。

（二）既病防变

未病先防是最理想、最积极的防范措施，一旦疾病发生，就争取做到早期诊断、早期治疗，防止疾病的发展与传变。

1. 早期诊治 疾病初期，病情较轻，病位较浅，正气未衰，较易治愈，因而传变较少。因此，早期做出正确的诊断，及时进行有效和彻底的治疗，就能把疾病消灭于萌芽状态。如温病的卫分证阶段就是温病早期诊治的关键。否则，病邪步步深入，正气受损，病情深重、复杂，就较难治愈，容易产生传变或危变。

2. 控制传变 传变，是指疾病在脏腑组织中的转移变化，又称传化。疾病的传变，都有一定的途径和规律性。外感热病有六经传变或卫气营血传变及三焦传变，如清代名医叶天士提出的"务在先安未受邪之地"，均为针对疾病的传变规律，实施预见性治疗，以控制其病理传变的具体体现。内伤杂病有五行生克制化规律传变或经络传变，如《金匮要略》中提出的"夫治未病者，见肝之病，知肝传脾，当先实脾"。作为医护人员，临床宜根据不同疾病的传变规律，采取相应有效的治疗与护理措施，阻止其传变，防止病情发展或恶化。

二、治病求本

治病求本，指在治疗疾病时必须寻求疾病的本质（病因病机），并针对疾病的本质进行治疗。"求本"，就是辨清病因病机，确立诊断。

疾病在发生发展过程中，有各种错综复杂的原因，它通过若干症状和体征表现出来。但是这些显露于外的现象，并不是疾病的本质。必须从诸多复杂的表象中进行综合分析，透过疾病的表面现象，找出疾病发生的根本原因，然后针对其本质进行治疗。

第7章 中医养生与防治原则

 链接

头痛如何治病求本

头痛是一种常见病,它可由外感、气血亏虚、肾虚、痰湿、肝阳上亢、瘀血等多种原因引起,治疗就不能简单地采取头痛医头的对症镇痛治疗,而应在辨证基础上,找出病因所在,分别采用解表、补益气血、补肾、燥湿化痰、平肝潜阳、活血化瘀等法进行治疗。这就是"治病求本"的意义所在。

治病求本是中医学治疗疾病的主导思想,是辨证论治的根本原则。临床运用"治病求本"这一原则时,必须正确掌握"治标与治本""正治与反治"及"病治异同"等三种方法。

1. 治标与治本 标与本是一对相对的概念,它主要说明事物的本质与现象、因果关系及病变过程中矛盾的主次、先后关系等。"本"是本质,是矛盾的主要方面,标是现象,是矛盾的次要方面,不同情况下标与本之所指不同。如以正气与邪气而言,正气为本,邪气为标;以病因与症状而言,病因为本,症状为标;以先病与后病而言,先病为本,后病为标;以新病与旧病而言,旧病为本,新病为标等。在疾病的发展变化过程中,由于有标本主次和轻重缓急的不同,因而治疗上就有先后缓急之分,有急则治其标、缓则治其本及标本兼治三种。

(1) 急则治其标:当标病急重,已成为疾病矛盾的主要方面,若不及时解决,病人会有很大痛苦甚至危及生命,这时就必须采取暂时性的急救措施先治标病。如"肺痨"病人突然出现大咯血,尽管此时仍以阴虚为本,咯血为标,但若不及时止血,患者就有可能出现气随血脱,甚至死亡,所以就应当迅速止血先治标,待血止后再滋阴润肺治其本。

(2) 缓则治其本:指在病势缓和、病情不急情况下,治疗上要从疾病的本质着手。如肺阴虚的咳嗽,肺阴虚为本,咳嗽为标,治疗采用滋阴润肺的方法以治其本,肺阴虚得到纠正,咳嗽就自然消除。

(3) 标本兼治:当标病、本病并重或均不太急时,就应该标本同时兼顾治疗,既治标又治本。如气虚病人患感冒,此时,气虚为本、表邪为标,治疗若单纯补气治本,则易使邪气滞留,表证难解;若仅用发汗解表治标,则易损伤正气,使正气更虚。所以要益气解表,标本兼顾,使正胜邪退而痊愈。

2. 正治与反治 疾病的变化是错综复杂的,在多数情况下,疾病的证候与疾病的临床表现是一致的(采取正治),但在某些时候也会出现疾病的证候与疾病的临床表现不一致、甚至相反的现象,即出现假象,如真寒假热和真热假寒等(采取反治)。正治与反治是指所用的中药的寒热性质、补泻效用,与疾病的本质、表现之间的逆从关系而提出的两种治疗方法。都是"治病求本"这一治疗原则的具体运用。

(1) 正治:是指疾病临床表现的性质与疾病本质(证候性质)一致的情况下,逆着疾病临床表现的性质进行治疗的一种治疗法则,故又称为逆治。即采用方药的性质与疾病证候的性质及临床表现的性质均相反,符合治病求本的基本原则。由于临床上大多数疾病的本质和临床表现的性质是相一致的,如寒证有寒象、热证有热象、虚证有虚象、实证有实象等。"正"含有"正规"和"常规"的意思,所以,正治法是临床上最常用的一种治疗方法。疾病证候的性质有寒、热、虚、实的区别,所以正治法就有"热者寒之"(热证出现热象,用寒凉方药进行治疗)、"寒者热之"(寒证出现寒象,用温热方药进行治疗)、"虚者补之"(虚证出现虚象,用补益方药进行治疗)、"实者泻之"(实证出现实象,用攻泻方药进行治疗)四种具体治疗方法。

（2）反治：是指疾病临床表现的性质与疾病本质（证候性质）相反的情况下，顺着其临床表现性质进行治疗的一种治疗方法，又称从治。即采用方药的性质与临床表现的性质相同，与疾病证候的性质相反，实质也是逆着疾病的本质进行治疗，仍然符合治病求本的基本原则。疾病临床表现的性质与疾病本质相反的情况较少见，偶见于病势深重时，所以反治法在临床上较少用。反治法有"热因热用"（用热性药物治疗阴盛格阳的真寒假热证）、"寒因寒用"（用寒性药物治疗阳盛格阴的真热假寒证）、"塞因塞用"（用补益药物治疗具有闭塞不通症状的真虚假实证）、"通因通用"（用通利药物治疗具有通泄症状的真实假虚证）四种具体治疗方法。

3. 病治异同　中医治疗疾病，主要不是着眼于疾病的异同，而是着眼于证候的区别。在辨证论治思想指导下，相同的证候采用相同治疗方法；不同的证候则采用不同的治疗方法。

（1）同病异治：指同一种疾病，由于其发病的时间、地区及患者机体的反应性不同，或其病情处于不同的发展阶段，所表现出的证候不同，因而采用不同的治疗方法。

（2）异病同治：指不同的疾病，在其发展过程中，只要出现了相同的证候，就可以采用相同的方法进行治疗。如子宫脱垂、脱肛、久泻、胃下垂等不同的疾病，因其病机证候相同，均属中气虚陷，都可以采用补中、益气、升提的治法，给予补中益气汤进行治疗。

> **案例 7-1 分析**
> 中医治疗疾病主要着眼于证候的异同。证同治亦同，证异治亦异。

三、扶正祛邪

案例 7-2

患者，男性，55岁。头痛、头晕1年，伴心悸不宁、遇劳则重、气短自汗、畏风、神疲乏力、面白无华，舌质淡苔薄白、脉沉细而弱。诊为气血两虚、清窍失养，治法为补益气血，给予八珍汤加减治疗而愈。

问题：治标还是治本？正治还是反治？扶正还是祛邪？

疾病的过程，从邪正关系来说，是正气与邪气矛盾双方互相斗争的过程，正邪力量的消长盛衰，决定着疾病的发生、发展与转归。因此，扶助正气，祛除邪气，使疾病向好转、痊愈的方向发展。所以扶正祛邪就成为指导治疗疾病的一个重要原则。

1. 扶正　即扶助正气，增强体质，提高机体抗病和康复能力。属于补法，主要用于虚证，即"虚者补之"。临床上可根据具体情况，分别采取益气、养血、滋阴、助阳等治法。扶正多用补益的药物及针灸、推拿、气功、体育锻炼等，而精神的调摄和饮食营养的补充，对扶正也具有重要作用。

2. 祛邪　即祛除邪气，削弱或祛除病邪的侵袭和损害，使邪去正安，属于泻法，主要用于实证，即"实者泻之"。临床上可根据病证的不同，分别运用发汗、催吐、攻下、清热、散寒、祛湿、消导、行气、化瘀等治法。

3. 扶正祛邪兼用　适用于正气已虚而邪气仍实的所谓虚实夹杂的病证。为了做到"祛邪不伤正，扶正不留邪"，临床上可根据正虚、邪实的主次情况，分别采用扶正兼祛邪、祛邪兼扶正、先祛邪后扶正和先扶正后祛邪等方法。

> **案例 7-2 分析**
> 1. 针对疾病的本质气血两虚来进行治疗，故为治本。
> 2. 患者表现为虚，用补益方药八珍汤加减进行治疗，为虚则补之，属于正治。
> 3. 患者属于正气不足，为虚证，采用虚则补之的治法，扶正。

四、调整阴阳

疾病发生发展的过程，就是人体阴阳的相对平衡状态遭到破坏，出现了阴阳的偏盛或偏衰的结果。因此，调整阴阳，损其偏盛，补其偏衰，恢复阴阳的协调平衡，是中医治疗疾病的一条基本原则。调整阴阳的治则包括损其有余、补其不足和补损兼用三个方面。

1. 损其有余　适用于阴阳偏盛，即阴或阳的偏盛有余的实证。应当用"实则泻之"的方法来治疗。对于"阴盛则寒"的实寒证，即采取"寒者热之"的温散阴寒法治疗；对于"阳盛则热"的实热证，即采取"热者寒之"的清泻阳热法治疗（图7-4）。

2. 补其不足　适用于阴阳偏衰，或为阴虚，或为阳虚，或为阴阳两虚的虚证。应当用"虚则补之"的方法来治疗。阴虚则滋阴，阳虚则补阳，阴阳两虚则阴阳双补（图7-5）。

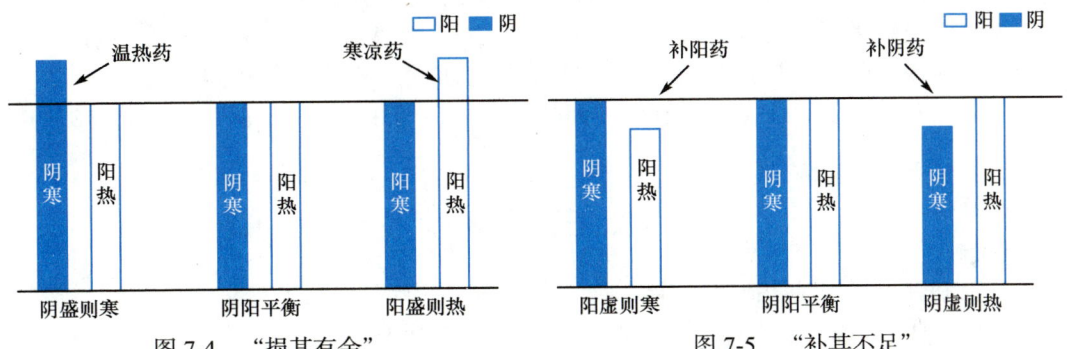

图7-4　"损其有余"　　　　图7-5　"补其不足"

3. 补损兼用　由于阴阳双方之间存在着对立制约、消长变化的关系，在阴阳偏盛的疾病过程中，一方的偏盛，亦可导致对方的不足。《黄帝内经》曰："阴盛则阳病，阳盛则阴病"，亦即阴寒内盛易于损伤阳气，阳热亢盛易于耗伤阴液，故在治疗阴或阳的偏盛时，应注意有没有相应的阳或阴偏衰情况的同时存在。如已引起相对一方明显偏衰，出现了阴液亏损或阳气不足时，应用"损其有余"这一治法时，应兼顾"补其不足"，在温散阴寒的同时兼以扶阳，在清泻阳热的同时兼以滋阴。

五、调理气血

气和血都是构成人体和维持人体生命活动的的基本物质。脾胃是气血生化之源。气与血有着密切的关系，气能生血、行血、摄血，故称"气为血之帅"；血能载气、养气，故称"血为气之母"。疾病过程往往伴有气血失调的病理变化。调理气血就是针对气血失调的病理变化而确立的治疗原则。

1. 调气
（1）补气：适用于气虚证，重点是补脾胃之气。
（2）调理气机：适用于气机失调等病证。顺应脏腑气机的升降规律，如脾气主升，胃气主降；肝宜升发，肺宜肃降。调理气机紊乱的病理状态，气滞则疏、气陷则升、气逆则降、气脱则固、气闭则开。

2. 调血

(1) 补血：适用于血虚证。重点是补脾胃及补气生血。

(2) 调理血行：根据血液运行出现的病理变化进行调理。血瘀则化，血寒则温，血热则凉，出血则止。

3. 气血双调

(1) 气血双补：适用于气血两虚证。

(2) 行气活血：适用于气滞血瘀证。

(3) 益气摄血：适用于气虚不能摄血所致的出血证。

六、调治脏腑

疾病在发生、发展过程中，往往会出现脏腑阴阳气血失调和脏腑的功能紊乱。因此调治脏腑，就成为中医治疗疾病的一项基本原则。

1. 调理脏腑阴阳气血 补虚泻实，以恢复脏腑阴阳气血的平衡。

2. 顺应脏腑的生理功能 根据脏腑的阴阳五行属性，气机升降出入规律等生理特性不同，在调理脏腑时，须顺应脏腑的生理特性而治，以恢复脏腑的生理功能。

3. 调理脏腑关系 人体是以五脏为中心的一个有机整体。在结构上不可分割，在生理上互相为用，在病理上也相互影响。所以在治疗脏腑病变时，不能单纯考虑一个脏腑，而应从整体观念出发，注意调整脏腑之间的关系。调理好脏与脏、脏与腑、腑与腑的协调关系。

七、三因制宜

三因制宜，包括因时制宜、因地制宜、因人制宜。疾病的发生、发展、变化与转归与季节气候、地域环境及个体的体质、性别、年龄等密切相关，因此，在治疗和护理疾病时，必须考虑这些因素，区别对待。这种因时、因地、因人的不同而采取不同的治疗和护理方法，称为"三因制宜"。

1. 因时制宜 指根据不同季节的气候特点来考虑用药的治疗原则。如同为感冒风寒证，在春夏季节，气候温热，人体腠理比较疏松而多汗，不宜过用辛温发散药，以免发汗太过，耗伤气津；秋冬季节，气候寒凉，人体腠理比较致密，可用辛温发散重剂。

2. 因地制宜 指根据不同地区的地理环境特点来考虑用药的治疗原则。如西北高原地区地势高、气候寒凉、少雨干燥，人体腠理致密，易外感风寒，用药可给予辛温解表重剂；而东南沿海地区地势低，气候温热，多雨潮湿，易外感湿热，多用辛凉解表和化湿法治疗。

3. 因人制宜 指根据患者年龄、性别、体质、生活习惯等不同特点来考虑用药的治疗原则。

(1) 年龄：年龄不同，其生理状况和病变特点亦不同。如老年人生机减退，气衰血少，患病多为虚证或虚中夹实，治疗宜补慎攻；小儿生机旺盛，脏腑娇嫩，气血未充，患病后易寒易热，易虚易实，病情变化较快，用药宜轻，慎补慎攻。

(2) 性别：男女性别不同，各有其生理病变特点。妇女有经带胎产诸疾；男子有阳痿、早泄、遗精等病，治疗和护理应有区别。

(3) 体质：人的体质有强弱、寒热之别。体质强者，患病多为实证，攻邪药量宜重；

体质弱者，患病多为虚证，祛邪药量宜轻；阳盛阴虚偏热之体，慎用温热药。阴盛阳虚偏寒之体，慎用寒凉药。

综上所述，因时、因地制宜强调了自然环境对人体的影响，因人制宜是指治病时不能孤立地看待病证，要考虑到不同人的特点。三因制宜的治疗原则，充分体现了中医治病的整体观、恒动观和辨证论治精神在实际应用中的原则性及灵活性。只有全面、动态地看问题，具体情况具体分析，因时、因地、因人制宜，确定正确的治疗原则和方法，才能取得理想的治疗和护理效果。

考点：中医治则包括哪几方面

第3节　治疗方法（治病八法）

治疗方法是在治疗原则指导下的具体治疗方法。常用的中医治疗方法有汗、吐、下、和、温、清、消、补八种，简称"八法"（表7-1）。

 链接

治疗原则与治疗方法

治则，是治疗疾病时必须遵循的基本原则。包括治病求本、扶正祛邪、调整阴阳、调理气血、调治脏腑和三因制宜等。它是在整体观念和辨证论治精神指导下制定的，对临床治疗立法、处方、用药，具有普遍的指导意义。

治疗原则与治疗方法不同，治疗原则是治疗疾病的总则，是确立治疗方法的依据，而治疗方法则是在治疗原则指导下的具体治疗方法，如汗、吐、下、和、温、清、消、补八法，它从属于一定的治疗原则。各种病证从邪正关系来说，都离不开邪正斗争及其消长、盛衰的变化，因而扶正祛邪就是治疗疾病的基本原则。在这个治疗原则指导下，虚证的病人，要确立扶正的治疗原则，从而分别采取益气、养血、滋阴、补阳等治疗方法；实证的病人，要确立祛邪的治疗原则，从而分别采取发汗、涌吐、攻下、散寒、清热、消导等治疗方法。

表7-1　中医治病八法

简称	全称	含义	适应证
汗法	解表法	运用发汗解表的方药解除表证的方法	外感表证
吐法	催吐法	运用涌吐的方药引邪由口中吐出的方法	邪在胃脘、胸膈以上的病证
下法	泻下法	运用泻下通便的方药逐邪外出的方法	邪结肠道等里实证
和法	和解法	运用和解或疏泄的方药祛病邪、扶正气、调和脏腑的方法	邪在少阳；表里、脏腑不和等病证
温法	祛寒温阳	运用温热的方药祛除寒邪的方法	里寒证
清法	清热法	运用寒凉的方药清除热邪的方法	里热证
补法	补益法	运用补养的方药消除虚证的方法	虚证
消法	消导法	运用消导、消散的方药治疗邪实积聚的方法	里实证

考点：中医治病八法

护考链接

1. 以下各项中，不属于"实者泻之"的是（ ）
   A. 温阳　　　B. 消食　　　C. 祛湿　　　D. 发汗　　　E. 泻下
   分析：温阳治法是属于虚则补之的治疗方法，故选 A。

2. 补益药治疗闭塞不通症状的病证，属于（ ）
   A. 通因通用　　B. 塞因塞用　　C. 热因热用
   D. 寒因寒用　　E. 热者寒之
   分析：塞因塞用适用于真虚假实病机的疾病，故选 B。

小结

1. 养生，就是根据生命的发展规律，采取能够保养身体，减少疾病，增进健康，延年益寿的手段所进行的保健活动。养生的基本原则是适应自然规律、重视精神调养、房事有节、注意形体锻炼、谨和五味、防止病邪侵害等。养生的主要方法是顺时养生、调神养生、惜精养生、饮食养生、传统健身、中药养生和针灸、推拿养生等。

2. 防治原则，包括早治防变及治疗疾病时必须遵循的各种基本原则。其中，早治防变包括未病先防及既病防变两个方面。预防为主是我国卫生工作的重要内容之一，未病先防主要通过养生以增强正气和防止病邪的侵害来实现。治疗原则，是治疗疾病时必须遵循的基本原则，它是在整体观念和辨证论治精神指导下制定的，对临床治疗立法、处方、用药，具有普遍的指导意义。治则包括治病求本、扶正祛邪、调整阴阳、调理气血、调治脏腑和三因制宜等。其中，治病求本是中医学治疗疾病的主导思想，是辨证论治的根本原则。临床运用"治病求本"这一原则时，必须正确掌握治标与治本、正治与反治及病治异同等三种方法。

3. 治疗方法是在治疗原则指导下的具体治疗方法。常用的中医治疗方法有汗、吐、下、和、温、清、消、补八种，简称"八法"。

自测题

一、选择题

A₁ 型题

1. 下列不属于顺应自然养生的是（ ）
   A. 用寒远寒，用热远热
   B. 春夏养阳，秋冬养阴
   C. 顺应四时调摄
   D. 昼夜晨昏调养
   E. 起居有常

2. 下列不属于既病防变方法的是（ ）
   A. 人工免疫　　　B. 早期诊断
   C. 早期治疗　　　D. 先安未受邪之地
   E. 阻截病传途径

3. "见肝之病，当先实脾"的治疗原则当属（ ）
   A. 早治防变　　　B. 治病求本
   C. 调理脏腑　　　D. 调理气血
   E. 三因制宜

4. 下列哪项属于正治法则（ ）
   A. 标本兼治　　　B. 塞因塞用
   C. 寒者热之　　　D. 因人制宜
   E. 寒因寒用

5. 下列哪项不属于逆治法则（ ）
   A. 热因热用　　　B. 寒者热之

C. 热者寒之　　　　D. 虚则补之
E. 实则泻之

6. "壮水之主，以制阳光"指（　　）
   A. 阴中求阳　　　　B. 阳中求阴
   C. 阳病治阴　　　　D. 阴病治阳
   E. 治寒以热

7. 攻补兼施治则适用于何证（　　）
   A. 虚证　　　　　　B. 真实假虚证
   C. 实证　　　　　　D. 真虚假实证
   E. 虚实夹杂证

8. "通因通用"适用于下列哪种病证（　　）
   A. 脾虚泄泻　　　　B. 肾虚泄泻
   C. 食积泄泻　　　　D. 气虚泄泻
   E. 寒湿泄泻

9. "老年慎泻，少年慎补"是根据什么确定的用药原则（　　）
   A. 因时制宜　　　　B. 因地制宜
   C. 因人制宜　　　　D. 标本同治
   E. 治病求本

10. 对阴寒内盛的实寒证，最宜采用的治法是（　　）
    A. 阴中求阳　　　　B. 以寒治寒
    C. 用寒远寒　　　　D. 寒因寒用
    E. 寒者热之

A_2 型题

11. 患者，女性，35 岁。渴喜冷饮，烦躁不安，便干尿黄，舌质红、苔黄，同时又见四肢厥冷、脉沉等症，应采用的治法是（　　）
    A. 缓则治本　　　　B. 急则治标

C. 虚则补之　　　　D. 寒者热之
E. 寒因寒用

12. 患者，女性，40 岁。月经漏下不止，经血色暗伴有血块已有 2 个月，小腹疼痛拒按，时见乏力倦怠，舌边尖、有瘀点，脉涩。对其应采用的治则是（　　）
    A. 祛邪　　　　　　B. 扶正
    C. 先祛邪后扶正　　D. 先扶正后祛邪
    E. 扶正与祛邪兼用

A_3 型题

（13～14 题共用题干）

患者，女性，45 岁。烦热，尿清长，头晕咽干，面浮红如妆，下肢厥冷，舌质淡、脉弱。

13. 其临床诊断是何证（　　）
    A. 寒热错杂证　　　B. 真热假寒证
    C. 真寒假热证　　　D. 里实寒证
    E. 里虚寒证

14. 此证治宜（　　）
    A. 热因热用　　　　B. 寒因寒用
    C. 塞因塞用　　　　D. 通因通用
    E. 以上都不适用

二、临床情境化任务

请同学们课后根据所学的"中医养生与防治原则"知识，结合校园内学生学习、生活特点和自己的实际情况，给自己制订一份合理的、切实可行的养生保健计划。

（侯世文）

第8章　中药与方剂

随着药源性疾病日益增加，人们开始呼唤回归大自然，希望用天然药物和绿色植物来治疗疾病和保健养生。有着数千年历史的中药所使用的植物、动物及矿物都来源于大自然，中药与方剂作为防病治病的有效武器经久不衰，正显示出独特的优势和强大的生命力，其在临床上的确切疗效，特别是对许多慢性病、疑难病是客观的和不可否认的。目前已在东南亚及日本、韩国等国得到广泛应用，100多个国家的患者接受中医药的治疗！

第1节　中药基本知识

案例 8-1

患者，男性，28岁。以"大便秘结3日"为主诉来诊。自述3天前曾进食大量香辣烘烤食品，3日来一直未排便，伴脘腹胀满，口干舌燥。脐腹按之有硬块，压痛阳性，无肌紧张及反跳痛，舌质红、苔黄燥起刺，脉沉实。辨为阳明腑实证，给予大承气汤治疗，服2剂后大便下，诸症皆消。

问题：如何理解方中大黄和芒硝的配伍关系？

中药是中国传统药物的总称。它是在中医学理论指导下，用以防病治病的天然药物及其简单加工品。包括植物药、动物药、矿物药及部分化学、生物制品类药物。其中植物药占大多数，故历来将中药称为"本草"。

链接

你知道"世界传统医药日"吗？

每年的10月22日是"世界传统医药日"。已有数千年历史的中药是世界传统医药的主要代表之一，为保障世界人民健康做出了巨大贡献，具有独特的优势。但由于过度采挖、放牧和大面积砍伐森林等原因，我国中草药资源正在大幅度减少，众多中药材产量稀少，甚至有很多已经处于濒危境况。如享有"十方九草"之美誉的中药甘草，过去在其主要产地内蒙古随处可见，如今却有2/3的地方已经绝迹，剩下的1/3也是量少质差。保护中药资源刻不容缓！

一、中药的性能

中药的性能又称药性，是对中药作用的基本性质和特征的高度概括，是依据用药后的机体反应归纳出来的。主要包括四气、五味、归经、升降浮沉、毒性等。

1. 四气 四气又称四性，即中药的寒、热、温、凉四种药性。温性或热性药属阳，能减轻或消除阴寒证；凉性或寒性药属阴，能减轻或消除阳热证（表 8-1）。

考点：中药的性能的概念

表 8-1 四气主要作用

四气	作用	主治
寒凉	清热泻火、凉血解毒、滋阴降火、疏散风热	热证
温热	温中散寒、补火助阳、发散风寒	寒证

考点：四气的概念

2. 五味 五味指辛、甘、酸、苦、咸五种药味。此外，还有淡味和涩味，通常将淡味附于甘味，将涩味附于酸味，故仍称五味。药味是对药物作用的高度概括，并不一定是口尝的真正滋味（表 8-2）。

表 8-2 五味主要作用

五味	作用	主治
辛	发散、行气、活血、化湿、开窍	表证、气滞、血瘀、湿阻、神昏窍闭
甘	滋补、和中、缓急	虚证、脾胃不和、拘挛疼痛、调和药性
酸、涩	收敛、固涩	虚汗、久泻、久咳、遗尿、遗精、带下
苦	泻火、燥湿、通泄、下降	热证、湿证、便秘、实证喘咳
咸	软坚、散结、泻下	瘰疬、痰核、痞块、燥结便秘
淡	渗湿、利尿	水肿、小便不利

考点：五味的概念和作用

性味是辨识药物功效的重要依据。每一种药物都具有性和味，因此就有了性味不同，功用不同的情况。如紫苏和薄荷，同为辛味药，均可发散。紫苏性温，故能解表散寒，用于风寒感冒；而薄荷性凉，故能发散风热，用于风热感冒。因此，只有认识和掌握药物的全部性能，才能全面准确地了解和使用药物。

3. 归经 归经是药物对于机体某部位的选择性作用。主要对某经（脏腑或经络）或某些经发生明显的作用，而对其他经作用则较小或没有作用。归经是以脏腑、经络理论为基础，以所治具体病证为依据而确定的。如枇杷叶能治咳喘而归肺经；蜈蚣能治痉挛抽搐等症状故归肝经等。

4. 升降浮沉 升降浮沉反映药物在人体内的作用趋势。一般分为升浮和沉降两类。它与疾病的病机或证候所表现出的趋势或趋向是相对而言的（表 8-3）。

表 8-3 升浮沉降主要作用

趋向	作用	主治
升浮 上升、发散	升阳、解表、催吐、开窍等	腹泻、脱肛、表证、宿食、窍闭神昏
沉降 下降、泄利	清热泻火、泻下通便、降逆止呕、潜阳熄风、利水渗湿	里热证、实热便秘、喘咳、呕吐呃逆、肝阳上亢、肝风内动、水肿

简言之，病位在上、在表者，病势下陷者宜升浮；病位在下、在里者，病势上逆者，宜沉降。

通过炮制可改变药物的升降浮沉之性，如酒炒则升、姜制则散、醋炒则收敛、盐炒则下行等。升降浮沉还受到配伍的影响，如少量升浮药在大量沉降药中能随之而降，少量沉

降药在大量升浮药中便随之上升。这说明药物的升降浮沉之性并非是固定不变的。

5. 毒性 毒性主要是指药物的毒性反应，用以反映药物的安全程度。古本草书籍在其药物性味之下标注的"大毒""小毒""有毒"，大都指药物的毒性反应的大小。认识中药的毒性，对减轻或消除药物有害作用，指导临床安全用药有着重要意义。

二、中药的用法

中药的用法，主要包括配伍、禁忌、剂量、煎服法等内容。

（一）配伍

根据病情及用药规律，将两种或两种以上药物配合应用，称为配伍。前人把单味药应用和药物之间的配伍关系总结为七个方面，称为药物"七情"，分别为单行、相须、相使、相畏、相杀、相恶、相反。药物"七情"，除单行外，都是临床配伍时必须加以注意的。①相须、相使有利于提高疗效，是临床常用的配伍方法，如石膏配知母能增强清热泻火的功效；以黄芪为主药，配伍茯苓，可增强黄芪补气利水的作用。②相畏、相杀在应用毒性药物时应酌情考虑，如生半夏与生姜配伍，其毒性能被生姜减轻或消除。③相恶、相反属配伍禁忌，人参的补气作用能被莱菔子削弱，故人参恶莱菔子。

> **案例 8-1 分析**
> 大黄性味苦寒，泻热通便，荡涤胃肠实热积滞；芒硝性味咸寒，泻热软坚，润燥通便。二药相须为用，可增强泻热通便之功效。

（二）禁忌

中药用药禁忌，主要有配伍禁忌、妊娠禁忌、服药禁忌三个方面。

1. 配伍禁忌 在用药配伍时，相恶、相反的药物为配伍禁忌。古人概括为"十八反""十九畏"。

> **链接**
>
> **中药的"十八反"与"十九畏"**
>
> "十八反"与"十九畏"是目前医药界共同认可的配伍禁忌，其内容如下。①十八反：甘草反甘遂、大戟、芫花、海藻；乌头反贝母、瓜蒌、半夏、白蔹、白及；藜芦反人参、沙参、丹参、细辛、芍药。②十九畏：硫磺畏朴硝；水银畏砒霜；狼毒畏密陀僧；巴豆畏牵牛子；丁香畏郁金；川乌、草乌畏犀角；牙硝畏三棱；官桂畏赤石脂；人参畏五灵脂。

2. 妊娠禁忌 损害胎元或引起胎漏、胎动不安、堕胎小产的药物为妊娠禁忌药物。妊娠期间应禁用毒性药或药性峻猛有损胎元的药物，如巴豆、牵牛子、水蛭、虻虫、麝香、甘遂、大戟、砒霜等；慎用祛瘀通经、行气破滞、攻下导积、辛热滑利的药物，如桃仁、红花、大黄、枳实、附子、肉桂等。

> **链接**
>
> **孕妇要慎用含有麝香的外用膏剂**
>
> 麝香为鹿科动物雄麝体下腹部腺香囊中的干燥分泌物，有开窍醒神、活血散结、催产下胎之功，内服、外用均可。因其水溶性成分有兴奋子宫作用，可引起流产，是孕妇禁用的药物。有妇科医生运用药物流产配合含麝香的外用膏剂明显提高流产成功率。可见，孕妇如随意贴含有麝香的外用膏剂，可能会引发流产。

3. 服药饮食禁忌 是药后调护的重要方面，俗称"忌口"。一般原则有两方面：一是忌食有刺激性及不易消化的食物，如生冷、油腻、腥膻、煎炸的食物；二是忌食对某些病证不利的食物，如消渴病宜忌糖、水肿病宜忌盐等。

（三）剂量

用药的重量称为剂量。主要指一剂药中每味药的成人一日内服量（或外用量）。用量是否得当将直接影响药效。剂量主要根据药物的性质、剂型、配伍及患者年龄、性别、体质、病情等具体情况而定。

除剧毒药、峻烈药、精制药及某些贵重药以外，一般单味中药常用内服剂量为 3～10g；部分药物的常用量较大，为 15～30g；新鲜药物的常用剂量加倍，为 30～60g。

（四）煎服法

中药煎服法正确与否，对疗效产生很大影响，因此需高度重视，认真对待。

1. 汤剂的煎法 汤剂是临床最常用的剂型，根据药物性质及病情的差异，应采取不同的煎药方法，医护人员应将汤剂的正确煎煮方法向患者交待清楚。

（1）器具：煎药以砂锅为佳，也可用搪瓷、陶瓷或玻璃器皿；忌用铁、铜等金属器具，以免受热后与某些药物发生化学反应，降低疗效，甚至产生毒性反应。

（2）用水：以新鲜洁净为基本前提，加水至超过药面 3～5cm 为宜。

（3）浸泡：冷水浸泡 30～60 分钟，目的是使水渗进药物内部。

（4）煎药用火：一般遵循"先武后文"的原则，在未沸腾前先用武火（大火），水沸后改为文火（小火），以免水分迅速蒸发，影响药物有效成分的煎出。

（5）煎药时间：见表 8-4。

表 8-4 中药煎煮时间

分类	第一煎于沸后煮	第二煎于沸后煮沸
一般药	30 分钟	25 分钟
解表药	20 分钟	15 分钟
滋补药	60 分钟	55 分钟

考点：汤剂煎药的器具、浸泡、用水、用火和时间等

（6）特殊煎法：某些药物因质地、性质不同，煎法比较特殊，处方上需加以注明（表 8-5）。

表 8-5 中药特殊煎法

煎法	药物	方法
先煎	质坚、介壳、矿物类，如龟板、石决明、生石膏	打碎先煎
后下	气味芳香或久煎会丧失有效成分的药物，如薄荷、木香、钩藤等	先进行浸泡，当其他药煎好前 4～5 分钟时入锅
包煎	细小种子、粉末状、花粉类药物，如车前子、滑石、蒲黄等	用纱布包好，再与其他药同煎
另煎	某些贵重药，如人参、鹿茸、羚羊角片等	切成小片单煎取汁，再与其他药混合服用
烊化	胶质、黏性大且易溶的药物，如阿胶、鹿角胶、芒硝等	单独溶化，趁热与煎好的药汁混合均匀口服
冲服	某些芳香、贵重药及不耐高温且难溶于水的药物，如麝香、三七等	研细末或取汁，用药液或温开水冲服
泡服	某些不耐高温煎煮的药物，如胖大海、番泻叶等	用开水泡服

2. 服药方法 中药的服药方法，分为口服给药、含漱给药、滴鼻给药、滴眼给药、滴耳给药、皮肤给药、肛门给药、阴道给药、注射给药。

(1) 口服药剂：临床使用中药的主要给药途经。口服给药的效果，除受到剂型等因素的影响外，还与服药时间、服药多少及服药温度有关。

①服药时间：一般药宜在饭后半小时后服用。峻下逐水药宜晨起空腹服用；攻下药、驱虫药及其他治疗胃肠道疾病的药物宜饭前服用；对胃肠道有刺激性的药物、消食药宜饭后服用；安神药、润肠通便药宜睡前服用；涩精止遗药宜在晚间服用。呕吐患者宜小量频服或稍加姜汁同服。急性病则不规定时间服用。

②服药量：a. 一般疾病服药，每日1剂，每剂分2～3次服用；b. 重病、急病者，可每隔4小时左右服药1次，昼夜不停，使药力持续；c. 发汗药、泻下药，应适可而止，一般以得汗、得下为度，以免汗下太过损伤正气；d. 呕吐病人服药宜小量频服，以免引起呕吐。

③服药温度：一般汤剂都宜温服。寒证用热药，宜于热服。热证用寒药，如热在胃肠，病人欲冷饮者，药可凉服；如热在其他脏腑，患者不欲冷饮者，寒药仍以温服为宜。

(2) 其他给药：中药的服药方法除口服给药外，常见的还有含漱给药、滴鼻给药、滴眼给药、滴耳给药、皮肤给药、肛门给药、阴道给药、注射给药等。

> 考点：①中药常用的服药方法有几种；②口服给药的时间、药量和温度

护考链接

1. 患者，女性，18岁，1天前受凉后自感恶寒，头身疼痛，有鼻塞、打喷嚏、流清涕、咽喉痒痛等症状，舌苔薄白，脉浮紧。医生为该患者开了3副药，患者询问护士煎药方法。护士告知患者每付药在第一煎、第二煎沸后各应（　　）

A. 煮80分钟，煮30分钟　　B. 煮60分钟，煮50分钟
C. 煮40分钟，煮20分钟　　D. 煮30分钟，煮25分钟
E. 煮20分钟，煮15分钟

点评：患者为风寒表证，服用的是解表药，解表药入汤剂不宜久煎，以免有效成分挥发而降低药效，第一煎应于水沸后煮20分钟，第二煎应于水沸后再煮15分钟，故选E。

2. 患者，男性，25岁。自述4天前参加烧烤聚会，进食大量油炸烘烤食品，4日来一直未排便，伴脘腹胀满，矢气频作，午后潮热，口干舌燥，纳食欠佳，夜寐尚可，小便自调。查脐腹按之有硬块，压痛阳性，无肌紧张及反跳痛，舌质红、苔黄燥，脉沉实。医生给予大承气汤治疗（生大黄12g、芒硝9g、枳实9g、厚朴12g）。护士告知患者服药时间应为（　　）

A. 饭前服　　B. 晨起空腹服　　C. 饭后服　　D. 睡前服　　E. 小量频服

点评：患者为阳明腑实证，服用的是攻下药，攻下药宜饭前服用，以利于药物的消化吸收，故选A。

三、常用中药

（一）常用中药分类简介

1. 解表药 凡以发散表邪、解除表证为主要功效的药物，称为解表药。

(1) 功效：解表药大多味辛发散，可使表邪从汗而解。根据解表药的药性不同，可分为辛温解表药和辛凉解表药两类（表8-6）。

第8章 中药与方剂

表 8-6 解表药分类

分类	功效	适用证
辛温解表药	性味辛温，发汗力强，有发散风寒功效	风寒表证，见恶寒重、发热轻、头身疼痛、舌苔薄白、脉浮紧等
辛凉解表药	性味辛凉，发汗力弱，有疏散风热功效	风热表证，见发热重、恶寒轻、咽干口渴、舌苔薄黄、脉浮数等

（2）服药护理：①解表药大多气味芳香，入汤剂不宜久煎，以免有效成分挥发而降低药效；②汤剂宜温服，服药后静卧，加盖棉被，或喝些热开水或热粥以助药力，促使微微出汗，但须注意保持衣被干爽，并注意休息，防止汗出当风；③饮食宜清淡易消化，多饮开水，忌食酸性食物，以免酸收而影响发汗效果；④注意观察病情，按时测量并记录体温、脉搏等，防止高热抽搐、虚脱或其他并发症。

案例 8-2

患者，女性，18岁。7天前月经干净后即出现白带量多、色黄、质稠，味臭难闻，伴心烦，纳呆，二便尚调。舌质红、苔黄腻，脉濡略数。

问题：①此病例辨为何证？②治疗上应首选哪种清热燥湿药物？③你会就此提出哪些辨证施护方法？

2. 清热药　凡以清泄里热为主要功效的药物，称为清热药。

（1）功效：清热药性多寒凉，具有清热泻火、凉血、解毒及清虚热等功效。主要用于里热证，症见高热、口渴、小便短赤、大便干燥、舌质红苔黄、脉数等。根据其性能及作用特点，可分为清热泻火药、清热燥湿药、清热解毒药、清热凉血药、清退虚热药五类（表8-7）。

表 8-7 清热药分类

分类	功效	适用证
清热泻火药	性味多甘寒，功效清热泻火	急性热病、温病邪入气分证，症见高热、汗出、烦渴、谵语、发狂、舌苔黄燥、脉洪数等，包括肺热、胃热、心热、暑热等多种实热证
清热燥湿药	性味苦寒	湿热病证，如湿热泻痢、黄疸、淋浊、带下、湿疮等功效清热燥湿
清热解毒药	性味多苦寒，功效清热解毒	各种热毒病证，如热病高热、斑疹、丹毒、疮痈、咽喉肿痛、热痢等
清热凉血药	性味多甘苦咸寒，功效清热凉血	温热病热入营血证，症见身热、烦躁不眠、神昏谵语、斑疹、吐血、衄血、便血、舌质红绛等
清退虚热药	性味多甘寒或苦寒，功效清退虚热	温热病后期，邪热未尽，阴液已伤而致夜热早凉，热退无汗；其他疾病因阴血不足所致的骨蒸潮热、盗汗、五心烦热、虚烦不眠、舌质红少苔、脉细数等虚热证

（2）服药护理：①保证房间良好的通风，根据病人发热程度调节室温，高热不退者，配合物理降温，汗出过多者应及时更换衣被，保持衣被干燥；②饮食以清补之品为宜，可多饮清凉饮料、果汁等；③中暑及高热汗出较多者，多饮含盐饮料，忌食辛辣、油腻之品；

④热病病人常见急躁易怒，要做好精神安慰工作；⑤严密观察发热程度、汗出情况、神志变化以及有无出血等，详细记录体温、呼吸、脉搏、血压等情况。

 **链接**

良药苦口话黄连

黄连是以苦著称的药物之一。因其色黄、根呈连珠状而得名。良药苦口利于病，是人们早已熟知的至理名言。黄连正是因其苦才在清热解毒方面具有很高的医疗价值。《神农本草经》将其列为上品。西医学也将它作为良好的苦味健胃药和治疗痢疾的特效药。更为有趣的是，就连蜜蜂采黄连花汁酿造的蜜，也与黄连有相同功效。难怪宋代有位诗人在阳春三月、百花争艳的时刻，唯见那色白如玉、娇嫩欲滴的黄连花，引来成群结队的蜜蜂逐香的情景，即兴作诗，为后人留下了"蜂闹黄连采蜜花"的佳句。

案例 8-2 分析
①证属湿热下注。②首选清热燥湿药黄柏：黄柏性味苦寒，苦能燥湿、寒能清热，常用治下焦湿热诸证。黄芩、黄连亦属清热燥湿药，但分别善治上焦和中焦湿热病变，故首选黄柏。③嘱患者注意个人卫生，保持外阴清洁干燥；进食清淡之品，忌食辛辣油腻；避免精神刺激，可听些轻音乐、聊聊天等以调节情绪。

3. 温里药 凡能温里散寒、治疗里寒证的药物，称为温里药。

（1）功效：温里药性味辛热，能温里散寒、助阳回阳。主要适用于寒邪内侵，阳气受困之里实寒证；或阳气衰微，阴寒内盛所致的面色苍白、畏寒肢冷、脘腹冷痛、呕吐泻痢、小便清长、舌淡苔白、脉沉细等里虚寒证；或大汗淋漓、四肢厥冷、脉微欲绝等亡阳证。

（2）服药护理：①要积极采取防寒保暖措施，提高室温，加厚衣被，以防风寒侵袭；②饮食宜以温补为主，如姜、葱、蒜、胡椒等，以加强药物的温中散寒效果，忌食生冷之品。

 案例 8-3

患者，男性，75岁。3年前开始出现大便秘结，数日一行，常口服"酚酞片"或泡服"番泻叶"暂时缓解。此次就诊时，已1周未排便，口服"酚酞片"及泡服"番泻叶"无效，时有腹痛、纳呆、腹胀、口渴欲饮。舌质红、有裂纹、无苔，脉细。

问题：①此病例辨为何证？②治疗上应首选哪种泻下药物？③你会就此提出哪些辨证施护方法？

4. 泻下药 凡能通利大便，排除肠内积滞和体内积水的药物，称为泻下药。

（1）功效：主要适用于大便秘结、胃肠积滞、实热内结、水饮停滞等里实证。根据泻下药作用与适用证的不同，可分为攻下药、润下药、峻下逐水药三类（表8-8）。

表8-8 泻下药分类

分类	功效	适用证
攻下药	性味多苦寒，泻下力较强，有攻下通便、降泻火热功效	热结便秘及火热上炎之里实热证
润下药	多为植物种子或种仁，富含油脂，有润燥滑肠的缓泻作用	年老体弱、病后、产后、津血亏虚、肠燥便秘证
峻下逐水药	均有毒，泻下力峻猛，能引起剧烈腹泻，部分药兼有利尿作用	水肿、胸腹积水、痰饮喘满等邪实而正气未虚的实证

(2) 服药护理：①服泻下药后，大多会引起腹痛、呕吐、便次增多等胃肠道反应，服药前应向病人交代清楚可能出现的症状，服药后要注意观察泻下物的形状、颜色、气味等，并做好记录；②饮食宜熟、烂、软鲜的半流质或软食，多食蔬菜、汤类、香蕉等润肠通便之物，通下后，以糜粥调理一二日，以助胃气。

案例 8-3 分析

①证属大肠液亏。②首选火麻仁。火麻仁性味苦平，主要适用于年老津枯、热病伤津等所致的肠燥津枯便秘。本案例患者75岁，年老津亏，为"无水行舟"的习惯性便秘，不宜用作用较强的泻下药，故首选火麻仁。③嘱患者饮食清淡，可适当进食粗纤维食物如玉米、芹菜以及有助通便的水果，如香蕉等；多喝水，忌食辛辣油腻；常进行腹部按摩，以促进肠蠕动。

5. 祛风湿药 凡以祛除风寒湿邪解除痹痛为主要功效的药物，称为祛风湿药。

(1) 功效：适用于风寒湿痹所致的筋骨疼痛、筋脉拘急、麻木重着、关节屈伸不利等病证。

(2) 服药护理：①本类药物多对胃肠道有刺激，宜饭后服用；②长期服用祛风湿药酒时，应严密观察病情，以防药物蓄积中毒，告知病人若有唇舌麻木、头晕、心悸等症状时，即为中毒反应，应立即停药。

6. 芳香化湿药 凡气味芳香、以化湿健脾为主要功效的药物，称为芳香化湿药。

(1) 功效：适用于脾为湿困、运化失常所致的脘腹胀满、呕吐泛酸、大便稀溏、食少体倦、舌苔白腻等证，对于湿温初起，痰湿壅盛者亦可选用。

(2) 服药护理：①本类药含挥发油而气味芳香，入汤剂不宜久煎，以免降低药效；②饮食忌肥甘厚腻，以免影响脾之运化。

7. 利水渗湿药 凡以通利水道、渗利水湿为主要功效的药物，称为利水渗湿药。

(1) 功效：适用于水肿、小便不利、淋病、湿温、黄疸、湿疮等水湿病证。

(2) 服药护理：①饮食宜清淡，可多食白菜、芹菜、马齿苋等有利尿作用的食物；②注意观察小便排出是否通畅、尿量变化以及水肿消退情况等。

链接

美容药食——薏苡仁

薏苡仁又称苡米，它既是利水渗湿的常用中药，又是人们生活中不可缺少的保健美食。每日喝一碗薏苡仁与多种杂粮共煮的"八宝粥"，可健脾益胃、健康长寿。药理研究已经证明薏苡仁具有抗肿瘤和增强免疫功能的双重作用。此外，薏苡仁还是一味美容价值较高的药用食品，每日取100g薏苡仁煮粥食用，可使皮肤光滑细腻、白净润泽。

8. 化痰止咳平喘药 凡以消除痰涎、减轻或制止咳嗽、喘息为主要功效的药物，称为化痰止咳平喘药。

(1) 功效：根据化痰止咳平喘药的不同性能，可分为温化寒痰药、清化热痰药、止咳平喘药三类（表8-9）。

表8-9 化痰止咳平喘药分类

分类	功效	适用证
温化寒痰药	性多温燥，有温化寒痰或燥湿化痰的功效	寒痰或湿痰所致的咳喘痰稀等病证
清化热痰药	性属寒凉而润，以清化热痰困或润燥化痰为主要功效	热痰或燥痰所致的咳喘痰稠、咳吐难等病证
止咳平喘药	主要有止咳或平喘的功效	咳嗽、喘息病证

（2）服药护理：①重点是观察咳喘的变化及痰的质、量、色、味及咳痰是否通畅。②病人痰多而咳出无力时，可给予翻身拍背，必要时将痰吸出；痰稠者，可让病人吸入水蒸气或雾化吸入，使痰液易于咳出。③病人宜多饮水，进食清淡易消化的食物，少食油腻，忌食过冷、过甜、过咸、辛辣等刺激性食品。

> **链接**
>
> 一味紫菀除便秘
>
> 北宋徽宗时宰相蔡京，因便秘痛苦异常，又怕损伤正气而不敢使用泻药大黄。众医束手无策，推荐既懂医理又做朝官的史堪为其诊治。史堪详细诊察一番，嘱人买回紫菀一味，碾成粉末，叫蔡京调水服下，奇效。蔡京惊喜万分，要史堪讲明道理。史堪说：这很简单，气与肺相连，肠乃肺之传送器官。因你所患便秘是由"肺气浊"造成的，现用紫菀给你清理肺气，这样大肠也随之通达，故药到病除。

9. 理气药 凡能疏畅气机，消除气滞的药物，称为理气药。其作用强烈者，又称破气药。

（1）功效：本类药物具有行气止痛、降逆止呕、疏肝解郁、破气消积等功效。适用于气机郁滞所致的各种病证。如脾胃气滞之脘腹胀痛、恶心呕吐、嗳气泛酸；肝气郁滞之胁肋胀痛、乳房胀痛、月经不调；肺气壅滞之胸闷咳喘等。

（2）服药护理：①理气药不宜久煎，以免芳香气味散发，影响药效；②饮食宜以温通类膳食为主，忌食生冷瓜果，以免影响药效发挥或损伤肠胃。

10. 止血药 凡以制止体内外出血为主要功效的药物，称为止血药。

（1）功效：适用于各种出血证。根据止血药的特点，有凉血止血、收敛止血、祛瘀止血、温经止血等不同作用。

（2）服药护理：①注意观察出血的部位、数量、颜色、次数，定时测量并记录血压、脉搏、呼吸等，如有变化，及时报告医生；②大出血时，要及时采取急救措施；③饮食宜易消化且富于营养，忌辛辣刺激之品，禁烟酒；④病人因出血易见精神紧张或恐惧，应注意做好精神调护。

11. 活血祛瘀药 凡以通利血脉、促进血行、消散瘀血为主要功效的药物，称为活血祛瘀药。

（1）功效：其作用强烈者，又称破血逐瘀药。适用于血行不畅、瘀血阻滞之证。

（2）服药护理：①本类药物宜饭后服用或适当配伍消食健胃药，以助药物吸收；②宜食温通类食物，忌用滋腻之品；③伴疼痛者应注意观察疼痛程度，做好精神安慰工作。

12. 补益药 凡以补益人体气血阴阳不足，消除虚弱证候为主要功效的药物，称为补益药或补虚药。

（1）功效：主要适用于正气虚衰和正虚邪实或病邪未尽、正气已衰的病证。根据补益药性能与适应范围，可分为补气药、补血药、补阴药、补阳药四类（表8-10）。

表8-10 补益药分类

分类	功效	适用证
补气药	性味甘温，主要有补肺气、益脾气功效	脾肺气虚证。症见食少便溏、倦怠乏力、少气懒言、动则气喘等
补血药	性味甘温或甘平，以滋补生血为主要功效	血虚证。症见面色萎黄不华，唇、舌、指甲色淡，头晕眼花等

第8章 中药与方剂

续表

分类	功效	适用证
补阴药	性味甘寒，质多滋润，以滋养阴液、生津润燥为主要功效	阴虚证。症见干咳少痰，咽干口渴，两目干涩，潮热盗汗等
补阳药	性多温热，以温补肾阳为主要功效	肾阳虚证。症见神疲畏寒、腰膝酸软或冷痛、尿频遗尿、不孕不育等

(2) 服药护理：①本类药物入汤剂宜文火久煎以增强疗效；②需长期服用方能见效，应指导病人坚持用药；③药物宜饭前空腹服用，以利吸收；④忌食辛辣、油腻、生冷及纤维素多不易消化的食物。

链接

壮壮怎么了？

两岁的壮壮聪明漂亮，人见人爱。可体质太差，隔三差五就往医院跑，妈妈既心痛，又心急。想到电视上"人参能增强抵抗力"的广告，又常听说人参炖老母鸡是大补，于是立即动手，连鸡肉带人参让壮壮吃了一小碗。可吃后不到3个小时，壮壮又哭又闹，脸红得像个小关公，小鼻子还直流血！妈妈赶紧抱起壮壮上医院。医生告诉妈妈："这是人参中毒，人参中毒表现为全身发热、眩晕、胸闷气短、严重抽搐，甚至死亡。鼻子出血是人参中毒最明显的症状。"壮壮妈妈真是后悔不已。所以，小儿千万不可乱补人参！

"中国的妇科人参"——当归

中药当归有补血活血、调经止痛、润肠通便等功效，是妇科常用药，被欧洲医学界誉为"中国的妇科人参"。早在1700多年前甘肃省岷县就有了种植当归的记载，"岷归"因其质量最佳、含量丰富、产量最大、销量最广而驰名中外，远销东南亚、港澳台及欧美等20多个国家和地区。补血基本方"四物汤"中就有当归，它是女性健康的守护者！

13. 收涩药 凡以收敛固涩为主要功效的药物，称为收涩药或固涩药。

(1) 功效：本类药味多酸涩，分别具有收敛止汗、敛肺止咳、涩精缩尿、固崩止带、涩肠止泻等作用。主要适用于久病体虚、正气不固所致的自汗、盗汗、久咳虚喘、遗精、滑精、尿频、遗尿、崩漏、带下、久泻、久痢等气、血、精、津液耗散滑脱的病证。

(2) 服药护理：膳食宜平补，忌食生冷寒凉之品。

14. 消导药 凡以健运脾胃、促进消化、消除宿食积滞为主要功效的药物，称为消导药。

(1) 功效：主要适用于食积不化所致的脘腹胀满、嗳腐吞酸、恶心呕吐、大便失常及脾胃虚弱、消化不良等证。

(2) 服药护理：①本类药物一般宜饭后服用；②少食多餐，膳食以平补而易于消化的半流质或软食为宜，忌食生冷、硬物、肥甘厚味之品；③注意观察病人腹痛及大便形状等变化。

链接

长寿减肥话山楂

相信很多人都吃过山楂片、山楂卷、山楂汁等山楂制品，它们酸甜可口，营养丰富。

常食能增强食欲，改善睡眠，保持骨骼和血液中钙的恒定，预防动脉粥样硬化，使人延年益寿，因此也被人们视为"长寿食品"。而山楂减肥茶更是受到肥胖者的青睐，取山楂、麦芽各30g，决明子15g，茶叶、荷叶各6g。先将山楂、麦芽、决明子同置锅内加水煎煮30分钟，然后加入茶叶、荷叶再煮10分钟。共煎2次，将2次药汁混合当茶饮，每日1剂，连服10天。适于肥胖病、冠心病、高血脂等患者服用。

15. 平肝息风药 凡以平肝潜阳、息风止痉为主要功效的药物，称为平肝息风药。

（1）功效：主要适用于肝阳上亢、头晕目眩及肝风内动、惊痫抽搐等证。

（2）服药护理：①本类药物宜饭后服用；②注意生活护理，眩晕病人服药后，要静卧调养，避免情绪波动；③惊痫、痉厥病人，要注意观察其血压、脉搏、神志、瞳孔等变化，发现异常立即报告医生，妥善处理。

16. 开窍药 凡以开窍醒神为主要功效的药物，称为开窍药。

（1）功效：本类药物味辛芳香，能通关开窍，启闭醒神。适用于热入心包或痰阻清窍所致的神昏谵语以及惊痫、卒中等病出现突然昏厥等内闭实证。

（2）服药护理：①本类药物宜少量频服；②要密切注意体温、脉搏、呼吸、血压等变化；③昏迷病人要保持呼吸道通畅，鼻饲给药后，要注意口腔护理。

17. 安神药 凡以安定神志为主要功效的药物，称为安神药。

（1）功效：根据属性的不同，安神药分为养心安神药和重镇安神药两类（表8-11）。

表8-11 安神药分类

分类	功效	适用证
养心安神药	种子类植物药，质润，有养心安神功效	心肝血虚，血不养心所致的心悸、怔忡、虚烦不眠、健忘多梦等
重镇安神药	多为矿物类、介类药物，有重镇安神功效	心神不宁、躁动不安等实证

（2）服药护理：①宜睡前半小时服药，以提高疗效；②饮食以清淡可口、少刺激为原则，勿过饮，忌辛辣、肥甘、烈酒、浓茶、咖啡等；③加强对病人的精神护理，解除心理负担，消除紧张情绪，保持心态平和，以利睡眠。

18. 驱虫药 凡以驱除或杀灭体内寄生虫为主要功效的药物，称为驱虫药。

（1）功效：主要适用于肠道寄生虫病，如蛔虫病、蛲虫病、绦虫病、钩虫病等。

（2）服药护理：①驱虫药一般应在早晚空腹时服，以使药力充分作用于虫体，增强药效；②服药后注意观察虫体排出情况，特别是驱绦虫时，要确保虫体全部排出；忌食油腻之品，驱虫后要注意调理脾胃功能。

19. 外用药 凡以外用为主要使用形式的药物，称为外用药。

（1）功效：外用药具有解毒疗疮、化腐生肌、排脓消肿、杀虫止痒等功效。主要用于外科、伤科、皮肤科及五官科之痈疽疮疡、疥癣、湿疹、麻风、梅毒、目赤肿痛、咽喉肿痛、毒蛇咬伤等。主要应用形式有局部涂搽、敷贴、熏洗、点眼、吹喉等。

（2）服药护理：外用药多具有毒性，无论外用或内服，均应需注意观察毒性反应。

(二)常用中药简表(表8-12)

表8-12 常用中药

分类	药名	性味	功用	用量用法
解表药	麻黄	辛、微苦、温	发散风寒、宣肺平喘,用于风寒表实无汗证、外感喘咳	2~10g,煎服
	桂枝	辛、甘,温	发散风寒、温经通阳,用于风寒表证、风湿痹痛	3~10g,煎服
	紫苏	辛,温	发散风寒、行气宽中,用于风寒表证,气滞胸闷、咳喘	5~10g,煎服,不宜久煎
	生姜	辛,微温	发散风寒、温中止呕、止咳,用于风寒表证,胃寒呕吐、风寒咳嗽。有"呕家圣药"之称	3~10g,煎服或捣汁冲服
	桑叶	甘、苦,寒	发散风热、清肝明目、清肺润燥,用于风热表证,目赤肿痛、肺热燥咳	5~10g,煎服或入丸散剂,外用煎水洗眼
	菊花	辛、甘、苦,微寒	发散风热、平肝明目、清热解毒,用于风热表证,眩晕、目赤、疮疡肿毒	5~10g,煎服或入丸散剂
	薄荷	辛,凉	发散风热、清利头目、利咽透疹,用于风热表证,头痛、目赤咽痛、麻疹	3~6g,煎服,宜后下
	柴胡	苦、辛,微寒	和解退热、疏肝解郁、升阳举陷,用于寒热往来、外感发热、肝气郁结、气虚下陷。为治疗少阳证之要药	3~10g,煎服
清热药	石膏	辛、甘,大寒	清热泻火、除烦止渴、收敛生肌,用于气分实热证,肺热咳嗽、胃火牙痛、疮疡不敛	15~60g,生石膏打碎先煎,煅石膏研末外用
	知母	苦、甘,寒	清热泻火、滋阴润燥,用于气分实热证、阴虚发热、燥咳、消渴	6~12g,煎服
	栀子	苦,寒	泻火除烦、清热利湿、凉血止血,用于热病心烦,湿热黄疸、淋证、血热出血。为治疗湿热黄疸和湿热淋证的常用药	5~10g,煎服
	黄芩	苦,寒	清热燥湿、泻火解毒、止血、安胎,用于湿热证,肺热咳嗽、血热出血、胎热不安。善清肺火及上焦实热	3~10g,煎服
	黄连	苦,寒	清热燥湿、泻火解毒,用于湿热证及实火证。善治胃肠湿热之吐泻	2~5g,煎服,外用适量
	黄柏	苦,寒	清热燥湿、泻火解毒、退热除蒸,用于湿热证及热毒证、阴虚发热、盗汗。尤善治下焦湿热证	3~12g,煎服
	金银花	甘,寒	清热解毒、疏散风热,用于热毒疮痈、风热证	6~15g,煎服
	连翘	苦,寒	清热解毒、消痈散结,用于热毒病证、痈疮疖肿古人称之为"疮家圣药"	6~15g,煎服
	板蓝根	苦,寒	清热解毒、凉血利咽,用于热毒病证、热病斑疹、丹毒、喉痹、痄腮	10~15g,煎服
	地黄	甘、苦,寒	清热凉血、养阴生津,用于热入营血、阴虚内热、肠燥便秘	10~30g,煎服
	玄参	苦、甘、咸,寒	清热凉血、养阴润燥、散结,用于热入营血,阴虚燥咳、便秘咽痛、瘰疬	10~15g,煎服
	地骨皮	甘、淡,寒	清虚热、凉血清肺,用于阴虚发热、血热出血、肺热咳嗽	10~15g,煎服
	青蒿	苦、辛,寒	清虚热、解暑、凉血、截疟,用于阴虚发热、暑热、血热、疟疾	6~12g,煎服,不宜久煎

续表

分类	药名	性味	功用	用量用法
温里药	附子	辛、甘,大热,有毒	回阳救逆、补火助阳、散寒镇痛,用于亡阳厥逆、肾阳虚证、寒痹	3～15g,煎服,先煎0.5～1小时
	肉桂	辛、甘,热	补火助阳、散寒止痛、温通经脉,用于肾阳不足、中焦虚寒、寒痹	1～5g,煎服,宜后下
泻下药	大黄	苦,寒	泻下通积、泻火解毒、活血祛瘀、利湿退黄,用于热结便秘、热毒疮疡、瘀血证、黄疸。为治疗积滞便秘之要药	3～30g,煎服,入汤剂宜后下或开水泡服。外用适量
	番泻叶	甘、苦,寒	泻下导滞,用于热结便秘、习惯性便秘及老年便秘	2～6g,入煎剂宜后下;或开水泡服
	火麻仁	苦,平,有毒	润肠通便、滋养补虚,用于肠燥便秘、血亏津枯便秘	10～15g,打碎后煎服
	巴豆	辛,热,有毒	泻下逐水、祛痰利咽、外用蚀疮,用于胸腹腔积水、喉痹、恶疮顽癣	0.1～0.3g,入丸散剂。外用适量
祛风湿药	独活	辛、苦,微温	祛风除湿、发散风寒,用于风湿痹痛、风寒表证。性善下行,尤以下半身的肌肉、关节疼痛最为适宜	3～10g,煎服。外用适量
	木瓜	酸,温	舒筋活络、化湿和胃,用于筋脉拘挛、湿阻呕吐、腹泻。为治久风顽痹、筋脉拘挛之要药	6～10g,煎服
	桑寄生	苦、甘,平	祛风湿、补肝肾、强筋骨、安胎,用于风湿痹痛、筋骨痿软、胎动不安	9～15g,煎服
芳香化湿药	藿香	辛,微温	化湿、止呕、解暑,用于湿困脾胃、呕吐、暑湿表证	3～10g,煎服
	苍术	辛、苦,温	燥湿健脾、祛风除湿、养肝明目,用于湿困脾胃、风寒表证、湿痹、夜盲	3～10g,煎服
	厚朴	辛、苦,温	燥湿、行气、消胀、平喘,用于湿困脾胃、湿阻气滞、胸闷咳喘	3～10g,煎服
	砂仁	辛,温	化湿行气、温中止泻、安胎,用于湿困脾胃、脾胃气滞、呕泻、胎动不安	3～6g,煎服,宜后下
利水渗湿药	茯苓	甘、淡,平	利水渗湿、健脾、安神,用于水肿、小便不利、脾虚泄泻、失眠	9～15g,煎服
	薏苡仁	甘、淡,微寒	利水渗湿、健脾除痹、清热排脓,用于水肿、小便不利、风湿痹痛、肺痈、肠痈	9～30g,煎服
	车前子	甘,寒	利尿通淋、清肝明目、清肺化痰,用于热淋、小便不利、肝热目赤、肺热咳嗽	9～15g,煎服,宜包煎
	滑石	甘、淡,寒	利尿通淋、清热解暑、祛湿敛疮,用于热淋、小便不利、暑热、湿疹、湿疮	10～20g,煎服,宜包煎。外用适量
	金钱草	甘、淡,微寒	利湿退黄、排石通淋、解毒消肿,用于湿热黄疸、热淋、石淋、恶疮肿毒	15～60g,煎服。外用适量
化痰止咳平喘药	半夏	辛,温,有毒	燥湿化痰、降逆止呕、消痞散结,用于寒痰、湿痰、寒饮呕吐、梅核气、结胸证。为化痰、止呕要药	3～10g,煎服
	川贝母	苦、甘,微寒	清化热痰、润肺止咳、散结消肿,用于咳嗽证、瘰疬、疮痈。尤宜用于内伤久咳、燥痰、热痰证	3～10g,煎服
	苦杏仁	苦,微温,有小毒	止咳平喘、润肠通便,用于咳嗽气喘、肠燥便秘。为治咳喘要药	5～10g,煎服,宜打碎入煎。生品宜后下

续表

分类	药名	性味	功用	用量用法
理气药	陈皮	辛、苦,温	理气健脾、燥湿化痰,用于脾胃气滞、湿痰、寒痰。为治痰要药	5~10g,煎服
	木香	辛、苦,温	行气止痛,用于脾胃气滞、泻痢腹痛。为湿热泻痢里急后重之要药	3~10g,煎服
	香附	辛、微苦,平	疏肝理气、调经止痛,用于肝气郁滞、月经不调。为妇科调经要药	5~10g,煎服
止血药	白及	苦、甘、涩,寒	收敛止血、消肿生肌,用于出血而无明显瘀滞者,多用于肺胃出血、疮痈、疮口不敛	6~10g,煎服研末服,每次3~6g。外用适量
	小蓟	苦、甘,凉	凉血止血、散瘀消痈、利尿,用于血热出血、血尿、热毒疮疡	5~10g,煎服。外用鲜品适量
	三七	甘、微苦,温	祛瘀止血、活血定痛,用于出血而兼瘀滞者、跌打损伤、血瘀疼痛。为止血良药、伤科要药	3~10g,煎服;研末服,每次1~2g。外用适量
	艾叶	苦、辛,温,有小毒	温经止血、散寒镇痛,用于虚寒性出血、虚寒痛经、月经不调。为虚寒性崩漏出血之要药	3~10g,煎服。外用适量
活血祛瘀药	丹参	苦,微寒	活血祛瘀、凉血消痈、安神,用于瘀血阻滞、热毒痈疮、热病神昏。为妇科要药及活血祛瘀之要药	5~15g,煎服
	川芎	辛,温	活血行气、祛风镇痛,用于血瘀气滞疼痛、风湿痹痛。为妇科活血调经之要药及治疗头痛要药	3~10g,煎服
	益母草	苦、辛,微寒	活血调经、利水消肿,用于妇科瘀滞证、水肿、小便不利。为妇科经产要药	10~30g,煎服;或熬膏、入丸剂。外用适量
补益药	人参	甘、微苦,微温	大补元气、补脾益肺、生津、安神,用于元气虚脱证、脾肺肾气虚证、消渴、心悸失眠	3~10g,另煎兑入汤剂服
	黄芪	甘,微温	补气升阳、固表、利水、托毒生肌,用于脾胃气虚、中气下陷、自汗、疮溃不敛、水肿。为补益中的要药	9~30g,煎服
	白术	苦、甘,温	补气、利水、固表、安胎,用于脾胃虚弱、水肿泄泻、自汗、胎动不安	6~12g,煎服
	熟地黄	甘,微温	补血滋阴、益精补髓,用于血虚证、肝肾阴虚、精血亏虚	9~15g,煎服
	当归	甘、辛,温	补血、活血、调经、润肠,用于血虚证、月经不调、肠燥便秘。为补血要药、妇科要药	6~12g,煎服
	北沙参	甘,微寒	养阴润肺、益胃生津,用于肺胃阴虚	5~10g,煎服
	枸杞子	甘,平	补肝肾、益精明目,用于肝肾阴虚、头昏目暗	6~12g,煎服
	肉苁蓉	甘、咸,温	补肾阳、益精血、润肠燥,用于肾阳不足、精血亏虚、肠燥便秘	10~15g,煎服
	杜仲	甘,温	补肝肾、强筋骨、安胎,用于肾阳不足、胎动不安。为治肝肾不足之要药	6~10g,煎服
收涩药	五味子	酸、甘,温	敛汗、敛肺、固精、生津,用于虚汗、久咳、久泻、遗精	1.5~6g,煎服
	山茱萸	酸,温	涩精固脱、补益肝肾,用于大汗虚脱、遗精、尿频、肝肾亏损。为补益肝肾的要药	5~10g,煎服
	莲子	甘、涩,平	补脾益肾、止泻、止带,用于脾虚久泻、遗精、带下	5~15g,煎服

续表

分类	药名	性味	功用	用量用法
消导药	神曲	甘、辛,温	消食和胃、解表,用于饮食积滞、外感食滞	6～15g,煎服
	麦芽	甘,平	消食、健脾、回乳消胀,用于米面薯芋食滞以及妇女断乳用或乳汁郁积乳房胀痛	10～15g,大剂量30～120g,煎服
	山楂	酸、甘,微温	消食健胃、活血散瘀,用于肉食积滞、产后瘀阻腹痛	10～15g,煎服
平肝熄风药	天麻	甘,平	息风止痉、平肝潜阳、祛风止痛,用于肝风内动、肝阳眩晕、痹痛肢麻。为止眩晕要药	3～10g,煎服
	钩藤	甘,微寒	息风止痉、清热平肝,用于肝风内动、头痛眩晕。为治肝风内动、惊痫抽搐之要药	10～15g,煎服,入煎剂宜后下
	牡蛎	咸,微寒	平肝潜阳、软坚散结、收敛固涩,用于阴虚阳亢、瘰疬、痰核、虚汗、遗精	10～30g,煎服,宜打碎先煎
	石决明	咸,寒	平肝潜阳、清肝明目,用于肝阳上亢、肝火目赤。为凉肝、镇肝之要药,也为目疾之常用药	3～15g,煎服,宜打碎先煎
开窍药	麝香	辛,温	开窍醒神、活血通经、催产,用于神昏窍闭、疮肿、死胎不下。为醒神回苏之要药	0.06～0.1g,入丸散剂。不宜入煎剂。外用适量
	石菖蒲	辛,温	开窍豁痰、化湿和胃、安神聪耳,用于痰湿蒙蔽清窍、湿阻腹胀、健忘、耳聋	5～10g,煎服。外用适量
安神药	朱砂	甘,寒,有毒	清心镇惊、安神解毒,用于惊悸、癫痫、疮疡肿毒	0.1～0.5g,入丸散剂或研末冲服。外用适量
	酸枣仁	酸、甘,平	养心安神、敛汗,用于虚烦不眠、自汗、盗汗	9～15g,煎服
	柏子仁	甘,平	养心安神、润肠通便,用于虚烦失眠、肠燥便秘	3～10g,煎服
驱虫药	使君子	甘,温	杀虫消积,用于蛔虫、蛲虫、小儿疳积	9～12g,捣碎入煎剂
	苦楝皮	苦,寒,有毒	杀虫、疗癣,用于蛔虫、蛲虫、钩虫、疥癣湿疮。为驱杀蛔虫之良药	4.5～10g,煎服。外用适量
	槟榔	苦、辛,温	杀虫消积、行气利水,用于多种肠道寄生虫病、食积气滞、泻痢后重、水肿。以驱杀绦虫为佳	3～10g,煎服
外用药	硫黄	酸,温,有毒	外用解毒杀虫疗疮,用于疥疮、顽癣,为治疥疮要药;内服补火助阳通便,用于肾虚喘咳、便秘	外用适量。内服1～3g,炮制后入丸散剂,不宜多服、久服
	蛇床子	辛、苦,温,有小毒	温肾壮阳、杀虫止痒、祛风燥湿,用于肾阳衰微、湿疹湿疮,寒湿带下	3～10g,煎服;或入丸散剂。外用15～30g,水煎熏洗

四、常用中成药

中成药是指以中草药为原料,经制剂加工制成各种不同剂型的中药制品,包括丸、膏、片、散等各种剂型,是随时可以取用的现成药品(表8-13)。

表 8-13　常用中成药

分类	功效	名称
解表	辛温解表	小青龙合剂、九味羌活丸、川芎茶调散、参苏丸、通宣理肺丸
	辛凉解表	银翘解毒丸、桑菊感冒片、小柴胡颗粒、连花清瘟胶囊
	解表消食	小儿至宝锭、消食苏风丸、甘露茶
	解表化湿	藿香正气水（丸、胶囊）
	表里双解	防风通圣丸、葛根芩连片、双解香苏丸、普济散
清热	清热泻火	上清丸、夏枯草丸、龙胆泻肝丸
	清热燥湿	香连丸、苦参丸、白带丸、利胆排石片
	清热解毒	清热解毒口服液、牛黄解毒片（丸）、六神丸、紫金锭
	清热凉血	紫草丸、复方大青叶合剂、清热凉血膏
温里	温中散寒	理中丸、附子理中丸、黄芪建中丸
	回阳救逆	回阳救急丸、四逆注射液、参附注射液
	温经散寒	温经丸、虚寒胃痛冲剂、艾附暖宫丸
泻下	清热通便	调胃承气丸、通便灵冲剂、当归龙荟丸
	温中通便	半硫丸、三物备急丸
	温肠通便	麻仁丸、麻仁润肠丸、五仁润肠丸
祛风湿	祛风散寒除湿	蕲蛇药酒、追风丸、风湿药酒、追风透骨丸、祛风胜湿酒
	祛风清热除湿	湿热痹冲剂、当归拈痛丸
	祛风除湿、强筋壮骨	独活寄生丸、大活络丹、国公酒、五加皮酒
利湿	燥湿化浊	平胃散、香薷丸、香砂平胃冲剂、健胃散
	渗湿利水	五苓散、胃苓散、五皮丸
	温阳利水	真武丸、济生肾气丸
	清热利湿	三金片、利胆片、护肝宁片
	峻下逐水	十枣丸、消水导滞丸、舟车丸
止咳化痰平喘	燥湿化痰	二陈丸、半夏止咳糖浆、杏苏止咳冲剂、川贝枇杷膏
	温化寒痰	苏气降气丸、射干麻黄丸、小青龙冲剂（糖浆）
	清化热痰	泻白丸、急支糖浆、罗汉果止咳冲剂、蛇胆川贝枇杷膏
	润燥化痰	百合固金丸、养阴清肺膏
	化痰散结	消瘰丸、礞石滚痰丸
理气	理气止痛	越鞠丸、香砂六君子丸、槟榔顺气丸、良附丸
止血	收敛止血	十灰散、四生丸、仙鹤草膏、止血散
	祛瘀止血	云南白药（胶囊）
活血	活血化瘀	血府逐瘀丸、冠心苏合丸、复方丹参片、元胡止痛片
	活血调经	乌鸡白凤丸、生化汤丸、益母草流浸膏、保坤丸
	活血消癥	桂枝茯苓丸、乳癖消片、鳖甲煎丸
	通经下乳	下乳涌泉散、通乳冲剂
	疗伤止痛	跌打丸、七厘散、三七伤药片、接骨散

续表

分类	功效	名称
补益	补气	四君子丸、补中益气丸、参苓白术丸、玉屏风颗粒
	补血	四物丸、阿胶补血膏、归参补血片、维血宁冲剂
	气血双补	八珍丸、归脾丸、十全大补丸、人参鹿茸片
	补阴	六味地黄丸、杞菊地黄丸、知柏地黄丸、石斛夜光丸
	补阳	金匮肾气丸、右归丸、艾附暖宫丸
	阴阳双补	龟鹿二仙丸、鹿茸大补丸、健肾壮腰丸
固涩	固表止汗	玉屏风散、当归六黄散、柏子仁丸
	涩肠止泻	四神丸、健脾止泻糖浆
	涩精止遗	锁阳固精丸、桑螵蛸散、金锁固精丸、缩泉丸
	收涩止带	千金止带丸、除湿白带丸
消导	消积导滞	保和丸、香砂养胃丸、木香顺气丸、大山楂丸
	消痞化积	化积丸、枳实消痞丸、补脾益肠丸、小儿化积丸
息风	息风镇痛	牛黄清心丸、再造丸、牵正散、紫雪（散）、养血清脑颗粒、正天丸
开窍	开窍醒神	安宫牛黄丸、局方至宝丹、冠心苏合丸、苏冰滴丸
安神	重镇安神	朱砂安神丸、宁神定志丸、清脑安神丸
	养心安神	天王补心丹、柏子养心丸、酸枣仁合剂、养血安神片
驱虫	杀虫驱虫	使君子丸、乌梅丸、肥儿丸、小儿千金散
外用	外用	冰硼散、如意金黄散、紫金锭、生肌玉红膏

第 2 节　方剂基本知识

方剂，是在辨证审因确定治法之后，选择合适的药物及剂量，按照组方结构的要求，配伍而成的用药方法。方剂是中药应用的主要形式。

一、方剂的组成原则

方剂的组成，不是简单的将药物堆砌，而是按照一定的组方原则组成的。方剂的组成原则，根据其在方中的作用和地位不同，概括为"君、臣、佐、使"药（表 8-14）。方剂的组成就好比一盆菜：君药相当于主菜，臣药相当于配菜，佐药相当于佐料，使药相当于调料。方剂的组成中，君药不宜过多，一般只用一、二味，臣药、佐药药味较多，使药一般也只用一、二味。

表 8-14　方剂组成原则

组方原则	作用	特点	举例（四君子汤）
君药	针对主病（或主证）起主要作用	药力居首，用量较大	人参（补气健脾）
臣药	①加强君药的作用；②治疗兼病或兼证	药力、用量较小	白术（补气健脾燥湿）
佐药	①佐助：加强君、臣药的作用，或治疗次要兼证；②佐制：消除或减缓君、臣药的毒性、烈性	药力更小，用量较轻	茯苓（健脾渗湿，佐助药）
使药	①引经：引领方中各药到达病所；②调和：调和方中各药的药性、药味	用量较轻	炙甘草（调和诸药）

二、方剂的变化规律

方剂的组成，虽有原则，但应根据病情等给予灵活变化，才能收到更好的效果。

1. 药味加减 即君药不变，增减臣药、佐药等。用于主证不变，而兼证（症）不同。如四君子汤主治脾胃气虚证，如兼咳嗽痰多，则加半夏、陈皮燥湿化痰，名为六君子汤。败毒散中有人参，主治气虚感冒，如为风寒感冒，则去人参，加荆芥、防风，名为荆防败毒散等。

2. 配伍变化 即君药不变，配伍不同的臣药，方剂的主要作用也随之不同。如麻黄配桂枝，辛温解表，主治风寒表证，名为麻黄汤；而配石膏则清肺平喘，主治肺热喘咳，则名为麻杏甘石汤。

3. 药量变化 即药物不变，用量改变，方剂的功效、主治亦随之改变。如小承气汤和厚朴三物汤，均由大黄、枳实、厚朴三味药组成，但小承气汤中大黄用量最大，以泻热通便为主，主治热结便秘；厚朴三物汤中则厚朴用量最大，以行气消胀为主，主治气滞腹胀。

4. 剂型更换 即方剂的组成不变，更换了剂型。急性病、重症用汤剂或注射剂，起效快，而慢性病、轻症则可用丸剂、片剂，药力持久，且携带、服用方便。如感冒重症用银翘散的汤剂较好，而轻症可用银翘片等。

三、常 用 剂 型

剂型，是指根据病情和药物的特点，制成一定的形状类型。传统剂型有汤剂和膏、丹、丸、散等，现代剂型有片剂、胶囊、注射剂等。

1. 汤剂 是将中药饮片加水等煎煮去渣取汁而成的液体剂型。主要供内服，亦可外用。汤剂因其药物的组成可根据病情灵活加减变化，且起效快，因此是最常用的剂型之一。

2. 膏剂 药物用水或植物油煎熬去渣而制成。有内服和外用两种，内服的一般称药膏，服用方便，如治疗阴虚久咳的川贝枇杷膏；外用的一般称膏药，如狗皮膏等。

> **链接**
>
> **话说养生膏**
>
> 民间有"冬季膏方巧进补，来年开春能打虎"之说，随着我国人民生活水平的提高，对延年益寿、养容保健的需求日益增加，各种养生膏开始进入平常百姓家。中药养生膏一般选用滋养等药物，加水煎煮取汁液，浓缩，加蜂蜜或膏剂制成，具有口感好、服用方便、易保存等特点。如以款冬花、麦冬、百合、川贝母、梨和蜂蜜为原料做成的秋梨膏，具有润肺止咳、生津润燥之功，是秋末冬初防治流感的保健膏方。

3. 丹剂 药效显著或药物贵重者方称为"丹"，如治疗神志昏迷的至宝丹，治疗失眠的天王补心丹。其实丹剂不是一个固定的剂型，可以是丸，也可以是散。此外还有外用丹剂。

4. 丸剂 是将药物研成细粉或将药材提取物加适宜的粘合剂制成球形的固体剂型。特点是吸收较慢，药效持久，且节省药材，便于携带和服用，如六味地黄丸；也有急救用的，如安宫牛黄丸。

5. 散剂 是将药物粉碎，制成粉末状制剂。内服散剂一般研成细粉，以温开水冲服。特点是节省药材，便于携带，如云南白药。

6. 酒剂 又称药酒。是将药物用白酒或黄酒浸泡，去渣取液供内服或外用。酒有活血通络之功，适用于跌打、风湿病或慢性虚弱性疾病等。

7. 片剂 是将药物细粉或药材提取物与辅料混合压制而成，有用量准确、体积较小、服用方便等优点。味极苦或恶臭的药物可包糖衣，以易于服用。

8. 注射剂 又称针剂。是将药物经过提取、配制等而制成的灭菌溶液等，供皮下、肌内或静脉注射的剂型。有剂量准确、药效迅速、不受消化影响、适于急救等优点，对神志昏迷、难以口服用药者尤宜。如丹参注射液、参附注射液等。

此外，尚有颗粒剂、糖浆剂、胶囊剂、气雾剂、灌肠剂等，临床中都在广泛应用，新的剂型也在不断研制，以提高药效，便于临床使用。

四、常 用 方 剂

（一）常用方剂分类

根据方剂的主要功效不同，可将方剂分为解表剂等十七类，简述如下。

1. 解表剂 解表剂以发汗解表为主要功效，用于外感表证，如感冒及多种疾病的初起等。风寒表证用辛温解表剂，如荆防败毒散；风热表证用辛凉解表剂，如银翘散。防治"甲型H1N1流感"的莲花清瘟胶囊就是以银翘散为基础的。

解表剂大多味辛发散，主要活性成分为挥发油，不宜久煎，以免药效散失过多。服后宜避风寒，增衣被等以助汗，但以遍身微汗为佳，不出汗或出汗太多均不好。

2. 和解剂 和解剂有和解少阳或调和肝脾等作用，用于少阳病或肝脾不和等。如主治少阳病（半表半里证）的小柴胡汤；主治肝郁血虚之月经不调或肝郁脾虚之胁痛等的逍遥散。近来，逍遥散广泛用于美容、保健等方面，但要辨证使用。

> **链接**
>
> **逍遥丸是女性的专用药吗？**
>
> 临床多用逍遥丸来调理女性月经，因此很多人误以为逍遥丸是女性专用药，其实不然。逍遥丸具有疏肝健脾养血之功，无论男女，只要有肝郁、脾虚或血虚等问题，就可以用。古代医书中就有不少有关男性使用逍遥散的案例。如明代名医李士材为一位发热、咳嗽的男子诊病，辨证其为肝气不舒、木旺侮金，用逍遥散加味治疗，两副药就治好了。

3. 清热剂 清热剂有清热、泻火、凉血、解毒等作用，用于里热证。可分为清气、凉血、解毒、清脏腑热剂等，如于用治疗温病气分热证高热的白虎汤，用于治疗温病血分热证或一般血热出血的犀角地黄汤，用于治疗肝胆湿热外阴瘙痒等的龙胆泻肝汤、胃热牙痛出血的清胃散等。

4. 温里剂 温里剂有温里、通经、散寒等作用，治疗里寒证。可分为温中祛寒、回阳救逆、温经散寒剂等，温中散寒剂如治疗脾胃虚寒腹痛泄泻的理中丸，脾胃虚寒胃脘隐痛的小建中汤；温经散寒剂如治疗血痹的黄芪桂枝五物汤；回阳救逆剂如治疗亡阳证的参附汤（参附注射液）。

5. 泻下剂 泻下剂有通便、泻火、逐水等作用，治疗里实便秘、实热内积或胸腹积水等。如既通便又泻火、有"釜底抽薪"作用，用于热结便秘等的大承气汤，因其作用较猛，近代还用该方加减治疗急腹症；如肠燥便秘，则用作用较缓，润肠通便的麻子仁丸，据研究能有效治疗功能性便秘，且停药后药效仍持续。年老体弱、经期、孕妇、产后等慎用或禁用攻下剂。

案例8-4

患者，女性，16岁。主诉头晕3个月余。多次昏倒，经多家医院治疗无效，不能继续学习。诊见面色萎黄，头晕乏力，胃纳欠佳，舌质淡、苔白，脉沉迟无力，血压70/45mmHg。

问题：①根据疾病表现，辨为何证？②选用什么方剂治疗？

6. 补益剂 补益剂有补气、补血、补阴或补阳等作用，治疗各种虚证。分为补气、补血、补阴、补阳剂等几类，代表方如补气的基本方四君子汤，补气升阳而擅治内脏下垂等的补中益气汤；补血的基本方四物汤；气血双补，用治心脾两虚失眠或脾不统血出血的归脾汤；用治肾阴虚的六味地黄丸；用治肾阳虚的肾气丸等。注意对虚不受补者，先调理脾胃，使之补而不滞。

案例8-4分析

①脾主升清，中气不足，不能升清则头晕，脾能生血，气虚不能生血则面色萎黄，故辨证为脾气虚证。②补中益气汤补中益气，可治疗脾气虚证（补中益气汤治疗低血压）。

链接

服用六味地黄丸要辨证

六味地黄丸是人们非常熟悉的中成药，但很多人以为只要是更年期或是肾虚腰酸了就可以服用六味地黄丸来调理。其实不然，六味地黄丸的适应证是肝肾阴虚。肝肾阴虚有何表现呢？首先看症状，经常头晕耳鸣、腰膝酸软，有的人午后两颧发红、潮热盗汗、五心烦热等，再看一下舌象和脉象，舌质是红的、舌苔是薄而少的，脉搏可能比较快（脉数）。这些就属于肝肾阴虚的表现。如果是手足发凉、出冷汗、脸色发白，男性出现阳痿等，是肾阳虚证，就不适合用六味地黄丸了。

7. 固涩剂 固涩剂有收敛固涩作用，用治正气虚导致血、汗、精液、津液等耗散或滑脱的病症。代表方，如治疗气虚自汗、容易感冒的玉屏风散，治疗男性肾虚遗精的金锁固精丸，治疗女性脾虚白带过多的完带汤等。注意亡阳及实证者不宜用本类方剂。

链接

大话"玉屏风散"

屏风除了能美化居室、分隔空间外，最大的作用就是挡风。中医取此寓意，有一方叫"玉屏风散"，其能增强正气、抵御外邪，对畏风怕冷、自汗为主，以及体质虚弱容易感冒者，尤其是年老体虚者，无论治疗还是预防，都有较好的效果。现代医学研究表明，玉屏风散具有调节人体免疫力之功效，故有"中药里的丙种球蛋白"之美称。

8. 安神剂 安神剂有安定神志之功，治疗神志不安的病症。神志不安有虚实之分，实证宜重镇安神，代表方如治疗心火亢盛之失眠的朱砂安神丸；虚证宜补养安神，代表方如治疗阴虚内热之失眠多梦的天王补心丹，治疗心脾两虚之失眠的归脾汤。注意重镇安神剂多有金石类药物，易伤胃气，不宜久服。朱砂具有毒性，久服能引起慢性中毒，亦应注意。

9. 开窍剂 开窍剂有开窍醒神作用，治疗神志昏迷属实证（闭证）者，其多见牙关紧闭、两手握拳、大小便不通、脉实有力等。闭证有热闭、寒闭之分，热闭宜凉开，代表方如"凉开三宝"安宫牛黄丸、紫雪丹、至宝丹;寒闭宜温开,如苏合香丸等。现代有醒脑静注射液,用于昏迷的治疗。注意神志昏迷虚证禁用开窍剂。

10. 理气剂 理气剂有行气或降气作用,治疗气滞或气逆证。行气代表方,如治疗肝郁胁痛和月经不调等的柴胡疏肝散,治疗胸痹的瓜蒌薤白白酒汤;降气代表方,如治疗肺气上逆喘咳痰多的苏子降气汤,治疗胃气上逆之呕吐、嗳气、呃逆的旋覆代赭汤等。年老体弱、孕妇及阴虚火旺者慎用。

11. 理血剂 理血剂有活血或止血作用,治疗瘀血或出血。活血的代表方,如治疗胸部瘀血心痛、胸痛的血府逐瘀汤,治疗卒中后遗症的补阳还五汤,治疗产后瘀血腹痛、恶露不尽的生化汤;止血的代表方,如治疗尿血的小蓟饮子,治疗虚寒崩漏的胶艾汤等。注意活血不伤正、止血不留瘀;此外,月经过多者、孕妇慎用活血剂。

> **链接**
>
> 产后必喝生化汤吗?
>
> 生化汤化瘀生新、温经止痛,常用于产后瘀血腹痛、恶露不行等。现代研究认为具有调节子宫收缩,减少因宫缩造成腹痛等作用。在某些地区,产后服用生化汤已成习俗。那么产后是否必须服用生化汤呢?
>
> 产后4周阴道有一些血液、坏死组织及黏液排出,味腥无臭,称"恶露",这是正常现象。只需注意休息、加强营养、注意卫生即可,没有必要服生化汤。若产后子宫复原不良或有残留的胎盘、胎膜或感染时,会出现恶露少,色紫暗夹血块或腹痛、发热等,称为"恶露不下",应及时就诊治疗。如无器质性病变,经辨证为产后失血,复因受寒、瘀血凝滞所致者,用生化汤则十分对证。否则,盲目服用生化汤是不科学的。

12. 治风剂 治风剂有疏散外风或平息内风的作用,治疗外风或内风病。外风即外感风邪,治宜疏散外风,代表方如主治外感风邪头痛的川芎茶调散;内风即肝风内动之眩晕等,治宜平息内风,代表方如预防和治疗卒中的镇肝息风汤。

13. 治燥剂 治燥剂有宣散外燥或滋润内燥的作用,治疗燥证。外燥指感受秋燥,分凉燥和温燥,治宜宣散,代表方如治疗凉燥的杏苏散,治疗温燥的桑杏汤等;内燥治宜滋润,代表方如治疗肺阴虚之慢性支气管炎、肺结核和胃阴虚之胃及十二指肠溃疡、慢性萎缩性胃炎的麦门冬汤。

14. 祛湿剂 祛湿剂有化湿、利水、通淋等作用,治疗水湿病证。代表方,如治疗湿滞中焦之腹痛、吐泻清稀的藿香正气散,治疗湿热黄疸的茵陈蒿汤,治疗湿热淋证的八正散,治疗肾阳虚水肿的真武汤,治疗风湿病日久、面黄肌瘦、腰酸膝软的独活寄生汤。

15. 祛痰剂 祛痰剂有化痰或消痰作用,治疗各种痰病。痰有湿痰燥痰、寒痰热痰等不同,故分燥湿化痰、润燥化痰、温化寒痰、清热化痰剂等。代表方,如治疗湿痰易咳的二陈汤,治疗热痰痰黄稠的清气化痰丸。注意有咳血倾向者慎用燥烈之化痰剂,以免大咯血。

16. 消食剂 消食剂有消食化积等作用,治疗饮食积滞。代表方如保和丸。消食剂不宜长期使用,纯虚无食滞者禁用。

17. 驱虫剂 驱虫剂有驱虫或杀虫作用,治疗肠道寄生虫病。代表方如乌梅丸。驱虫剂宜空腹服,忌油腻;年老体弱及孕妇慎用。

(二) 常用方剂简表 (表8-15)

表8-15 常用方剂

分类	方名	组成	功效	主治
解表剂	小青龙汤	麻黄、芍药、细辛、干姜、甘草、桂枝、五味子、半夏	解表散寒，温肺化饮	外感风寒，肺有痰饮之恶寒发热，咳喘痰稀量多
	银翘散	金银花、连翘、竹叶、荆芥穗、牛蒡子、淡豆豉、薄荷、桔梗、生甘草、芦根	辛凉透表，清热解毒	风热感冒，温病初起（卫分证）
	桑菊饮	桑叶、菊花、桔梗、杏仁、连翘、芦根、薄荷、甘草	疏风清热，宣肺止咳	风热咳嗽
	败毒散	人参、甘草、茯苓、川芎、羌活、独活、柴胡、前胡、枳壳、桔梗	益气解表，祛风散寒	气虚兼感冒风寒
和解剂	小柴胡汤	柴胡、黄芩、半夏、人参、甘草、生姜、大枣	和解少阳	少阳证（半表半里证）之寒热往来等
	逍遥散	柴胡、芍药、当归、茯苓、白术、甘草、生姜、薄荷	疏肝解郁，养血健脾	肝郁血虚之月经不调；肝郁脾虚之胁痛等
清热剂	白虎汤	石膏、知母、甘草、粳米	清热泻火	气分实热证
	犀角地黄汤	水牛角、生地黄、芍药、牡丹皮	清热凉血，活血散瘀	温病血分证；血热出血
	仙方活命饮	金银花、防风、白芷、当归、陈皮、甘草、赤芍、贝母、天花粉、乳香、没药、穿山甲、皂角刺	清热解毒，活血消肿	热证疮疡初起
	龙胆泻肝汤	龙胆草、栀子、黄芩、柴胡、车前子、木通、泽泻、生地、当归、生甘草	清肝胆实火，泻下焦湿热	肝胆实热之头痛眩晕等；肝胆湿热之外阴瘙痒等
	清胃散	黄连、生地、牡丹皮、升麻、当归身	清胃凉血	胃火牙痛、牙龈出血等
	葛根黄芩黄连汤	葛根、黄芩、黄连、甘草	清热燥湿止泻	湿热泄泻
	白头翁汤	白头翁、黄连、黄柏、秦皮	清热解毒，凉血止痢	热毒痢疾
温里剂	理中丸	干姜、人参、白术、炙甘草	温中散寒，补气健脾	脾胃虚寒之腹痛、泄泻等
	小建中汤	桂枝、芍药、炙甘草、大枣、生姜、饴糖	温中补虚，缓急镇痛	脾胃虚寒之胃脘隐痛等
	参附汤	人参、附子	大补元气，回阳救逆	亡阳证；元气大伤
泻下剂	大承气汤	大黄、芒硝、枳实、厚朴	峻下热结	热结便秘等
	麻子仁丸	麻子仁、芍药、枳实、厚朴、大黄、杏仁	润肠泻热，行气通便	肠燥便秘

续表

分类	方名	组成	功效	主治
补益剂	六君子汤	人参、白术、茯苓、炙甘草、半夏、陈皮	益气健脾，燥湿化痰	脾胃气虚兼咳嗽痰多等
	生脉散	人参、麦冬、五味子	大补元气，养阴生津	亡阴证；气津两伤
	补中益气汤	黄芪、人参、白术、当归、升麻、柴胡、橘皮、炙甘草	补中益气，升阳举陷	中气下陷之内脏下垂等
	四物汤	熟地黄、芍药、当归、川芎	补血和血	血虚证
	归脾汤	人参、黄芪、白术、当归、茯神、远志、酸枣仁、龙眼肉、木香、生姜、大枣、炙甘草	益气健脾，养心补血	心脾两虚之失眠等；脾不统血之出血
	六味地黄丸	熟地黄、山萸肉、干山药、泽泻、牡丹皮、茯苓	滋补肾阴	肝肾阴虚证
	肾气丸	附子、桂枝、干地黄、山茱萸、山药、茯苓、泽泻、牡丹皮	温补肾阳	肾阳虚证
固涩剂	玉屏风散	黄芪、白术、防风	益气固表止汗	气虚自汗、容易感冒
	四神丸	补骨脂、肉豆蔻、吴茱萸、五味子	温肾暖脾，涩肠止泻	脾肾阳虚之五更泻
	金锁固精丸	沙苑蒺藜、莲子、芡实、莲须、煅龙骨、煅牡蛎	补肾涩精	肾虚遗精
	完带汤	山药、白术、苍术、陈皮、人参、甘草、车前子、柴胡、白芍药、黑芥穗	补脾疏肝，化湿止带	脾虚湿盛之白带过多
安神剂	朱砂安神丸	朱砂、生地黄、黄连、当归、炙甘草	重镇安神，清心泻火	心火亢盛之失眠等
	天王补心丹	生地黄、当归、天冬、麦冬、酸枣仁、柏子仁、远志、人参、玄参、丹参、白茯苓、桔梗、五味子	滋阴养血，补心安神	心阴血虚之失眠多梦等
开窍剂	安宫牛黄丸	牛黄、郁金、黄连、朱砂、山栀、雄黄、黄芩、水牛角、冰片、麝香、珍珠、金箔	清热开窍，豁痰解毒	热陷心包之高热昏迷谵语等
	紫雪	水牛角、羚羊角、麝香、石膏、寒水石、滑石、玄参、升麻等	清热开窍，息风止痉	热盛动风之高热抽搐等
	至宝丹	水牛角、麝香、冰片、石膏、寒水石、玄参、升麻等	清热开窍，化浊解毒	痰热内闭之神志昏迷
理气剂	柴胡疏肝散	柴胡、芍药、甘草、枳壳、陈皮、川芎、香附	疏肝解郁，行气镇痛	肝气郁滞之胁痛、月经不调、痛经等
	瓜蒌薤白白酒汤	瓜蒌实、薤白、白酒	通阳散结，行气祛痰	胸痹（心绞痛）
	苏子降气汤	紫苏子、半夏、前胡、当归、肉桂、厚朴、炙甘草	降气平喘，祛痰止咳	痰湿壅肺之喘咳痰多等
	旋覆代赭汤	旋覆花、代赭石、半夏、人参、炙甘草、大枣、生姜	降逆化痰，益气和胃	胃气上逆之呕吐、嗳气、呃逆

第8章 中药与方剂

续表

分类	方名	组成	功效	主治
理血剂	血府逐瘀汤	当归、生地、桃仁、红花、桔梗、赤芍、柴胡、川芎、枳壳、牛膝、甘草	活血祛瘀，行气镇痛	瘀血之胸痛、头痛等
	补阳还五汤	黄芪、赤芍、川芎、当归尾、地龙、桃仁、红花	补气活血通络	卒风后遗症之偏瘫等
	生化汤	全当归、川芎、桃仁、炮干姜、炙甘草	化瘀生新，温经镇痛	产后腹痛、恶露不行属瘀血证
	小蓟饮子	小蓟、藕节、蒲黄、木通、滑石、生地黄、当归、甘草、山栀子、淡竹叶	凉血止血，利水通淋	膀胱湿热之尿血、血淋
治风剂	川芎茶调散	川芎、荆芥、防风、细辛、白芷、薄荷、羌活、甘草	疏风镇痛	外感风寒之头痛
	镇肝熄风汤	生杭芍、天冬、玄参、生龟板、生赭石、茵陈、生龙骨、生牡蛎、生麦芽、甘草、怀牛膝、川楝子	镇肝息风，滋阴潜阳	类卒中（卒中先兆）或卒中属阴虚阳亢证
治燥剂	杏苏散	杏仁、苏叶、半夏、橘皮、前胡、枳壳、桔梗、茯苓、甘草、生姜、大枣	轻宣凉燥，宣肺化痰	外感凉燥咳嗽或外感风寒咳嗽
	桑杏汤	桑叶、杏仁、象贝、沙参、栀皮、香豉、梨皮	轻宣温燥，润肺镇咳	外感温燥之干咳痰少等
	增液汤	生地黄、玄参、麦冬	滋阴清热，润燥通便	阴津亏虚之便秘
祛湿剂	藿香正气散	藿香、白芷、陈皮、紫苏、炙甘草、桔梗、茯苓、白术、厚朴、半夏曲、大腹皮、生姜、大枣	解表化湿，理气和中	湿困脾胃兼感冒风寒之腹痛吐泻、恶寒发热等
	茵陈蒿汤	茵陈、栀子、大黄	清热利湿退黄	肝胆湿热之黄疸（面目发黄、黄色鲜明）
	八正散	车前子、木通、扁蓄、大黄、栀子、滑石、甘草、瞿麦、灯心草	清热泻火，利水通淋	膀胱湿热之淋证（尿频、尿急、尿痛等）
	真武汤	附子、茯苓、白术、芍药、生姜	温阳利水	脾肾阳虚之水肿
	独活寄生汤	独活、寄生、牛膝、杜仲、茯苓、桂心、川芎、当归、芍药、干地黄、人参、甘草、秦艽、防风、细辛	祛风湿，止痹痛，益肝肾，补气血	风湿痹痛日久、腰酸膝软、面黄消瘦等
祛痰剂	二陈汤	半夏、橘红、白茯苓、炙甘草	燥湿化痰，理气和中	湿痰之咳嗽痰白量多易咳等
	清气化痰丸	胆南星、黄芩、杏仁、瓜蒌仁、枳实、茯苓、制半夏、陈皮	清热化痰，理气止咳	热痰之咳嗽痰黄稠等
	半夏白术天麻汤	半夏、白术、天麻、茯苓、甘草、橘红、生姜、大枣	燥湿化痰，平肝息风	痰湿上扰之眩晕耳鸣等
消食剂	保和丸	山楂、神曲、陈皮、连翘、茯苓、半夏、莱菔子	消食和胃	饮食积滞之腹痛吐泻等
驱虫剂	乌梅丸	乌梅、黄连、黄柏、细辛、蜀椒、干姜、桂枝、人参、当归、附子	温脏安蛔	蛔虫腹痛等

小结

1. 中药性能 又称药性，主要包括四气、五味、归经、升降浮沉、毒性等。四气、五味用以说明药物的性质和功用，是中药性能的基础；升降浮沉用以说明药物作用的趋向；归经用以说明药物治病的适应范围；毒性则主要指药物的毒不良反应。只有把药物的性味、归经、升降浮沉、毒性有机结合起来，才能全面认识和理解药物的性能。

2. 口服给药 是临床使用中药的主要给药途径。口服给药的效果，除受剂型等的影响外，还与服药方法、时间、次数等有关。医护人员应指导患者正确煎药与服药，以确保药物临床疗效及用药安全。

3. 方剂 是中医用药的主要形式，中药通过配伍成方剂，可以增强作用，减轻不良反应，并可兼顾全面，从而发挥比单味药更好的综合疗效。方剂的组成既有原则又有变化，并根据病情与药物特点制成不同的剂型以便于临床应用。

自测题

一、选择题

A_1 型题

1. 中药的四气是指（ ）
   A. 中药的四种特殊气味
   B. 寒凉药具有散寒、助阳的作用
   C. 温热药具有清热、解毒的作用
   D. 中药的寒、热、温、凉四种药性
   E. 中药的辛、咸、甘、苦四种味道

2. 中药补益药的服用时间应是（ ）
   A. 饭前服用   B. 睡前服用
   C. 饭后服用   D. 清晨服用
   E. 两餐间服用

3. 服解表药时的注意事项是（ ）
   A. 凉服
   B. 服药后立即活动以助发汗
   C. 温服，服药后加盖衣被，使微汗出
   D. 出汗后立即洗浴
   E. 少饮水，多吃酸性食物开胃

4. 为防止与中药所含成分发生化学变化而影响疗效，煎药用具忌用（ ）
   A. 瓦罐   B. 铁锅
   C. 砂锅   D. 不锈钢锅
   E. 搪瓷罐

5. 具有收敛、固涩等作用的是（ ）
   A. 辛   B. 甘
   C. 酸   D. 苦
   E. 咸

6. 辛温发汗解表药宜（ ）
   A. 温服   B. 凉服
   C. 热服   D. 寒服
   E. 以上都可以

7. 六味地黄丸的功效为（ ）
   A. 滋补肾阴   B. 温补肾阳
   C. 阴阳双补   D. 补肾益气
   E. 以上都可以

8. 逍遥散的功效为（ ）
   A. 补中益气，升阳举陷
   B. 温中散寒，补气健脾
   C. 疏肝解郁，养血健脾
   D. 补血和血，健脾养心
   E. 益气健脾，燥湿化痰

9. 生化汤的功效为（ ）
   A. 补气活血，疏通经络
   B. 活血化瘀，行气止痛
   C. 化瘀生新，温经止痛
   D. 凉血止血，利水通淋
   E. 活血化瘀，缓消癥块

10. 保和丸的功效是（ ）

A. 燥湿和胃 B. 活血和胃
C. 理气和胃 D. 疏肝和胃
E. 消食和胃

A₂型题

11. 患者,女性,17岁。自幼患有哮喘病,春夏之季多发,伴咳嗽痰黄,舌红苔黄,脉滑数。治疗(护理)用药最宜选( )
    A. 麻黄、杏仁、石膏
    B. 麻黄、杏仁、黄连
    C. 麻黄、杏仁、生地黄
    D. 麻黄、杏仁、青蒿
    E. 麻黄、杏仁、板蓝根

A₃型题

(12～13题共用题干)

患者,女性,16岁。临近期末考试时出现上课注意力不集中,记忆力下降,体倦食少,头晕眼花,失眠多梦,面色萎黄,舌质淡、苔薄白,脉细弱。考虑为心脾两虚所致。

12. 给该患者拟定的治疗(护理)方药是( )
    A. 四物汤 B. 六味地黄丸
    C. 六君子汤 D. 归脾汤
    E. 天王补心丹

13. 中药服用时间是( )
    A. 清晨服用 B. 睡前服用
    C. 饭前空腹服用 D. 饭后服用
    E. 以上均可

二、临床情景化任务

请拟出一份汤剂口服给药方法的告知单(提示:①时间;②药量;③温度)。

(邓芝伶)

第 9 章 中医护理常识

中医护理是中医药学的重要组成部分，是随着中医学的形成和发展而逐渐兴起的学科。它是以中医理论为指导，运用整体观念对疾病进行辨证护理，结合预防、保健、康复和医疗等措施，并运用独特的传统护理技术，对患者及老、弱、幼、残者施以护理，以保护人类健康的一门应用学科。

考点：中医护理的概念

第 1 节 辨证与护理

辨证是中医学认识和诊断疾病的方法，辨证的过程即是进行护理或提出护理问题的过程。是从整体出发，运用中医理论，将四诊所搜集的病史、症状、体征等资料进行综合分析，判断疾病的病因、病变的位置、性质和邪正盛衰以及各种病变间的关系，从而做出护理诊断或提出护理问题的过程。

一、八纲辨证与护理

八纲，即表、里、寒、热、虚、实、阴、阳八个辨证的纲领。八纲辨证，是用通过四诊所取得的资料，根据病位的深浅、病邪的性质及盛衰、人体正气的强弱等多方面的情况，加以综合分析，归纳为八类不同的证候。八纲是从各种具体证候的个性中抽象出来的带有普遍规律的共性，在八纲中，阴阳可以概括其他六纲，即表、热、实证为阳证，里、寒、虚证为阴证，所以阴阳又是八纲中的总纲。

（一）表里辨证与护理

表里是辨别病位内外深浅的一对纲领。

1. 表证 表证是六淫、疠气、虫毒等邪气经皮毛、口鼻侵入机体，正气（卫气）抗邪所表现出轻浅证候的概括。多见于外感病的初期阶段。

考点：何为表证

（1）临床表现：是以恶寒（或恶风）、脉浮、苔薄白为主，常兼见身痛、鼻塞、咳嗽等症状。

（2）护理措施：辛散解表。①密切观察患者体温、呼吸、舌象等变化，防止表证内传，入里化热；②表证以汗为法，汗出不及则病邪不去，汗出太过则伤阴耗气，所以在发汗中，要掌握发汗的程度，可根据情况或覆加衣被、或饮热稀粥，以助药力；③表证采用的解表药多属于轻清辛散之品，不宜久煎；④饮食宜清淡、细软、易于消化，多饮水，少食辛辣、油腻之品。

2. 里证 里证是泛指病变部位在内，脏腑、气血、骨髓等受病所反映的证候。

（1）临床表现：里证的临床表现如壮热、烦躁神昏、口渴、腹痛、便秘或呕吐、小便短赤、苔黄或白厚腻、脉沉等。里证基本特点：无新起恶寒发热并见，以脏腑症状为主要表现，起病可急可缓，一般病情较重，病程较长。

(2) 护理措施：里证病因复杂，病位广泛，病情较重。①里证多由表证传变而来，应及时对表证进行治疗和调护，防止发生传变；②密切观察患者的体温、呼吸、舌象、脉象的变化，发生异常应及时报告医生，以免延误病情；③里证病程长，患者容易有烦躁情绪，护理中注意情志调护。

（二）寒热辨证与护理

寒热是辨别疾病性质的纲领。

1. 寒证 寒证是指感受寒邪或阴盛阳虚所表现的证候。

考点：何为寒证

(1) 临床表现：恶寒或畏寒喜暖，口淡不渴，面色苍白，肢冷蜷卧，小便清长、大便稀溏，舌质淡、苔白而润，脉迟或紧等。

(2) 护理措施：温经散寒。①注意保暖，如加覆衣被、饮温热之品、保持室内温暖等；②采用温补膳食，如姜、葱、蒜、胡椒等，忌食生冷之品；③可利用针灸、推拿、热敷等促进血液循环，驱除外邪；④温里药多为辛辣之品，故阴虚内热者忌用，药物应温服。

2. 热证 热证是指感受热邪或阳盛阴虚，人体机能活动亢进所表现的证候。

(1) 临床表现：发热，恶寒，喜凉喜冷，口渴欲饮，面红目赤，烦躁不宁，痰、涕黄稠，小便短黄、大便干结，舌质红、苔黄干燥少津，脉数等。

(2) 护理措施：滋阴清热。①清泻里热，宜用寒凉之清热药。保持室内凉爽通风，及时擦汗，但也应防汗出太过。②饮食多用清凉之品，以凉性瓜果、蔬菜、饮品为宜，热病多耗气伤津，应注意休息并适当补液。③严密观察发热和汗出、神志的变化，及时处理突发情况。④服药宜凉服或微温服，清热药为寒凉之品，易伤人体阳气，故中病即止。

（三）虚实辨证及护理

虚实是辨别邪正盛衰的两个纲领。

1. 虚证 虚证是对人体正气虚弱为主所产生的各种虚弱证候的概括。

考点：何为虚证

(1) 临床表现：主要是面色苍白或萎黄，精神萎靡，身疲乏力，心悸气短，形寒肢冷或五心烦热，自汗盗汗，大便溏泄或滑脱，小便频数或失禁，舌质淡嫩、少苔或无苔，脉虚无力等。

(2) 护理措施：虚则补之。①血虚证以服用补血药为主，适当配用补气药。饮食可用当归、黄芪、大枣熬粥，平时多饮用红糖水，尽量减少剧烈运动。②气虚证以补气为主，饮食上可参照血虚证的调护，要注意避风寒，寒温适宜，选择适当户外运动，戒烟、戒酒。③阴虚证以滋阴为主。少用辛辣、厚味、油腻之品，保持情绪稳定、心情舒畅。④阳虚证以温阳散寒为主。可用肉桂、生姜等熬粥。注意防寒保暖，尽量避免风邪外袭。

考点：何为阴虚

2. 实证 实证是对人体感受外邪或病机以阳、热、滞、闭等为主，或体内病理产物蓄积所形成的各种临床证候的概括。

(1) 临床表现：其主要是发热，腹胀痛拒按，胸闷烦躁，呼吸气粗，痰涎壅盛，大便秘结、小便不利，神昏谵语，脉实有力，舌苔厚腻等。

(2) 护理措施：实者泻之。①实证用药多为消导峻猛之品，为防止用药太过伤及正气，应邪去药止；②少食过于辛热或过于寒凉、油腻之品；③根据患者病情调整室内环境，做好心理安慰；④实证病情进展多迅速，要做好监护工作，密切观察患者出现的变化。

（四）阴阳辨证与护理

阴阳辨证是概括证候类别的一对纲领。阴阳是八纲的总纲，尽管错综复杂，但归结起来不外乎阴证和阳证两大类。临床上一般所说的阴证主要指虚寒证，阳证主要指实热证。

1. 阴证 阴证是里证、虚证、寒证的归纳机体多呈衰退的表现。

（1）临床表现：精神萎靡，面色苍白，畏寒肢冷，气短声低，口不渴，小便清长、大便稀溏，舌质淡胖嫩、苔白，脉迟弱等。

（2）护理措施：以温补散寒药物为主，尤其注意防寒保暖。

2. 阳证 阳证是表证、实证、热症的归纳，机体多呈亢盛的表现。

（1）临床表现：身热面赤，精神烦躁，气粗声高，口渴喜冷饮，呼吸气粗，小便短赤、大便秘结，舌质红绛、苔黄，脉洪滑实等。

（2）护理措施：清泻里热或采用物理降温。

3. 亡阴证 亡阴证指体内的阴液大量消耗，二表现阴液衰竭的一种危重证候。

（1）临床表现：汗热而黏，呼吸短促，身热，面红肢温、烦躁不安，渴喜冷饮，舌质红而干，脉细数无力。

（2）护理措施：以滋养阴液为主，密切观察神志、面色、大小便、血压等变化。

4. 亡阳证 亡阳证指体内阳气严重耗损，而表现为阳气虚脱的一种危重证候。

（1）临床表现：冷汗淋漓，面色苍白、精神淡漠、身踡畏寒，四肢厥逆，气息微弱，口不渴或渴喜热饮，舌质淡，脉微细欲绝。

（2）护理措施：以回阳救逆为主，密切观察神志、面色、大小便、血压等的变化。

二、脏腑辨证与护理

脏腑辨证是运用脏腑学说理论，根据脏腑生理功能、病理变化，结合八纲、病因、气血等理论，通过对四诊收集的病情资料进行分析、归纳，以辨明病位、病性、邪正盛衰的一种辨证方法。

（一）心与小肠病辨证与护理

1. 心与小肠病临床表现 见表9-1。

表9-1 心与小肠病辨证

证型	临床表现
心气虚	心悸胸闷，气短神疲，自汗，活动后加重，舌质淡，脉弱
心血虚	心悸，失眠多梦，健忘头晕，面白无华，唇舌色淡，脉细
心火炽盛	心烦失眠，面赤、口苦，尿黄便秘，舌尖红赤、苔黄，脉数有力或口舌生疮，或吐血、衄血，或狂躁谵语
心血瘀阻	心悸怔忡，心胸憋闷刺痛，痛引肩背内臂，时作时止，舌质紫暗或有有瘀斑，脉细涩或结代；重者暴痛欲绝，口唇发绀，肢凉神昏，脉微欲绝
小肠实热	心烦，口渴喜凉饮，口舌生疮，小便赤涩，尿道灼痛，尿血，舌质红、苔黄，脉数

2. 心与小肠病护理

（1）病情观察：观察有无心悸、胸闷、胸痛等症状及，神志、睡眠、大小便、汗液、舌苔和脉象。夜间加强巡视。

（2）生活起居护理：保持病室及环境安静，注意休息，注意寒温；保持排便通畅。

（3）情志护理：宜平静，避免七情过激，不宜用脑过度。

（4）饮食调护：饮食定时定量，防过饥、过饱，夜餐忌过饱；心阳气虚，忌生冷瓜果及凉性食物，宜安神温补；心阴、心血虚者，忌辛辣烟酒及热性食物，宜滋阴之品。

(5) 饮食调护：痰火内盛者，宜清淡，忌肥甘油腻生痰之品；心血瘀阻者，控制食量；心火炽盛者，忌辛辣煎炸之品。

(6) 用药护理：睡眠药宜在睡前30～60分钟内服下。

(二) 肺与大肠病辨证与护理

1. 肺与大肠病临床表现　见表9-2。

表9-2　肺与大肠病辨证

证型	临床表现
肺气虚	咳喘无力，动则尤甚，咳痰清稀，声低气怯，或自汗，畏风，易于感冒，体倦身疲，面色淡白，舌质淡、苔白，脉弱
肺阴虚	干咳无痰，或痰少而稠，或咳痰带血，口干咽燥，声音嘶哑，形体消瘦，午后潮热，五心烦热，颧红，盗汗，舌质红、少津，脉细数
风寒束肺	咳嗽气喘，痰少稀白，鼻塞流清涕，或兼恶寒、发热、无汗，头身疼痛，舌苔薄白，脉浮紧
风热犯肺	咳嗽气喘，痰少而黏，鼻流浊涕，咽喉痛、头痛，发热微恶寒，舌边尖红、苔薄黄，脉浮数
痰热壅肺	咳嗽喘促，甚则鼻翼煽动，壮热烦渴，咳嗽痰黄稠，或咽喉红肿热痛，小便短黄、大便秘结，舌质红、苔黄腻，脉滑数
痰湿阻肺	咳嗽、痰多性黏，色白易咳，胸部满闷，或见气喘，喉中痰鸣，舌质淡、苔白腻，脉滑
大肠湿热	腹痛腹胀，下痢脓血，里急后重，或暴注下泻，色黄而臭，肛门灼热，小便短赤，或发热口渴，舌质红、苔黄腻，脉滑数

2. 肺与大肠病护理

(1) 病情观察：观察有无咳嗽、气喘等症状，及痰的色、质、量、气味，咯血的先兆。

(2) 生活起居护理：慎起居，避风寒；保持空气新鲜；平时加强身体锻炼。

(3) 饮食护理：清淡饮食；痰热者可食白萝卜、甘蔗、西瓜等生津之品；痰湿者可食薏苡仁、山药等，忌食油腻、甜黏之品；寒痰者忌食生冷水果；阴虚肺热者可食绿豆、百合等；肺热壅盛，可食果汁及清凉之品；肺气虚宜食补肺气之品，如瘦肉、猪肺，也可常食用山药、扁豆等健脾之品。

(4) 情志护理：保持开朗平和，对病势绵绵、病程长的患者，可采取安慰、诱导、暗示、转移等方法加强情志护理。

(5) 对症处理：痰多者应积极排痰；大量咯血者应将患者头偏向一侧，以防窒息。

(三) 脾与胃病辨证与护理

1. 脾与胃病临床表现　见表9-3。

表9-3　脾与胃病辨证

证型	临床表现
脾气虚	食少纳呆，口淡无味，脘腹胀满，便溏，少气懒言，四肢倦怠，消瘦，面色萎黄，舌质淡、苔白，脉缓弱
脾阳虚	纳少腹胀，腹痛绵绵，喜温、喜按，畏寒肢冷，大便稀溏，或肢体浮肿，小便短少，或妇女白带清稀量多，舌质淡胖或有齿痕，苔白滑，脉沉迟无力
脾不统血	便血、尿血、肌衄、鼻衄、齿衄，或妇女月经过多、崩漏等，伴有食少便溏，神疲，少气懒言，面白无华，舌质淡，脉细弱

续表

证型	临床表现
胃火炽盛	胃脘灼痛拒按，吞酸嘈杂，渴喜冷饮，或消谷善饥，或口臭，牙龈肿痛，便秘尿赤，舌质红、苔黄，脉滑数
食滞胃脘	脘腹胀满或疼痛，嗳腐吞酸，或呕吐酸腐馊食，吐后腹痛得减，厌食，矢气酸臭，大便溏泄、泄下物酸腐臭秽，舌苔厚腻，脉滑
胃阴虚	胃脘隐隐灼痛，饥不欲食，或嘈杂，干呕呃逆，口燥咽干，大便干结，小便短赤，舌质红、少津，脉细数

2. 脾与胃病护理

（1）病情观察：观察饮食及是否有大小便、舌苔、腹胀、腹痛、呕吐等。

（2）生活起居护理：起居有节，动静结合，寒温适宜。

（3）饮食调护：保持良好的饮食习惯，进食定时、定量，不暴饮、暴食。宜清淡素食，少食、多餐。胃脘痛时常拒食，不必勉强之，待病情缓解再进食；脾胃虚弱者食补气健脾食物，忌食油腻、生冷、硬固、壅阻气机之品；湿热蕴脾宜用清热除湿之品，如赤豆、绿豆等，忌食酒、辛辣、油腻之品；寒湿困脾宜用健脾化湿之品，如山药、扁豆等；胃寒者饮食宜温，忌食生冷瓜果，可饮用生姜红糖茶，做菜时可适当多加生姜、胡椒等辛温调味品；胃阴虚及胃热者可适当多吃水果、梨汁、蔗汁，也可用百合、麦冬；胃实证往往有吞酸现象，忌食酸性、甜性和黏性食物。

（4）情志调护：忧思伤脾，要教育患者保持良好的心理状态。

（四）肝与胆病辨证与护理

1. 肝与胆病临床表现 见表9-4。

表9-4 肝与胆病辩证

证型	临床表现
肝气郁结	情志抑郁或易怒，善太息，胸胁或少腹胀痛，或咽部有梗塞感，或胁下痞块，妇女可见乳房胀痛、痛经、月经不调，甚则闭经
肝火上炎	头涨痛，眩晕，面红、目赤，急躁易怒，口苦、咽干，不眠或恶梦纷纭，胁肋灼痛，耳鸣、耳聋，尿黄便秘，或吐血、衄血，或目赤肿痛，舌质红、苔黄，脉弦数
肝血虚	眩晕耳鸣，面白无华，爪甲不荣，两目干涩，视物模糊，夜盲，肢体麻木，筋脉拘挛，月经量少或闭经，舌质淡，脉细
肝阳上亢	头涨痛，眩晕目涨，面部烘热或面红目赤，口苦、咽干，急躁易怒，大便结，小便黄，脉弦数，舌质红、苔黄
肝胆湿热	胁肋胀痛，口苦，纳呆，呕恶腹胀，大便不调，小便短黄，苔黄腻，脉弦数，或身目发黄、发热，或见阴囊湿疹，或睾丸肿大热痛，外阴瘙痒，带下黄臭

2. 肝与胆病护理

（1）病情观察：观察神志、面色及是否有胁痛、黄疸、眩晕、头痛等。

（2）生活起居护理：环境安静，保证睡眠。

（3）饮食调护：肝气郁结者宜常食疏肝理气之品；肝火上炎者，要保护肝阴；肝风内动者宜多饮菊花茶，忌食公鸡、猪头肉；肝血不足者宜多食补血食物如动物肝脏及血肉有情之品；肝胆湿热者宜多食清热利湿、清淡素食。

（4）情志调护：忌抑郁恼怒，避免外界不良刺激。

（五）肾与膀胱病辨证与护理

1. 肾与膀胱病临床表现 见表9-5。

表9-5 肾与膀胱病辨证

证型	临床表现
肾阳虚	腰膝酸软，形寒肢冷、下肢为甚，头晕、耳鸣，神疲乏力，阳痿，不孕，尿少、浮肿，或五更泄，面色㿠白，舌质淡胖，脉沉弱
肾阴虚	眩晕，耳鸣、耳聋，失眠多梦，咽干舌燥，腰膝酸软，形体消瘦，五心烦热，盗汗，男子遗精，女子经闭、不孕或见崩漏，舌质红、苔少而干，脉细数
肾不纳气	久病咳喘，呼多吸少，气不得续，动则喘甚，自汗，神疲乏力，声音低怯，腰膝酸软，舌质淡、苔白，脉沉弱
肾气不固	腰膝酸软，耳鸣，面白神疲，小便频数而清或尿后余沥，或遗尿、尿失禁、夜尿增多，男子滑精早泄、女子带下清稀或胎动易滑，舌质淡、苔白，脉弱
膀胱湿热	尿急、尿频，排尿灼热疼痛，尿黄赤混浊，或尿血，或尿有砂石，可伴有发热腰痛，舌质红、苔黄腻，脉濡数

2. 肾与膀胱病护理

（1）病情观察：观察寒热及是否有面色、耳鸣、耳聋、腰痛等。

（2）生活起居护理：肾病患者多正气虚，病室特别要求卫生洁净，冷暖适宜；注意休息，避免劳累；注意保暖；水肿者应注意皮肤护理。

考点：脏腑辨证的要点

（3）饮食护理：肾阳虚宜温补，可食羊肉等；阳虚水泛者适当进食核桃，生姜等。

第2节 中医护理

一、生活起居护理

生活起居护理是指在病人患病期间，护理人员针对患者的病情分别给予环境的特殊安排和生活的护理照料。

（一）顺应四时调阴阳

"逆春气则少阳不生肝气内变，逆夏气则太阳不长心气内洞，逆秋气则太阴不收肺气焦满，逆冬气则少阴不藏肾气独沉。"

1. 春夏养阳 春夏之季由寒转暖，由暖转热，宇宙万物充满新生繁茂景象，是人体阳气生长之时，应该增加室外活动的时间，以调养阳气，使阳气更加充沛，凡有耗伤阳气及阻碍阴气的情况皆应避免。其护理具体贯穿到饮食、运动、起居、防病、精神等各个方面。在春夏季护理中，要保护病人体阳气不过分消耗。对慢性阳虚的病人，在春季用食物或药物补阳气以外，还要防止风邪侵袭，夏季不贪凉夜露，损害阳气，在酷暑炎热之白昼，当阴居避暑热，以免出汗多伤卫阳，可适当饮用生津止渴降温饮料，此时体内阳气既无过多损耗，若有所贮备，则到秋冬就能抵御寒邪侵扰，这样不但有益于病人康复，亦可预防秋冬发生腹泻、咳喘等症。

2. 秋冬养阴 秋冬之季气候由热转凉而寒，万物都趋于收藏状态，人们应防寒保暖，使阴精藏于内，阳气不致外泄，所以在秋冬时节，要保持病人机体阴津藏而不外泄。对慢性阴虚精亏病人，借此季节以食或药来填补阴精，使阴精积蓄，才能预防春夏阳亢之时，对阴精的耗散，应以平调为宜；肾精亏损、肾阳虚的病人，则应温补阳气，此时以食或药温补为宜。所以在冬季，风和日暖之际，鼓励病人常晒太阳取暖，以补体阳。在此季节应适当早卧晚起，在严寒之际不宜外出，以防"冬伤于寒，春必温病"之证出现。

（二）环境适宜避外邪

良好的治疗、护理和康复环境，有利于患者的治疗和康复。

1. 病室安排 根据病证性质不同而定。寒证、阳虚证者，多畏寒怕风，宜安置在向阳温暖的病室内；热证、阴虚证者，多有恶热喜凉之求，可安置在背阴凉爽病室内。

2. 病室环境 安静（噪声以不超过40～60分贝为宜）。保持室内空气新鲜，根据四时气候和病证不同而通风，阳虚和易受风邪侵袭者，在通风时应注意不使其直接当风。

3. 病室的温、湿度要适宜 普通病室温度以18～22℃为宜。阴虚证、热证患者，室温宜偏低，以16～20℃为宜；老年病房、新生儿病房、阳虚证、寒证患者，室温宜稍高，以20～26℃为宜。

4. 光线适宜 一般要求光线充足。热证、肝阳亢盛、肝风内动的患者，光线宜偏暗；痉证、癫狂证者，强光可诱发痉厥；寒证、风寒湿痹证患者，光线要充足。

（三）起居有常适劳逸

1. 作息定时 虚证、体弱者，以静养为主，在床上或室内适当活动，以休体养息，培育正气。病情好转、恢复期或慢性病，适当增加活动量，可使经络通畅，关节滑利，气血营卫调和，增强体质。

2. 睡眠充足 "服药千朝，不如独眠一宿"。

二、情志护理

（一）情志护理的原则

1. 诚挚体贴，全面照顾 患者的情志状态不同于常人，经常会产生寂寞、苦闷、忧愁、焦虑、悲哀、痛苦等不良情绪，甚至生活、环境等各方面都会对情志产生影响。医护人员应以满腔的热情对待患者，善于体贴患者的疾苦，关心患者，做到和蔼可亲平易近人，语言温和，以取得患者的信任，使患者从思想上产生安全感和乐观的情绪，从而增强战胜疾病的信心。

2. 因人施护，有的放矢 患者由于职业、文化、家庭、性格、生活阅历等不同，其兴趣、情感、意志、欲望及病情亦有差别，他们的情志状态也就大不相同了，如有的患者热情开朗，积极配合医护人员的工作；有的却孤独抑郁或焦虑不安，拒绝和排除治疗。在护理过程中，要做到因人制宜，根据患者不同的情绪采取不同的心理疏导，才会收到事半功倍的效果。

3. 乐观豁达，怡情养性 人体脏腑经络气血的功能活动，均有赖于气机的升降出入，而七情过激，便会扰乱气机，导致各种疾病的发生。护理过程中可引导患者通过心理调摄，保持良好的心境，有利于疾病的康复。

4. 避免刺激，稳定情绪 保持乐观的心态能使人体气血调和，脏腑功能正常，从而有益于健康。对于患者来说乐观的心情可促使疾病好转；反之，可使疾病加重。作为护理人员，要细心开导患者，嘱其尽量避免不良情绪的刺激，鼓励患者保持积极乐观的情绪，增强战胜疾病的信心，这对于患者的健康具有十分重要的意义。

（二）情志护理的方法

1. 以情胜情法

（1）恐胜喜：是通过恐惧因素来收敛耗散的心神，克制大喜伤心，恢复心神功能的方法。

（2）怒胜思：是通过忿怒因素来克制思虑太多，恢复心脾功能的方法。

（3）喜胜悲：是通过喜乐因素来消除悲哀太过的方法。

（4）悲胜怒：是通过悲哀因素来克制忿怒太过的方法。

（5）思胜恐：是通过思虑因素来控制惊恐太过的方法。

> **链接**
>
> 同学们在中学语文课上学过一篇课文《范进中举》，作者笔下的范进，屡试不第，50多岁那年中了举人以后，因大喜过度，气血上逆，昏倒在地，救醒后又喜极而疯，最后他最怕的岳父给了他一记响亮的耳光，达到了意想不到的效果。这就是典型的运用以情胜情法"恐胜喜"的例子。

2. 移情解惑法
移情，指排遣情思，使思想焦点转移它处的方法。解惑是通过一定的方法，解除患者对事物的误解和疑惑，从而恢复健康。

3. 暗示法
暗示法是利用语言、动作或其他方式，也可以结合其他治疗方法，使被治疗者在不知不觉中受到积极暗示的影响，从而不加主观意志地接受心理医生的某种观点、信念、态度或指令，解除心理上的压力和负担，实现消除疾病症状或加重某种治疗方法效果的目的。

4. 顺情从欲法
顺情从欲，是指顺从患者的意志、情绪，满足患者心身需要的一种治疗方法。

5. 情志导引法
情志导引法是我国古代意疗与导引熔为一体的独特制情方法，以自我训练为特点，具有调和气血之功。

6. 选用适当的方药或食物
可调整五脏虚实、聪明益智、养心安神、疏肝理气，以达到调节情志活动的目的。

（三）预防情志病的方法

1. 保持心情舒畅
乐观的情绪能促进人体的生理功能，有益于健康，所以要用乐观的情绪来克服不利于人体健康的消极情绪。可以通过锻炼和陶冶逐渐培养乐观的性格，同时，在遇到烦恼之事时，要能正确对待，妥善处理。

2. 避免七情过激
情志活动是人体生理功能的组成部分，和调的情志，一般不会导致疾病，而且有利于身体的健康，情志只是在过激的状态下才会成为致病因素而危害人体。所以中医十分重视情志变化这个重要的环节，认真调和情志，避免七情过激，就能预防和治疗七情致病。

> 考点：情志护理的方法有哪些

三、饮食调护

（一）饮食护理的概念

饮食护理是指在治疗疾病的过程中，对病人进行营养和膳食方面的护理和指导。饮食是维持人体生命活动必不可少的物质基础，是人体五脏六腑、四肢百骸得以濡养的源泉。中医学十分重视饮食与人体健康的关系，认为科学的食谱和良好的饮食习惯，是健康长寿的关键之一。而对于患病之人，饮食的调护更是疾病治疗中必不可少的辅助措施。《黄帝内经》指出："大毒治疗十去其六……谷肉果菜，食养尽之。"认为若能合理地选择饮食，将十分有利于疾病的治疗和康复。

（二）饮食的种类

食物的品种很多，除某些干鲜果品和蔬菜可以直接食用外，大部分食品均需经过加工和烹调后才能食用，从而形成了种类繁多的食品制作方法和丰富多彩的饮食种类，在中医临床中主要使用以"汤羹"类为主结合其他种类来进行饮食调护。

1. 汤类 以水和食物一同煎煮或蒸炖而成，可根据食物的滋味、性能加入适当的佐料，食用时除饮汤外，同时吃其中的食物。汤羹有汤和羹之分，较稠厚的为羹，较稀的为汤。所用食物主要是有滋补作用的肉、蛋、鱼、海味、蔬菜、水果等，以补益为主要用途。

2. 粥类 以米、麦、豆等粮食单独或同时加入其他食物煮成，为半流质食品。粥食是常用的饮食之一，尤其适用于脾胃虚弱者。

3. 主食 以米、面等富含淀粉的食物为主要原料做成的各种米饭、糕点、小吃等食物。

4. 膏滋 以补益性食物加水煎煮，取汁液浓缩至一定稠度，然后加入蜂蜜、白糖或冰糖制成半固体状，一般以补益为主要用途。

5. 散剂 将干果、谷物等食物晒干或烘干，研磨成细粉末，用时以沸水调食或用开水送服。

6. 菜肴 是指具有治疗作用的各类荤素菜肴的总称。种类繁多，制法各异，有蒸煮、煎炒、炸、烩、烧、爆、炖、煨、渍、腌、凉拌等多种，根据其性味和制法的差别，而有不同的作用。

7. 饮料 指酒、乳、茶、果汁等，依各类饮料的性味和调制方法的不同而有不同的作用。

（三）饮食调护的原则和方法

1. 饮食调护原则

（1）饮食有节，按时定时：饮食要有节制，不可过饥、过饱，过饥可使气血来源不足，过饱则易伤脾胃之气；进食要有规律，应养成良好的饮食习惯；三餐应定时定量，遵循"早吃好，午吃饱，晚吃少"的原则。切忌暴饮、暴食，以免伤脾胃。

（2）调和四气，谨和五味：饮食应多样化，合理搭配，不可偏食，《素问·藏气法时论》说："五谷为养，五果为助，五畜为益，五菜为充，气味合而服之，以补精益气。"这就是说人体的营养应来源于粮、肉、菜、果等各类食品，所需的营养成分应多样化，只有做到饮食的多样化及合理搭配，才能摄取到人体必须的各种营养，维持气血阴阳的平衡。若对饮食有所偏嗜或偏废，可使体内营养比例失调，从而影响健康、发生疾病。

（3）食宜清淡，吃忌厚味：荤素搭配是饮食的重要原则，也是长寿健康的秘诀之一，饮食应以谷物、蔬菜、瓜果等素食为主。辅以适当的肉、蛋、鱼类，不可过食油腻厚味，由于各种性味的食物过食之后都会引起体内阴阳平衡的失调。所以，应注意饮食性味不要过重，尤其应避免过度嗜咸和嗜甜。

（4）卫生清洁，习惯良好：饮食不洁可导致胃肠或加重原有的病情，食物要新鲜、干净，禁食腐烂、变质、污染的食物及病死的家禽和牲畜；食物应软硬恰当、冷热适宜，进食时细嚼慢咽，不可进食过快或没有嚼烂就下咽，不要一边进食一边干其他事情，食后不可即卧，应做散步等轻微活动，以帮助脾胃的运化，晚上临睡前不要进食。

（5）辩证施食，相因相宜：饮食调护应注意病人的体质、年龄、证候的不同和季节、气候、地域的差异，把人与自然有机地结合起来进行全面分析，做到因证施食、因时施食、因地施食和因人施食。

2. 饮食调护的方法

（1）汗法：即解表法，是一种通过发汗以疏散外邪、解除表证的方法，主要适用于外感初起，病邪侵犯肌表可表现出的一系列病证，症如恶寒发热头身疼痛等。常用食物为葱、姜等。

（2）下法：即泻下法，是用具有通便作用的食物通泻大便或祛除肠内积滞的方法。主要适用于病后产后和老年体虚、气血不足，肠燥便秘者。常用食物有蜂蜜、桑椹、香蕉、植物果仁、菜泥等。

（3）温法：即温里法，是用温热食物振奋阳气、祛除里寒的一种方法。多用于寒证或素体阳虚之人。症如肢体倦怠、四肢不温、腹痛吐泻等。常用食物有辣椒、酒、花椒、姜、羊肉、狗肉等。

（4）清法：即清热法，是用寒凉性食物清除内热泻火解毒的一种方法，多用于实热证或素体阳盛之人，症如发热、烦渴、舌生疮、小便短赤等。常用食物有西瓜、梨、藕、黄瓜、苦瓜、绿豆茶等。

（5）消法：也称消导法，是用具有消食健胃作用的食物开胃消食的一种方法，适用于脾胃升降失调、饮食不化之证。症如嗳腐吞酸、脘痞腹胀、厌食呕恶等。常用食物如山楂、萝卜、大蒜、醋等。

（6）补法：即补益法，是用具有补益作用的食物以补气益血、滋阴助阳、强身健体的一种方法，适用于气虚、血虚、阴虚和阳虚等症。根据病情的不同，分为适用阳虚、气虚的温补,适用于阴虚的清补和通用于各类虚证以及正常人进补的平补三类。常用食物有羊肉、龙眼肉、甲鱼、鸡、鸭、海参、木耳等。

考点：饮食护理的原则

考点：饮食护理的方法

（四）饮食的辅助治疗作用

案例 9-1

患者，男性，52 岁，平素喜食辛辣制品。症见牙龈红肿疼痛，继而溃烂，伴有口臭，渴喜冷饮，胃中有灼热感，舌质红、苔黄，脉滑数。
问题：对该患者如何实施中医的饮食护理？

食物同药物一样，具有寒、凉、温、热四性。辛、甘、酸、苦、咸五味和升、降、浮沉的作用趋向，只是其性能不如药物强。在饮食调护中，一般按照下列六法常用食物分类，以便辨证选用。

1. 热性食物　热性食物具有温里祛寒、益火助阳的功用，适用于阴寒内盛的实寒证。热性食物多辛香燥烈容易助火伤津，凡热症及阴虚者应忌用，如白酒、姜、蒜、花椒、辣椒等。

2. 温性食物　温性食物具有温中、补气、通阳、散寒、暖胃等功用，适用于阳气虚弱的虚寒证或实寒证较轻者。这类食物比热性食物平和，但仍有一定的助火、伤津、耗液倾向，凡热证及阴虚有火者应慎用或忌用。如羊肉、狗肉、龙眼肉等。

3. 寒性食物　寒性食物具有清热、泻火、解毒等功用，适用于发热较高、热毒深重的里实热证。寒性食物易损伤阳气，故阳气不足、脾胃虚弱者慎用。如苦瓜、绿豆、茶叶、莴苣等。

> **案例 9-1 分析**
> 该患者表现出一派实热征象（胃火炽盛），所以饮食上应多食寒性食物，尽量避免食用辛辣之品。

4. 凉性食物 凉性食物具有清热、养阳功用，适用于发热、痢疾、痈肿以及目赤肿痛、咽喉肿痛等里热证。凉性食物较寒性食物平和，但久服似能损伤阳气，故阳虚、脾气虚弱者慎用，如李子、芒果、梨、柠檬等。

5. 平性食物 平性食物没有明显的寒凉或温热偏性，因而不致积热或生寒，故为人们日常所食用，也是病人饮食调养的基本食物。但因其味有辛、甘、酸、苦、咸之别，因而其功效也有不同，应根据患者的病情和体质灵活选用。如大豆、玉米、豆浆、猪肉、鸡蛋、花生等。

6. 补益类食物 补益类食物具有益气、养血、壮阳、滋阴的功效，根据其寒凉温热的不同，分为温补、清补和平补三类。

（1）清补类食物：清补类食物一般具有寒凉性质，有清热、泻火、解毒的功效。适用于阴虚证或热性病需进行补养和调护者，寒证和素体阳虚者应慎用。如鸭、鹅、豆腐、莲子、冰糖等。

（2）温补类食物：温补类食物一般具有温热性质，有温中、助阳、散寒的功效。适用于阳虚证、寒证或久病体弱、禀赋不足者，热证和阴虚火旺者慎用或禁用。如羊肉、狗肉、核桃、龙眼等。

（3）平补类食物：所谓"平补"是指此类食物没有明显的寒凉和温热偏性。适用于各类病人，尤其常用于疾病的恢复期，也适用于正常人的补益。如鸡蛋、猪肉、鸡肉、银耳等。

7. 发散类食物 易于诱发的病，尤其是诱发皮肤疾病或加重新病的食物称为发散类食物，如禽畜类中的猪头、鸡头，蔬菜类的蘑菇、芫荽、香椿，水产品类的虾蟹等。

（五）临床常见病症的饮食禁忌

1. 热证 热证是机体感受热邪或阳盛阴虚可引起的一类病证，阳热偏盛，伤阴耗液，故宜清热生津、养阴，食寒凉性平食物，忌辛辣、温热之品。

2. 寒证 寒证是机体感受寒邪或阳虚阴盛所引起的一类病证。阴寒偏盛，阳气亏虚。故宜温里、散寒、助阳，宜食温热性食物、忌寒凉生冷之品。

3. 虚证 虚证是指阴阳气血亏虚。宜补虚益损、食补益类食物，阳虚者宜温补，忌用寒凉，阴虚者宜清补，忌用温热。气血虚者可随病证的不同，辨证施食，然虚证患者多脾胃虚弱，进补时不宜食用滋腻、硬固之品，食物以清淡而富于营养为宜。

4. 实证 实证是指邪气过盛。饮食宜疏利、消导，应根据病情之表里寒热和轻重缓急辨证和施食，采取急则治标、缓则治本和标本兼治的总体原则进行饮食调护，一般不宜施补。

5. 外感病证 宜饮食清淡，可食葱、姜等辛温发散之品，忌油腻厚味。

6. 其他 各类血证、阴虚阳亢证、目疾、皮肤病、痔瘘、疮疖、痈疽等病证忌辛热类食物，如葱蒜、生姜、胡椒、花椒、辣椒、白酒等；肝阳肝风症病人忌吃鹅、公鸡、鲤鱼、猪头等；患有疔、疮、痈疡及各种皮肤病及可能复发的忌食发散类、海腥类食物如带鱼、黄鱼、虾、蟹、蚌、淡菜、紫菜、母猪肉、猪头及一切病死兽肉等，以免诱发旧病，加重新病。

7. 药物禁忌 某些药物有特别的饮食禁忌要求，如萝卜可降低滋补药物补性，故服人参等滋补药时忌食，服荆芥时忌吃鱼蟹等。

四、运动与养生护理

中医认为,运动养生,特别强调意念、呼吸和躯体运动的结合,即意守、调息、动形的统一。意守指意念专注,调息指呼吸调节,动形指形体运动,统一是指三者之间的协调配合,使形体内外和谐,动静得宜,方能起到养生健身的作用。

1. 散步　散步是最原始的运动方法之一,将其视为一种主动养生的行为,在《黄帝内经》中就有明确的记载。《素问·四气调神大论》中说"春三月,夜卧早起,广步于庭……养生之道也。"散步有疏通经络、运行气血、调和五脏、强壮筋骨的作用。使内脏各器官的功能保持协调与平衡,提高机体的新陈代谢。

2. 跑步　运动养生所采用的跑步方法主要是健身慢跑,这是一种长时间、慢速度、远距离的运动方法,目的在于提高身体素质、改变较弱的身体状况、保持身心健康。跑步能比较安全地、最大限度地增强心肺功能,促进脂肪代谢,减少体脂的储存,降低血中甘油三酯的含量,舒张冠状动脉的口径,可预防肺气肿、冠心病、高脂血症、高血压病及动脉硬化,同时还能增强肌力,调节神经系统及消化系统的功能。

3. 登高　可明显地提高心肺的功能,并有强筋壮骨的功效,对全身各部位的肌肉、关节、骨骼都是一个很好的锻炼,除了力量的锻炼外,也是人身各部位的相互协调性与灵活性的巧妙配合。

《黄帝内经》中将人体视为对立统一的阴阳关系,应用阴阳对立统一的矛盾运动来认识或解释气血营运的生理化过程,判定正常或异常的生理状态。提出"人体欲得劳动,但不当极耳"的身体锻炼原则,以"汗出"的生理现象与"身体轻快"的自我感受为主,并控制自身运动的量与强度。

> **小结**
>
> 　　本章重点介绍了中医护理的基本概念、辨证与护理,中医护理中的生活起居护理、七情护理、饮食护理、运动与养生护理等内容。中医护理是以中医基础理论为指导,在工作中护理措施是重点,中医辨证的思想要融入护理措施中去实现,所以应熟练掌握并灵活运用相关知识。

自测题

选择题

A_1 型题

1. 室内温度偏高适合于下列哪类病人(　　)
   - A. 肝阳上亢
   - B. 实热证
   - C. 阳虚
   - D. 阴虚
   - E. 青壮年

2. 夏季起居方面应遵循(　　)
   - A. 早卧早起
   - B. 晚卧早起
   - C. 早卧晚起
   - D. 晚卧晚起
   - E. 卧床休息

3. 七情过极,可采用以情胜情法,若恐伤肾,应(　　)
   - A. 以喜胜之
   - B. 以怒胜之
   - C. 以思胜之
   - D. 以悲胜之
   - E. 以惊胜之

4. 养生学中常人宜选择的睡眠姿势为(　　)
   - A. 仰卧位
   - B. 俯卧位
   - C. 左侧卧位
   - D. 右侧卧位

E. 自由卧位

5. 下列叙述中，不正确的是（ ）
   A. 夏季易感暑热，应经常开窗通风，保持室内空气流通
   B. 年老体弱者宜安排在室温偏高的阳面房间
   C. 阴虚证患者，室内的湿度宜偏低
   D. 青壮年患者宜安排在室温偏低的阴面房间
   E. 有眼病的患者，病室内的光线宜偏暗

6. 肺病患者，应忌食下列哪味食物（ ）
   A. 酸　　　　　B. 苦
   C. 甘　　　　　D. 辛
   E. 咸

7. 下列关于饮食调护的叙述中，哪项是错误的（ ）
   A. 饮食宜清淡卫生
   B. 不可偏嗜五味
   C. 进食宜缓慢
   D. 食后要漱口
   E. 食后应边摩腹边卧床休息

8. 采用一定的措施，分散病人对所患疾病的注意力，使其注意力从病转移到其他人或物上，这种情志护理方法是（ ）
   A. 顺情从欲　　　B. 以情胜情
   C. 说理开导　　　D. 移情疗法
   E. 释疑解惑

A_2 型题

9. 患者，男性，19岁。因多次与同学聚餐，近日，脸上生出好多"小豆豆"，建议他多吃（ ）
   A. 海带、萝卜、葫芦、柿子
   B. 小米、薏米、绿豆、梨
   C. 鲤鱼、鲫鱼、糯米、桂圆肉
   D. 生姜、大蒜、葱、花椒
   E. 猪肉、牛奶、鸡蛋、黑鱼

10. 患者，女性，69岁。半个月前感冒，由于用药不及时，至今仍然咳嗽，建议此患者应多食下列哪种药膳（ ）
    A. 冰糖雪梨饮　　B. 生姜粥
    C. 马齿苋绿豆粥　D. 苦瓜散
    E. 桑菊薄荷茶

A_3 型题

（11～13题共用题干）
患者，女性，28岁。干咳，有时痰中带血，胸痛，下午发热，咽痛，舌质红，苔黄少，脉细数。经诊断为肺结核，辨证为肺阴虚肺痨。

11. 该患者病房安排最佳的是（ ）
    A. 病室温度偏高
    B. 病室湿度低
    C. 居室安静，空气流通，定期消毒
    D. 光线强，密闭空间，防止传染
    E. 潮湿阴冷

12. 该患者活动安排最佳的是（ ）
    A. 正常活动
    B. 多休息，辅助适当轻度活动
    C. 静卧休息，可在床上活动
    D. 绝对卧床休息
    E. 加强运动锻炼

13. 该患者饮食护理最佳的是（ ）
    A. 辛辣油菜腻食物
    B. 营养丰富补气血之品
    C. 生冷肥甘之品
    D. 粘滞厚味之品
    E. 营养丰富滋阴之品

（李　微）

第10章 针灸与推拿

> 针灸与推拿都属于中医学的传统疗法，是中医护理操作技术的主要内容。针灸推拿疗法都属于物理疗法、外治法的范围，具有简单、方便、安全、易学、经济以及无不良反应、无痛苦、无损伤、疗效佳的特点，可以有病治病、无病健身。学好针灸推拿技术对于养生防病及疾病的治疗护理康复具有重要意义。

针灸疗法是在中医学理论指导下，运用针刺和艾灸作用于人体的经络腧穴，防治疾病的技术和方法；推拿疗法是医者运用各种手法作用于患者体表的特定部位或穴位，以调节机体的生理、病理状态，从而达到防病治病目的的一种物理疗法。针灸与推拿是我国人民在长期与疾病作斗争的实践中不断认识、发展和充实起来的学科，具有悠久的历史和丰富的内容，是祖国医学中的重要组成部分。

案例10-1

患者，女性，52岁。一日晨起突然出现口眼㖞斜，语言不清，一侧肢体瘫痪，诊断为脑血栓。经过1个月西医治疗，病情稳定，但肢体肌力差，上肢肌力为2级、下肢为3级，现生活不能自理，患者及家属非常苦恼。

问题：1. 给出本病的护理诊断。

2. 针对该患者，当前的最佳治疗方案是？

第1节 腧　　穴

腧穴是脏腑、经络之气输注于人体体表的部位，在病理上是脏腑、经络病证的反应点，在治疗护理上是针灸、推拿的施术部位。腧，有转输、输注之意；穴，即孔隙，俗称"穴位"。

一、腧穴的分类与作用

（一）腧穴的分类

人体的腧穴很多，可分成三类，即十四经穴、奇穴、阿是穴。

1. 十四经穴　简称"经穴"，指分布在十二经脉和任、督二脉上的腧穴，共有361穴。其中十二经脉的腧穴为左右对称的双穴，任、督二脉的腧穴分布在人体前后的正中线上，为单穴。其特点是均有固定的名称、固定的位置、固定的归经和相对固定的主治功用，而且多具有主治本经病候的共同作用。

2. 经外奇穴 简称"奇穴",是指未列入十四经系统的有固定名称和定位的腧穴。其特点是有固定的名称、定位和主治,但无归经。它们的主治范围比较单一,多数对某些病证有特殊治疗作用。

3. 阿是穴 又称"压痛点""天应穴"。这类腧穴既无固定名称,也无固定的位置和主治,而是以压痛敏感点或其他反应点作为针灸推拿施术的部位。

(二)腧穴的主治作用

腧穴是脏腑、经络之气输注的部位,也是邪气进出人体所经之处。所以腧穴能预防和治疗相关疾病,主要有以下三方面作用。

1. 近治作用 是指所有的腧穴均可治疗其所在部位局部及邻近组织、器官的病症。如眼区周围的睛明、承泣等腧穴均能治疗眼疾,胃脘部周围的中脘、梁门能治疗胃病,阿是穴可治疗所在部位局部的病痛等。腧穴的近治作用是一切腧穴主治作用所具有的共同特点,即"腧穴所在,主治所在"。

2. 远治作用 是指十二经脉在四肢肘膝关节以下的腧穴,不仅能治疗局部病症,而且还能治疗本经循行所过的远隔部位的脏腑、组织器官病症,即"经脉所通,主治所及"。如足三里不仅能治下肢病症,而且能治疗本经经脉所过部位的腹痛、胃痛、乳痈等病症。

3. 特殊作用 是指某些腧穴具有双向良性调节作用和相对特异性治疗作用。如针刺天枢既可止泻,又可通便;针刺内关既可治心动过缓,也可治心动过速,具有双向良性调整作用;大椎退热、至阴矫正胎位等,都属相对特异性治疗作用。

> **案例 10-1 分析**
> 该患者属于中风后遗症半身不遂,综合康复治疗被认为是当前最佳方案,现阶段最适合的治疗护理方法为针灸。针灸治疗取手足阳明经穴为主,辅以太阳、少阳经穴。处方:上肢,肩髃、曲池、手三里、外关、合谷;下肢,环跳、阳陵泉、足三里、解溪、昆仑。并配合中药、科学的运动功能训练等其他康复手段。

二、腧穴常用的定位方法

临床运用针灸、推拿疗法,熟练掌握各种定穴方法,对于准确取穴、提高针灸推拿治疗护理效果有重要意义。临床上常见的定位方法有以下四种。

(一)体表解剖标志定位法

体表解剖标志定位法,是利用人体体表的各种解剖学标志为依据来确定腧穴位置的方法。分为固定标志和活动标志两种。

1. 固定标志 是指体表各部位由骨节、肌肉形成的突起、凹陷、五官轮廓、发际、指(趾)甲、乳头、肚脐等位置固定的标志。以此为依据来确定腧穴位置简单而又准确。如眉头定攒竹,脐上4寸定中脘,第2腰椎棘突下定命门,腓骨小头前下方陷中定阳陵泉。

2. 活动标志 是指人体各部位的关节、肌肉、肌腱、皮肤等随着活动而出现的空隙、凹陷、皱纹等标志。这些标志只有在采取相应的活动姿势时才会出现,定穴时要求病人先采取相应的体位和活动姿势,然后才能依据相应的标志来确定腧穴位置。如屈膝时在髌韧带外侧凹陷中定犊鼻,张口时在耳屏前与下颌骨髁状突之间凹陷中取听宫。

(二)骨度分寸定位法

是将人体各部的长度和宽度,以骨节、缝纹或其他标志为依据定出分寸而用于腧穴定位的方法。不论男女、老幼、高矮、胖瘦的患者，均按照这个标准进行折量（表 10-1 和图 10-1）。

表 10-1　常用骨度分寸

分部	部位起点	常用骨度（寸）	度量法	说明
头部	正中前后发际之间	12	直量	用于确认头部穴纵向距离
躯干部	两乳头之间连线	8	横量	用于确认胸部穴横向距离
	胸剑联合至脐中	8	直量	用于确认躯干部穴纵向距离
	脐中至耻骨联合上缘	5	直量	用于确认躯干部穴纵向距离
	两肩胛骨脊柱缘之间	6	横量	用于确认背部穴横向距离
上肢部	胸前纹头至肘横纹	9	直量	用于手三阴、手三阳经等的骨度分寸
	肘横纹至腕横纹	12	直量	
下肢部	耻骨上缘至股骨内上髁上缘	18	直量	用于足三阴、足三阳经等的骨度分寸
	股骨大转子至腘横纹	19	直量	
	臀横纹至腘横纹	14	直量	
	胫骨内侧髁下缘至内踝尖	13	直量	
	腘横纹至外踝尖	16	直量	
	外踝尖至足底	3	直量	

（三）手指同身寸定位法

是指以患者本人的手指为标准来定取穴位的方法。临床常用的有以下三种（图 10-2）。

1. 拇指同身寸　是以患者拇指指关节的横度作为 1 寸，适用于四肢部的直寸取穴。

2. 中指同身寸　是以患者中指中节屈曲时内侧两端纹头之间的距离作为 1 寸，可用于四肢部取穴的直寸和背部取穴的横寸。

3. 横指同身寸　又称"一夫法"，是令患者将示指、中指、环指和小指伸直并拢，以中指中节横纹为准，横量四指宽度作为 3 寸。

（四）简便取穴法

是临床上常用的简便易行的取穴方法。如两手虎口交叉，一手示指压在另一手腕后桡骨茎突上，其示指端到达之处取列缺；立正姿势垂手中指端取风市等。

考点：腧穴的概念、分类、定位方法

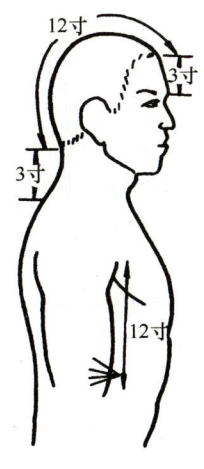

A. 骨度折量寸（头部）

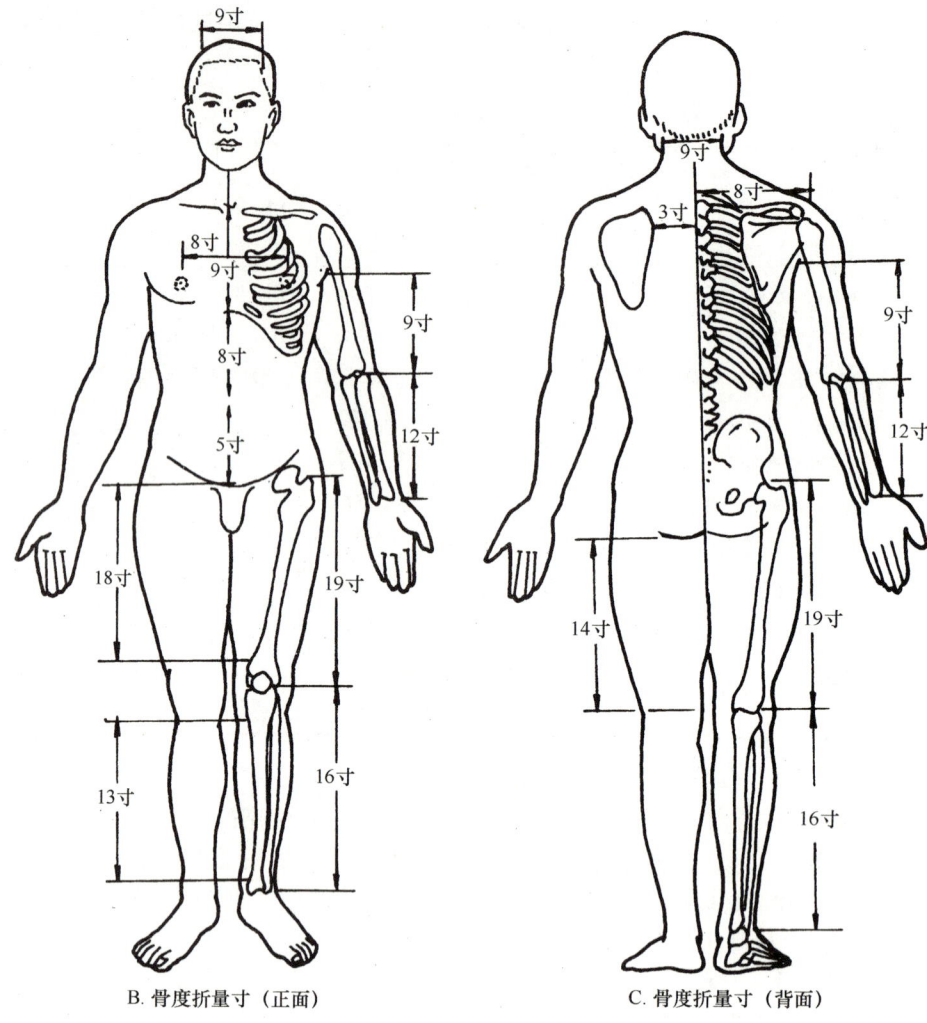

B. 骨度折量寸（正面）　　C. 骨度折量寸（背面）

图 10-1　常用骨度分寸

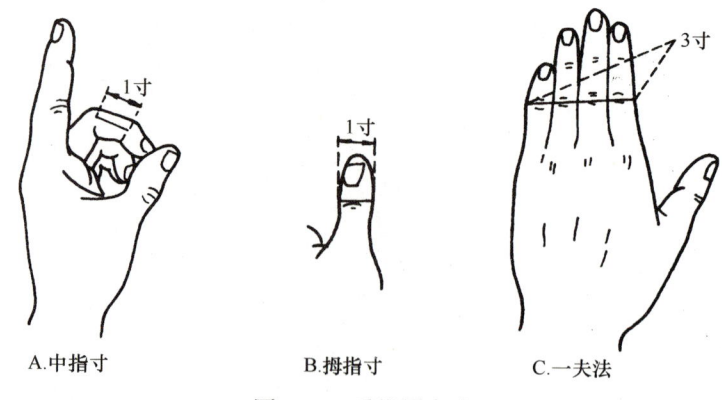

A. 中指寸　　B. 拇指寸　　C. 一夫法

图 10-2　手指同身寸

三、常用腧穴

（一）十四经常用腧穴

常用腧见穴表 10-2，图 10-3、图 10-4、图 10-5、图 10-6、图 10-7、图 10-8、图 10-9、图 10-10。

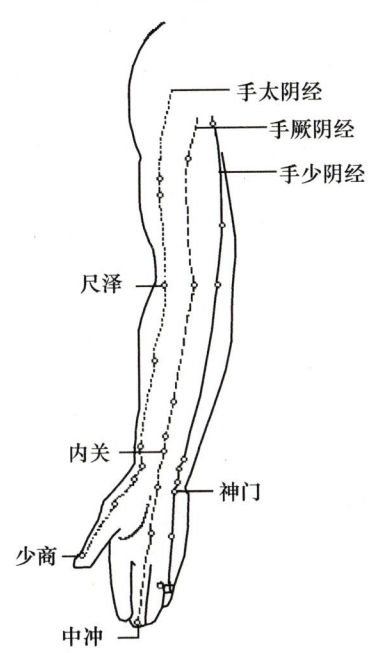

图 10-3　手三阴经腧穴

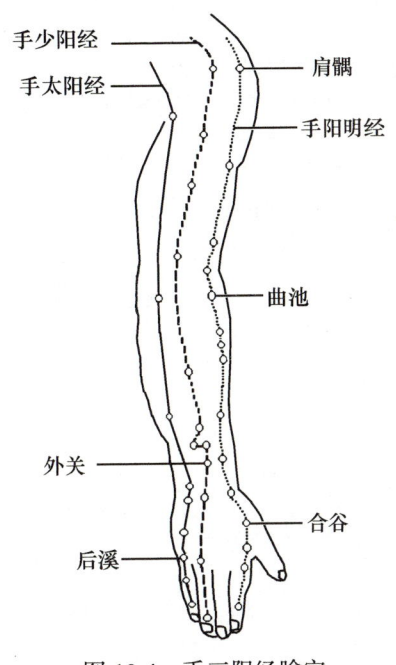

图 10-4　手三阳经腧穴

表 10-2　十四经常用腧穴

穴位	定位	主治	操作
尺泽	在肘横纹中，肱二头肌腱桡侧凹陷处。取法：仰掌屈肘，当肘横纹上紧靠肱二头肌腱桡侧缘陷是穴	咳嗽、气喘、咯血、潮热、胸部胀满、咽喉肿痛、吐泻、小儿惊风、肘臂挛痛	直刺 0.8～1.2 寸，或点刺出血；可灸
孔最	在前臂掌面桡侧，尺泽与太渊连线上当腕横纹上 7 寸处	咳嗽、气喘、咯血、咽喉肿痛、肘臂挛痛、痔疾	直刺 0.5～1.2 寸，可灸
列缺	腕横纹上 1.5 寸、桡骨茎突上方；简易取穴法：两手虎口交叉，一手示指按在另一手桡骨茎突上，示指尖端所压处是穴	咳嗽、气喘、咽喉肿痛、半身不遂、口眼㖞斜、偏头痛、项强痛、腕痛无力、牙痛	向上或向下斜刺 0.3～0.8 寸；可灸
少商	在拇指桡侧端，指甲角旁约 0.1 寸处	咽喉肿痛、发烧、鼻出血、昏迷	直刺 0.1 寸，或向腕平刺 0.2～0.3 寸，或用三棱针点刺出血，可灸
合谷	在手背，第 1、2 掌骨间，当第 2 掌骨中点桡侧	头痛、目赤肿痛、鼻衄、齿痛、牙关紧闭、口眼㖞斜、耳聋、疟腮、咽喉肿痛、热病、多汗、无汗、腹痛、便秘、经闭、滞产、小儿惊风、半身不遂、瘾疹、疟疾	直刺 0.5～1.0 寸；可灸

（续表）

穴位	定位	主治	操作
曲池	屈肘成直角，在肘横纹桡侧端与肱骨外上髁连线中点处	热病，半身不遂，风疹，手臂肿痛无力，咽喉肿痛、目赤肿痛、牙痛，腹痛吐泻，痢疾，高血压，瘰疬，癫狂	直刺1.0～1.5寸；可灸
迎香	面部鼻翼外缘中点旁、当鼻唇沟中	鼻塞、鼻衄、鼻息肉，口㖞，面痒，胆道蛔虫	直刺或向上斜刺0.3-0.5寸；不宜灸
肩髃	在肩峰与肱骨大结节之间，三角肌上部中央凹陷中。简易取穴，臂外展或向前平举时，肩部出现两个凹陷，前方的凹陷即是本穴	肩臂疼痛，手臂挛急，上肢不遂，瘾疹，瘰疬	直刺或向下斜刺0.8～1.5寸；可灸
天枢	在腹中部，当脐中旁开2寸处	腹痛、腹胀，肠鸣泄泻，痢疾，便秘，肠痈，热病，疝气，水肿，月经不调	直刺0.8～1.2寸；可灸
足三里	在小腿前外侧，当犊鼻下3寸，距胫骨前缘1横指处（中指）	胃痛，呕吐，腹胀，肠鸣，消化不良，下肢痿痹，泄泻，便秘，痢疾，疳积，癫狂，卒中，脚气，水肿，下肢不遂，心悸、气短，虚劳羸瘦。本穴有强壮作用，为保健要穴	直刺1～2寸；可灸
丰隆	在小腿前外侧，当外踝尖上8寸，条口外，距胫骨前缘2横指	痰多，哮喘，胸痛、头痛，咽喉肿痛，便秘，癫狂，痫证，下肢痿痹，呕吐	直刺1～1.5寸；可灸
三阴交	在小腿内侧，当足内踝尖上3寸，胫骨内侧缘后方	肠鸣，腹胀，泄泻，消化不良，月经不调，痛经，经闭，赤白带下，阴挺，产后血晕，滞产，不孕，阳痿，遗精，遗尿，疝气，小便不利，失眠，下肢痿痹，脚气	直刺1.0～1.5寸；可灸。孕妇不宜针
血海	屈膝，在髌骨内上缘上2寸处。简易取穴法：患者屈膝，医者以左手掌心按于患者右膝髌骨上缘，第2至5指向上伸直，拇指呈45斜置按下，当拇指尖下即是本穴	月经不调，痛经、闭经、崩漏，瘾疹、湿疹、丹毒，皮肤瘙痒，小便淋涩，股内侧痛	直刺1.0～1.2寸；可灸
神门	在腕掌侧横纹尺侧端，尺侧腕屈肌腱桡侧陷中	心痛，心烦，惊悸，怔忡，失眠、健忘，癫狂痫，胸胁痛，掌中热	直刺0.3～0.5寸；可灸
少泽	在小指尺侧端，指甲角旁0.1寸处	头痛，目翳，咽喉肿痛，乳痈，乳少，热病，昏迷，耳鸣、耳聋，肩臂外侧后缘疼痛	斜刺0.1寸，或点刺出血；可灸
听宫	在耳屏前，下颌骨髁状突的后缘，张口呈凹陷处	耳鸣、耳聋，聤耳，齿痛，癫狂痫	微张口，直刺1.0～1.5寸；可灸
睛明	在目内眦角稍内上0.1寸骨性眼眶上缘凹陷处	目赤肿痛，迎风流泪，胬肉攀睛，目翳、目视不明，近视，夜盲，色盲、目眩	嘱患者闭目，医者左手轻推眼球向外固定，右手缓慢进针，紧靠眶缘直刺0.5～1.0寸（轻捻缓进得气即止），不提插。出针后按压针孔片刻，以防出血。本穴禁灸

（续表）

穴位	定位	主治	操作
肺俞	在第3胸椎棘突下，旁开1.5寸处	咳嗽，气喘，胸满，背痛，骨蒸，潮热，盗汗，咯血，鼻塞	斜刺0.5～0.8寸；可灸
心俞	在第5胸椎棘突下，旁开1.5寸处	心痛，心烦，惊悸怔忡，失眠、健忘，梦遗，咳嗽，胸背痛，吐血，盗汗，癫狂痫	斜刺0.5～0.8寸；可灸
肾俞	在第2腰椎棘突下，旁开1.5寸处	阳痿，遗精，早泄，不孕，遗尿，小便不利，水肿，月经不调，白带，腰背酸痛，头昏，耳鸣、耳聋，喘咳少气	直刺0.5～1.0寸；可灸
委中	在腘横纹中点，当股二头肌腱与半腱肌腱的中间	腰痛，下肢痿痹，卒中昏迷，半身不遂，腹痛、腹泻，呕吐，遗尿，小便不利，丹毒	直刺1.0～1.5寸，或用三棱针点刺腘静脉出血
承山	在小腿后面正中，委中与昆仑之间，当伸直小腿或足跟上提时腓肠肌肌腹下出现尖角凹陷处	腰背痛，小腿转筋，痔疾，便秘，腹痛、疝气、脚气，下肢瘫痪	直刺1.0～2.0寸；可灸
至阴	在足小趾外侧端，趾甲角旁0.1寸处	头痛，鼻塞，鼻衄，目痛，胞衣不下，胎位不正，难产	浅刺0.1寸；胎位不正用灸法
涌泉	在足底（去趾）前1/3与后2/3的交界处，足趾跖屈时呈凹陷中央	头痛、失声，便秘，小便不利，小儿惊风，癫狂，昏厥	直刺0.5～1.0寸；可灸
太溪	在足内踝尖与跟腱之间的凹陷处	头痛目眩，咽喉肿痛，牙痛，耳聋、耳鸣，气喘，胸痛咯血，消渴，月经不调，失眠、健忘，遗精，阳痿，小便频数，腰脊痛，下肢厥冷，内踝肿痛	直刺0.5～1.0寸；可灸
内关	在腕横纹上2寸，掌长肌腱与桡侧腕屈肌腱之间。	心痛，心悸、胸闷，胸痛，胃痛，呕吐，呃逆，癫痫，热病，上肢痹痛，偏瘫，失眠、眩晕，偏头痛	直刺0.5～1.0寸；可灸
劳宫	在掌心，第2、3掌骨之间，自然握拳时中指尖下是穴	心痛，呕吐，癫狂痫，口疮，口臭	直刺0.3～0.5寸；可灸
中冲	手中指尖端的中央，距指甲缘0.1寸	心痛，昏迷，舌强肿痛，热病，小儿夜啼，中暑，昏厥	浅刺0.1寸，或用三棱针点刺出血
支沟	腕背横纹上3寸、桡骨与尺骨之间	耳鸣，耳聋，暴喑，瘰疬，胁肋痛，便秘，热病	直刺0.8～1.2寸；可灸
风池	在胸锁乳突肌与斜方肌上端之间凹陷中与风府穴相平处	头痛，眩晕，目赤肿痛，鼻渊，鼻衄，耳鸣、耳聋，颈项强痛，感冒，癫痫，中风，热病，疟疾，瘿气	针尖微下，向患者鼻尖方向斜刺0.8～1.2寸，或平刺透风府穴；可灸。本穴深部为延髓，必须严格掌握针刺角度与深度，慎防意外
肩井	在肩上，当大椎穴与肩峰连线中点	头项强痛，肩背疼痛，上肢不遂，难产，乳痈，乳汁不下，瘰疬	直刺0.5～0.8寸，深部正当肺尖，不可深刺，孕妇禁针；可灸

（续表）

穴位	定位	主治	操作
环跳	侧卧屈股，在股骨大转子高点与骶管裂孔连线的外1/3与内2/3交界处	腰胯疼痛，半身不遂，下肢痿痹	直刺2～3寸；可灸
风市	在大腿外侧部的中线上，当腘横纹上7寸处。简易取穴法：直立垂手时，中指尖在大腿外侧中线所点之处，即是本穴	半身不遂，下肢痿痹，遍身瘙痒，脚气	直刺1～2寸；可灸
阳陵泉	在小腿外侧，当腓骨小头前下方凹陷处	胁痛，口苦，呕吐，黄疸，小儿惊风，半身不遂、下肢痿痹，脚气	直刺1.0～1.5寸；可灸
太冲	在足背第1、2跖骨基底部联合前凹陷中	头痛、眩晕、目赤肿痛、口㖞、胁痛、遗尿、疝气、崩漏、月经不调、癫痫、呕逆、小儿惊风、下肢痿痹	直刺0.5～0.8寸；可灸
关元	在下腹部正中线上，当脐下3寸处	遗尿，小便频数，尿闭，泄泻，腹痛，遗精，阳痿，疝气，月经不调，带下，不孕，卒中脱证，虚劳羸瘦，本穴有强壮作用，为保健要穴	直刺1～2寸；可灸。孕妇慎用
气海	在下腹部正中线上，当脐下1.5寸处	腹痛，泄泻，便秘，遗尿，疝气，遗精，阳痿，月经不调，经闭，崩漏，虚脱，形体羸瘦，本穴有强壮作用，为保健要穴	直刺1～2寸；可灸。孕妇慎用
神阙	在肚脐中央	腹痛，泄泻，脱肛，水肿，虚脱	因消毒不便，故一般不针，多用艾条灸或艾炷隔盐灸
中脘	在上腹部正中线上，当脐上4寸处	胃痛，呕吐、吞酸，呃逆，腹胀，泄泻，黄疸，癫狂	直刺1～1.5寸；可灸
膻中	在胸部正中线上，两乳头连线的中点，平第4肋间处	咳嗽，气喘，胸痛，心悸，乳少，呕吐，噎膈	平刺0.3～0.5寸；可灸
命门	腰部后正中线上第二腰椎棘突下凹陷中	肾病、浮肿、阳痿、遗精、腰脊强痛、耳鸣	向上微斜刺0.5-1寸
大椎	在第7颈椎棘突下凹陷中	热病、疟疾、咳嗽、气喘、骨蒸盗汗、癫痫，头痛项强，肩背痛，腰脊强痛，风疹	直刺0.5～1寸；可灸
风府	后发际正中直上1寸	头痛，项强，眩晕，咽喉肿痛，失声，癫狂，卒中	直刺或向下斜刺0.5～1寸。不可深刺，以免伤及深部延髓
百会	在后发际正中直上7寸处。简易取穴法：两耳尖连线中点，头顶正中是此穴	头痛、眩晕，卒中失语，癫狂，脱肛，泄泻，阴挺，健忘，不寐	平刺0.5～0.8寸；可灸
水沟	在人中沟的上1/3与中1/3交界处	头痛，晕厥，癫狂痫，小儿惊风，口角㖞斜，腰脊强痛	向上斜刺0.3～0.5寸，或用指甲按掐

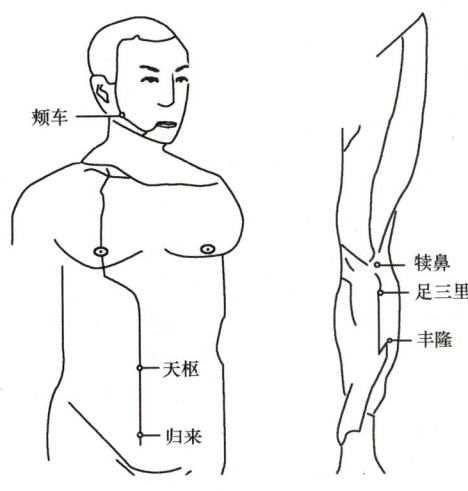

图 10-5　足阳明胃经腧穴

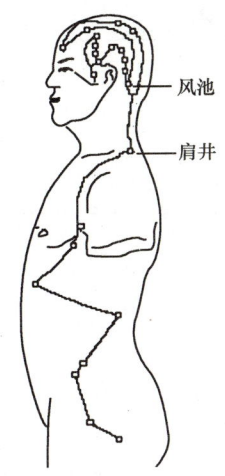

图 10-6　足少阳胆经腧穴

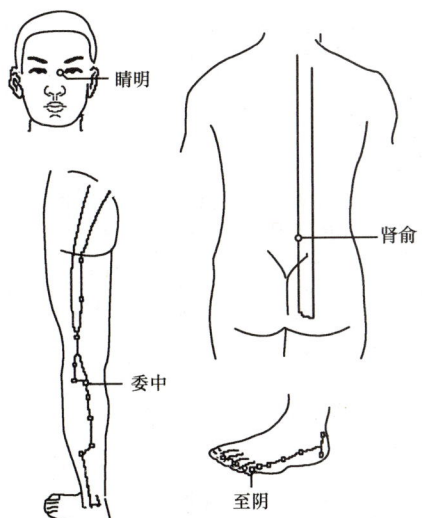

图 10-7　足太阳膀胱经腧穴

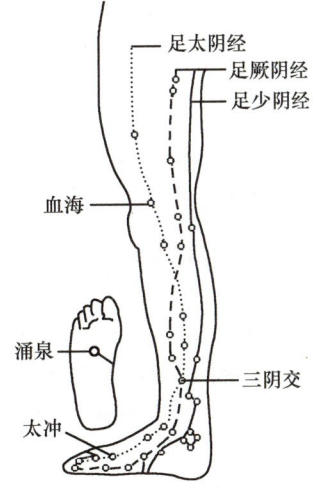

图 10-8　足三阴经腧穴

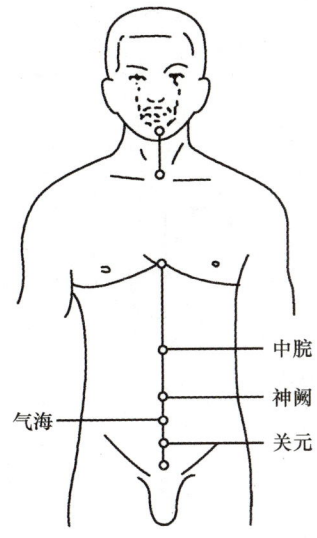

图 10-9　任脉常用腧穴

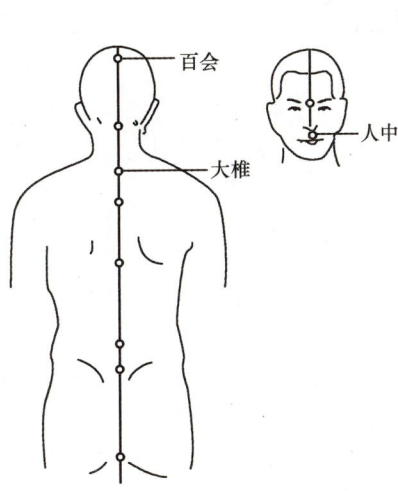

图 10-10　督脉常用腧穴

（二）常用经外奇穴

常用经外奇穴见表10-3，图10-11、图10-12、图10-13、图10-14。

表10-3　常用经外奇穴简表

穴位	定位	主治	操作
四神聪	在百会穴前、后、左、右各1寸处共4穴	头痛，眩晕，失眠，健忘，癫痫	平刺0.5～0.8寸；可灸
印堂	在两眉头连线中点处	头痛，眩晕，鼻衄，鼻渊，小儿惊风，失眠	提捏局部皮肤，平刺0.3～0.5寸，或用三棱针点刺出血；可灸
太阳	眉梢与目外眦连线中点外约1寸处凹陷中	头痛、目疾	直刺或斜刺0.3～0.5寸，或用三棱针点刺出血
定喘	在第7颈椎棘突下（大椎穴）旁开0.5寸处	哮喘，咳嗽，肩背痛	直刺0.5～0.8寸；可灸
夹脊	在第1胸椎至第5腰椎的各椎棘突下旁开，后正中线0.5寸处，一侧17穴，左右共34穴	适用范围较广，其中上胸部夹脊穴治上肢和心肺疾病；下胸部夹脊穴治胃肠疾病；腰部夹脊穴治腰、腹和下肢疾病等	直刺0.3～0.5寸，或用梅花针叩刺；可灸
四缝	在第2至第5手指掌侧，近端指关节横纹中点处，一手4穴，左右共8穴	小儿疳疾，百日咳，小儿腹泻，肠寄生虫症，手指痛	点刺出血或挤出少许淡黄色透明黏液
十宣	在双手十指尖端，距指甲游离缘0.1寸处，左右共10穴	昏迷，癫痫，高热，咽喉肿痛，指端麻木，中暑，晕厥，小儿惊厥	浅刺0.1～0.2寸，或点刺出血
膝眼	屈膝，在髌韧带两侧凹陷处。内侧者为内膝眼，外侧者为外膝眼	膝痛，腿脚重痛，脚气	向膝中斜刺0.5～1寸，或透刺对侧膝眼；可灸
胆囊	在阳陵泉穴下2寸处，以压痛敏感点为穴	急慢性胆囊炎，胆石症，胆道蛔虫症，下肢痿痹	直刺1～2寸；可灸
阑尾	在足三里穴下约2寸（犊鼻下5寸），胫骨前缘旁开1横指处，以压痛敏感点为穴	急慢性阑尾炎，急慢性肠炎，胃脘痛，消化不良，下肢痿痹，足下垂	直刺1.5～2寸；可灸

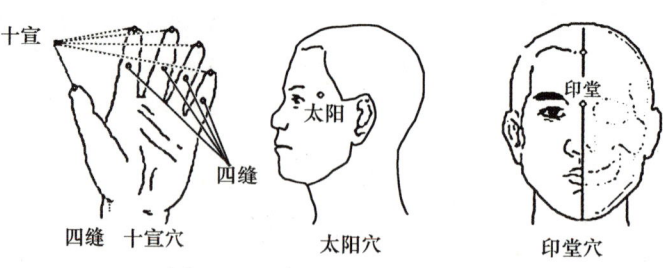

图10-11　常用奇穴（太阳等）

第10章 针灸与推拿

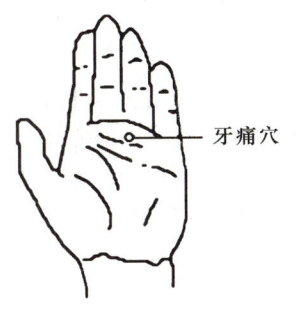

图 10-12 常用奇穴（牙痛）

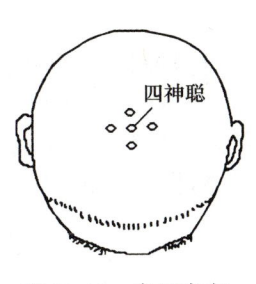

图 10-13 常用奇穴（四神聪）

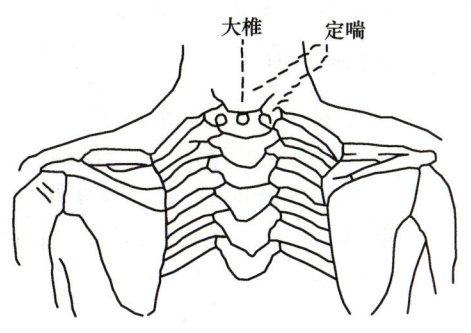

图 10-14 常用奇穴（定喘）

链接

四总穴歌

四总穴，原载于明代朱权所著的《乾坤生意》，四总穴分治头项、面口、肚腹、腰背等部的疾患，在实践中有针感强、疗效好、治疗范围广泛等优点，同时，四总穴又是远道取穴的典范。因此，四总穴歌是学习针灸推拿的重要的歌诀。歌诀：肚腹三里留，腰背委中求，头项寻列缺，面口合谷收。后代医家又增补：心胸取内关，小腹三阴谋，酸痛取阿是，急救刺水沟

第2节 针灸护理

案例 10-2

患者，男性，26 岁，司机。睡眠醒来时突然感觉一侧面部肌肉板滞，耳后乳突部疼痛，口角向右侧歪斜，不能做蹙额、皱眉、露齿、鼓颊等动作，左侧眼睑不能闭合并流泪，左侧额纹消失，鼻唇沟平坦，舌红苔少脉弦紧。诊断为"面瘫"。

问题：1. 该患者现最适合用什么方法来治疗和护理？

2. 如何对患者实施该治疗和护理方法？

一、针法护理

（一）针具

1. 毫针的结构 毫针是针刺治病的主要针具，是针灸刺法在临床上应用最广泛的工具。大凡能刺灸的腧穴，均可使用毫针进行针刺。毫针多是以不锈钢制成，具有较高的强度和韧度。它的结构分为针尾、针柄、针根、针身、针尖五部分（图 10-15）。

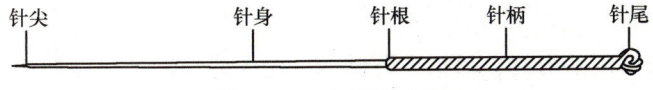

图 10-15 毫针的结构

2. 毫针的规格 毫针主要以针身的长短和粗细而定有不同的规格，一般临床以

25～75mm（1～3寸）长和28～30号（0.32～0.38mm）粗细者最为常用。

（二）针刺练习

主要是对指力和手法的锻炼。由于毫针针身细软，如果没有一定的指力，就很难力贯针尖，对各种手法的操作，也不能运用自如，影响治疗效果，因此针刺练习，是初学针刺者的重要基本技能训练。指力是指医者持针之手进针操作的力度。良好的指力是掌握针刺手法的基础，熟练的手法是运用针刺治病的条件。针刺的练习，一般分指力练习、手法练习和自身练习等三步（图10-16）。

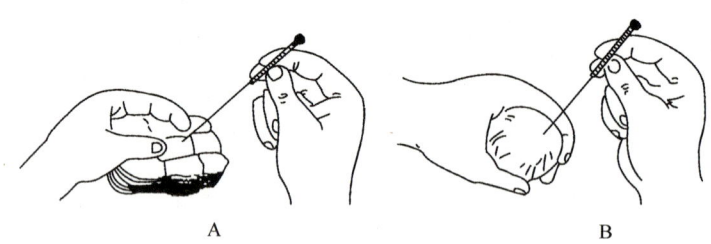

图10-16 练针法
A.纸垫练针法；B.棉团练针法

（三）针刺前的准备

1. 针具的选择 首先须根据所选的腧穴、病人的体质、病情等情况来选择合适的针具。实施针刺前须检查针具的情况，检查时要注意：针尖要端正不偏，无毛钩；针身要光滑挺直，圆正匀称，坚韧而富有弹性；针根要坚固，无剥蚀；针柄的金属丝要缠绕均匀、牢固。

2. 适当的体位 一般来说，以病人感觉舒适、医生方便针刺为原则，通常选择仰卧位、俯卧位、侧卧位、仰靠坐位或俯伏坐位等体位。首次针刺的病人，应尽量选择卧位，以防晕针。

3. 针刺治疗前的心理辅导 出现晕针的患者大部分都是初次接受针刺的患者，所以在针刺前要做好病人的心理疏导工作。在针刺前，特别是初针患者，告诉病人进针的感觉，让病人从容接受针刺治疗。

4. 注意消毒 应用针刺必须严格注意消毒灭菌。针刺前的消毒灭菌范围应包括针具器械、医生的手指和病人的施针部位。

针具器械消毒，应尽量采用高压蒸气灭菌法。直接和毫针接触的针盘、镊子等也需进行消毒。经过消毒的毫针，必须放在消毒过的针盘内，外以消毒纱布遮覆。医生的手指在施术前要用肥皂水洗刷干净或用乙醇棉球涂擦后，才能持针操作。病人施针部位皮肤上用75%乙醇的棉球擦拭，应从中心点向外绕圈擦拭；或先用2%碘酊涂擦，稍干后再用75%乙醇涂擦脱碘。穴位皮肤消毒后，必须保持洁净，防止再污染。

（四）进针法

进针一般是用右手持针，用左手固定腧穴局部，使针刺入皮肤，进入腧穴深层。常用的进针法有以下几种。

1. 夹持进针法 刺手拇指、示指夹持针柄，左手持消毒干棉球夹持住针身，将针刺入腧穴迅速刺入皮下，再以右手拇、示、中指进行捻转针柄，在捻转的同时将针刺入腧穴的深部。此法适用于长针的进针。

2. 指切进针法 用左手拇指端切按在腧穴位置上，右手持针，沿左手拇指指甲边缘垂直刺入皮肤，再进行捻转入穴的深层。此法适用于短针的进针。

3. 舒张进针法 以左手拇、示二指将所刺腧穴部位的皮肤向两侧撑开，使皮肤绷紧，右手持针，使针从左手拇、示二指的中间刺入。此法适用于皮肤松弛部位的腧穴进针。

4. 提捏进针法 以左手拇、示二指将所刺腧穴部位的皮肤提捏起来，右手持针，从捏起部的上端刺入。此法适用于肌肉较浅薄的腧穴进针（图10-17）。

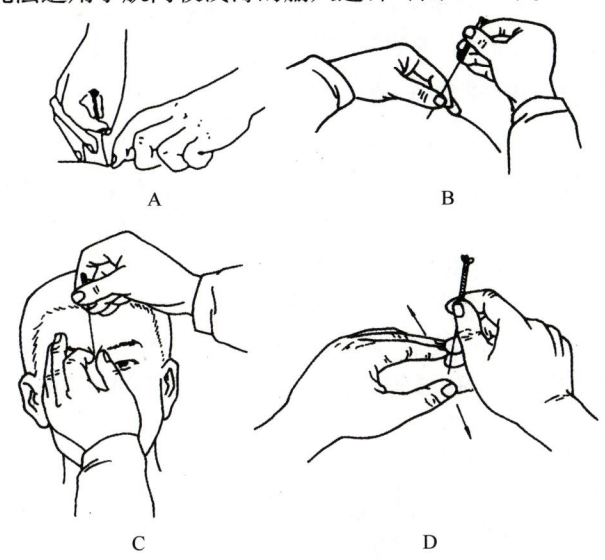

图 10-17　进针法

A.指切进针法；B.夹持进针法；C.提捏进针法；D.舒开进针法

（五）进针的角度和深度

在针刺操作过程中，掌握正确的针刺角度、方向和深度，是增强针感、提高疗效、防止意外的关键。针刺的角度、方向和深度，要根据施术腧穴所在的具体位置、病人体质、病情需要和针刺手法等实际情况灵活掌握。

1. 角度 针刺的角度是指进针时针身与皮肤表面所形成的夹角。一般分为三种：针身与皮肤表面呈90°，垂直刺入者为直刺；针身与皮肤表面呈45°左右，倾斜刺入者为斜刺；针身与皮肤表面呈15°左右刺入者为平刺，又称为横刺、沿皮刺（图10-18）。

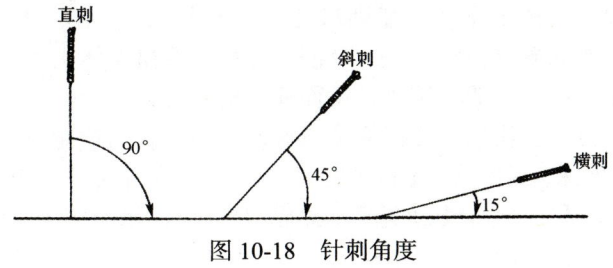

图 10-18　针刺角度

2. 深度 针刺的深度是指针身刺入人体内的深浅程度。以既有针下得气的感觉，又不伤及组织器官为原则。但在临床操作中，还必须结合患者的体质、年龄、病情、部位等因素综合考虑。

（六）得气与行针

1. 得气　又称"针感"，是指毫针刺入腧穴一定深度之后，施以提插或捻转等行针手法，使针刺部位获得的经气感应。当针刺腧穴得气时，患者的针刺部位有酸、胀、麻、重等自觉反应，或呈现沿着一定的方向和部位传导和扩散的现象，医者的刺手亦能体会到针下有徐和沉紧、涩滞等反应。一般来说，得气迅速疗效好，得气慢或者不得气则效果不明显或无疗效。

2. 行针　毫针刺入穴位后，为了使患者产生针刺感应，或进一步调整针感的强弱，以及使针感向某一方向扩散、传导而采取的操作方法，称为"行针"，亦称"运针"。

（七）行针的基本手法和辅助手法

1. 基本手法

（1）提插法：是当针刺入腧穴一定深度后，将针身提到浅层，再由浅层插到深层的操作方法。将针身由深层向上退到浅层为提，反之使针从浅层向下刺入深层为插。目的是为了加大刺激量，使局部产生酸、麻、胀、重的感觉加强。

（2）捻转法：是当针刺入一定的深度后，以右手拇指和中、示二指持住针柄，进行一前一后的来回旋转捻动的操作方法。捻转幅度越大，频率越大，刺激量也就越大。捻转角度的大小，频率的快慢，操作时间的长短，应根据病人的体质、病情和腧穴的特征来决定（图10-19）。

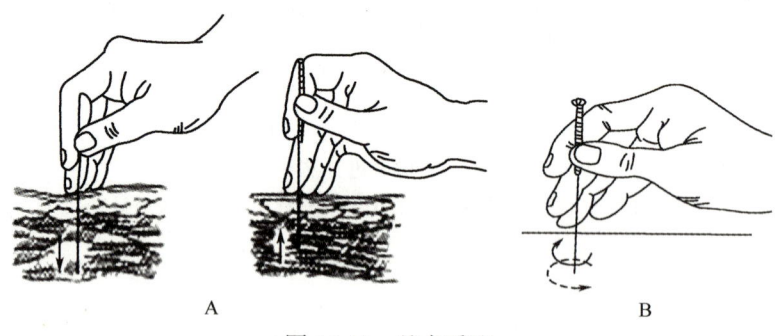

图10-19　基本手法
A.提插法；B.捻转法

2. 辅助手法　是进行针刺时用以辅助行针的操作方法，常用的有循法、刮柄法、弹柄法、震颤法等。

（八）针刺补泻

针刺补泻是根据《灵枢·经脉》"盛则泻之，虚则补之，热则疾之，寒则留之，陷下则灸之"的针灸治疗原则而确立治疗方法。补法，泛指能鼓舞人体正气，使低下的功能恢复旺盛的方法，多用于虚证，一般采用进针慢而浅，提插轻，捻转幅度小，留针后不捻转，出针后多按揉针孔等方法。泻法，泛指能疏泄病邪，使亢进的功能恢复正常的方法，多用于实证，采用进针快而深，提插重，捻转幅度大，留针时间长并反复捻转，出针时不按针孔。平补平泻法，进针深浅适中，刺激强度适宜，提插和捻转的幅度中等，进针和出针用力均匀，适用于一般患者。

（九）留针与出针

1. 留针　将针刺入腧穴并施行手法后，使针留置穴内称为留针。一般病症只要针下得气而施以适当的手法后，即可出针或留针10～20分钟。但对一些特殊病症，如急性腹痛、破伤风、角弓反张、顽固性疼痛或痉挛性病症，可适当延长留针时间，以增强、巩固功效。

2. 出针　出针的方法，一般是以左手拇、示二指持消毒干棉球轻轻按压于针刺部位，右手持针做轻微的小幅度捻转，并随势将针缓慢提至皮下（不可单手用力过猛），然后出针。出针后，要用消毒棉球轻压针孔片刻，以防出血。同时检查核对针数有否遗漏，还应注意有无晕针延迟反应现象。

（十）异常情况的预防和处理

1. 晕针

（1）现象：患者突然出现精神疲倦、头晕目眩、面色苍白、恶心、多汗、心慌、四肢发冷，甚则神志昏迷、唇甲发绀、脉微欲绝。

（2）处理：立即停止针刺，将已刺之针迅速起出，让患者平卧，头部放低，松开衣带，注意保暖。轻者静卧片刻，给予热茶或温开水饮之，糖水亦可，一般可渐渐恢复。重者在行上述处理后，可选取水沟、素髎、内关、合谷、太冲、涌泉、足三里等穴指压或针刺。

（3）预防：对精神紧张的患者应做好解释工作；体弱者慎刺；过饥、过饱、大汗、大泻、大失血者勿刺；患者体位要舒适耐久，医者的手法不宜过重；针刺过程中注意与患者沟通，随时观察其神色变化。

2. 滞针

（1）现象：针身呆滞在体内，提插、捻转及出针均感困难，病人感觉局部疼痛。

（2）处理：若因患者精神紧张或肌肉痉挛而引起的滞针，可嘱其不要紧张，医者用手指在邻近部位做循环按摩动作，或弹动针柄，或在附近再刺一针，以宣散气血、缓解痉挛。若因单向捻转而致者，须向相反方向将针捻回。

（3）预防：对精神紧张者，要做好解释工作，消除畏针心理；捻转时角度不宜过大，更不能单向捻转。

3. 弯针

（1）现象：针身弯曲，针柄改变了进针时的角度和方向，提插、捻转、出针均困难且患者感到疼痛。

（2）处理：出现弯针后，便不得再行提插、捻转等手法。如系轻度弯曲，可按一般拔针法，将针慢慢地退出。若弯曲较大，应注意弯曲的方向，顺着弯曲方向将针退出。如弯曲不止一处，须视针柄扭转倾斜的方向，逐渐分段退出，切勿急拔猛抽，以防断针。如患者体位改变，则应嘱患者恢复原来体位，再行退针。

（3）预防：医者手法要熟练，指力要轻巧；病人体位要舒适，勿随意移动，并防止外物碰撞。

4. 断针

（1）现象：行针或出针后，发现针身折断，残端留在患者体内。

（2）处理：医者态度必须镇静，并嘱患者不要惊慌，保持原有体位，以防残端向深层陷入。若折断处针体尚有部分露于皮肤之外，可用镊子钳出。若折断处针体与皮肤相平或稍低，而尚可见到残端者，可用左手拇、示两指在针旁按压皮肤，使残端露出皮肤之外，随即用右手持镊子将针拔出。若折断部分全部深入皮下，须在 X 线下定位，施行外科手术取出。

（3）预防：选择质量好的针具；不要将针全部刺入；行针勿过猛；妥善处理弯针与滞针。

5. 血肿

（1）现象：出针后，局部肿胀疼痛。

（2）处理：若微量的皮下出血而出现局部小块发绀时，一般不必处理，可自行消退。

若局部肿胀疼痛较剧，发绀面积大而且影响到活动功能时，可先做冷敷止血后，次日再做热敷。

（3）预防：要熟悉解剖位置，避免刺中血管，出针后应按压针孔。

附：三棱针法

三棱针法是指使用三棱针刺破患者身体上的一定穴位或浅表血络，放出少量血液治疗疾病的方法。

1. 操作方法 右手拇指、示指持住针柄，中指扶住针尖部，露出针尖1～2分许，以控制针刺深浅度。针刺时左手捏住指（趾）部或夹持、舒张皮肤，右手持三棱针针刺。常用的刺法有以下几种。

（1）腧穴点刺：先在腧穴部位上下推按，使血聚集穴部，用2%碘酊棉球消毒，再用75%乙醇棉球脱碘，针刺时左手拇、示、中三指夹紧施术部位，右手持针对准穴位迅速刺入3mm左右，立即出针，轻轻按压针孔周围，使出血少许，然后用消毒干棉球按压针孔。此法多用于四肢末端放血，如十宣、十二井穴等处。

（2）散刺法：是对病变局部周围进行点刺的一种方法。根据病变部位大小的不同，可刺10～20针以上，由病变外缘环形向中心点刺以促使淤滞的瘀血或水肿得以排除，达到祛瘀生新、通经活络的目的。此法多用于局部瘀血、血肿或水肿、顽癣等。针刺深浅根据局部肌肉厚薄、血管深浅而定。

（3）刺络法：先用带子或橡胶皮管结扎在针刺部位上端（近心端），然后迅速消毒，针刺时，左手拇指按压在被针刺部位下端，右手持三棱针对准针刺部位的静脉，刺入脉中立即将针退出，使其流出少量血液，出血停止后，再用消毒棉球按压针孔。在其出血时，也可轻轻按压静脉上端，以助瘀血外出，毒邪得泻。此法多用于曲泽、委中等穴，治疗急性吐泻、中暑发热等。

（4）挑刺法：用左手按压施术部位两侧或夹起皮肤，使皮肤固定，迅速消毒后，右手持针迅速刺入皮肤1～2mm，随即将针身倾斜挑破皮肤，使之出少量血液或少量黏液；也可再刺入3～5mm深左右，将针身倾斜并使针尖轻轻提起，挑破皮下部分纤维组织，然后出针，覆盖敷料。此法常用于血管神经性头痛、肩周炎、失眠、胃脘痛、颈椎病、支气管哮喘等。

2. 适用范围 三棱针刺络放血具有通经活络、开窍泻热、调和气血、消肿止痛等作用，各种实证、热证、瘀血、疼痛等均可应用。目前较常用于某些急症和慢性病，如昏厥、痄腮、痔疮、久痹、头痛、丹毒、指（趾）麻木等。每日或隔日治疗1次，1～3次为1个疗程，出血量多者，每周1～2次。

3. 注意事项

（1）注意无菌操作，以防感染。

（2）点刺、散刺时，手法宜轻、宜浅、宜快。泻血法一般出血不宜过多，注意切勿刺伤深部大动脉。

（3）虚证、妇女产后及有自发出血倾向或损伤后出血不止的患者，不宜使用。

二、灸法护理

（一）灸法的基本知识

灸法，指的是利用特定的燃烧材料对机体一定部位进行熏灼，得以调节人体经络脏腑功能，达到治疗疾病的一种治疗方法。临床施灸的材料主要是用艾叶制成的艾绒或艾条，还有蒜、盐、附子等材料。

灸法的作用主要是温通经络、行气活血、温中散寒、回阳复脉、升举阳气、活血散瘀、消肿止痛等。

（二）灸法的操作方法

临床常用的灸法有艾炷灸、艾条灸、温针灸等几种。

1. 艾炷灸 用手搓捏成圆锥形的艾绒，按施灸的需要可以制作成大、中、小不等的艾炷。以每燃烧完一个艾炷称为一壮，每处一般施灸3～7壮。

（1）直接灸：是将制成的艾炷直接放置于要施灸的腧穴皮肤上进行烧灼来达到治疗疾病的目的，是灸法中常用的一种。直接灸分为瘢痕直接灸和无瘢痕直接灸。①瘢痕直接灸：施灸后局部会出现水疱并化脓，后会结痂并留有瘢痕，所以该种灸法又称为化脓灸；②无瘢痕直接灸：施灸后局部不会出现水疱、不化脓，所以属于无瘢痕灸。

（2）间接灸：将药物或某些介质垫在艾炷的下面，通过点燃艾炷后导热到腧穴局部而达到治疗疾病的目的。由于中间隔着药物或者其他介质，因此称为间接灸。常用的间接灸有隔蒜灸、隔盐灸、隔附子饼灸等（图10-20，图10-21）。

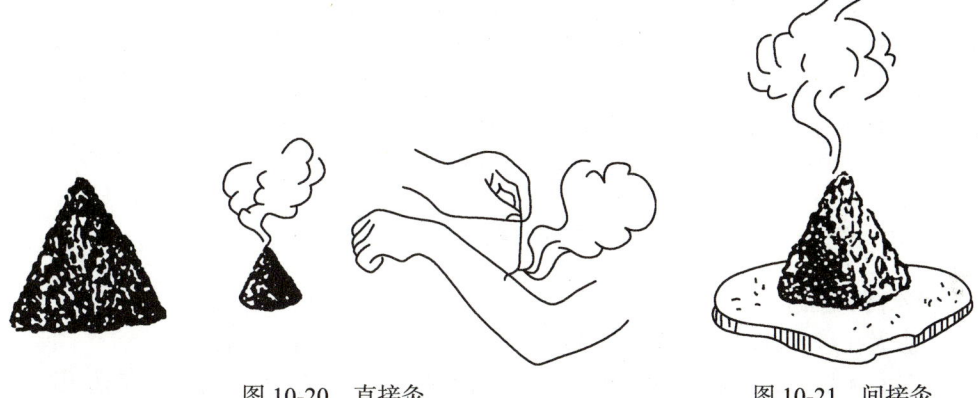

图10-20 直接灸　　　　　　图10-21 间接灸

2. 艾条灸 将艾绒用纸（常用桑皮纸）包卷成条状即艾条，点燃艾条的一端，将点燃端对准施灸的腧穴上约2cm进行熏烤的一种方法。常用的艾条灸有温和灸、雀啄灸和回旋灸（图10-22）。

（1）温和灸：将点燃的艾条悬放在施灸部位的上方，距离皮肤2cm左右，当患者感觉灼热后慢慢调远艾条与皮肤的距离，固定于上方。施灸的时间要持续15～20分钟。温和灸适用于疼痛性疾病等。

（2）雀啄灸：将点燃的艾条对着施灸部位，接近皮肤，当患者有温热感后提高艾条，使艾条在施灸部位一上一下（即一提一放）的往返动作如雀啄食样，故名雀啄灸。每次施灸15～20分钟为宜。适用于晕厥、小儿患者等。

（3）回旋灸：施灸时，艾卷点燃的一端与施灸皮肤虽保持一定的距离，但位置不固定，而是均匀地向左右方向移动或反复旋转地进行灸治。

3. 温针灸 是将针和艾灸两种疗法结合来治疗疾病的方法。先将针刺入腧穴，得气后于针柄裹以艾炷或插入约2cm的艾条施灸。温针灸适用于风寒湿痹症、阳气虚弱患者等（图10-23）。

 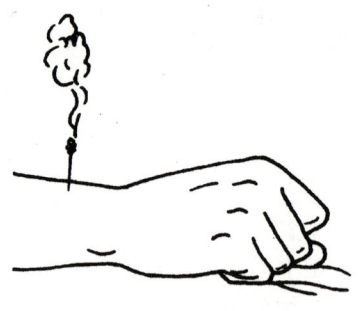

图 10-22　艾条灸　　　　　图 10-23　温针灸

（三）适用范围

灸法主要适用于虚证、寒证和阴证。

> **链接**
>
> **艾灸的保健作用**
>
> 保健灸法是自古以来的防病之术，清代吴仪洛《本草从新》中记载"能透诸经而除百病。"艾灸具有补益强壮作用的穴位，能够达到扶正祛邪，强身健体、防病保健的作用。民间俗语"若要身体安，三里常不干"，就是要使身体健康平安，要常灸足三里穴，勿使灸疮干燥，结痂愈合，这是古代医疗长期实践中得出来的经验总结。又如灸风门穴可预防感冒，常灸曲池穴、中脘穴、足三里穴、大椎穴、脾俞穴、肾俞穴、阳陵泉穴、三阴交穴都可以起到保健作用。艾灸的防病保健作用已成为重要保健方法。

三、针灸操作注意事项

1. 特殊情况禁忌

（1）患者在过于饥饿、疲劳，精神过度紧张时，不宜立即进行针刺。

（2）对身体瘦弱、气虚血亏的患者，进行针刺时手法不宜过强，并应尽量选用卧位。

（3）妇女妊娠3个月者，不宜针刺小腹部的腧穴。若妊娠3个月以上者，腹部、腰骶部腧穴也不宜针刺。至于三阴交、合谷、昆仑、至阴等一些通经活血的腧穴，在妊娠期亦应给予禁刺。

（4）如妇女行经时，若非为了调经，亦不应针刺。

（5）小儿囟门未合时，头顶部的腧穴不宜针刺。

（6）自发性出血或损伤后出血不止的患者，不宜针刺。

（7）对于高热、实证患者不宜用灸法。

（8）孕妇除非是为了调整胎位，一般不宜施灸，特别是腹部和腰骶部不能施灸。

2. 特殊部位禁忌

（1）皮肤有感染、溃疡、瘢痕的部位，不宜针刺。

（2）对胸、胁、腰、背脏腑所内居之处的腧穴，不宜直刺、深刺。

（3）针刺眼区和项部的风府、哑门等穴以及脊椎部的腧穴，要注意掌握一定的角度，更不宜大幅度的提插、捻转和长时间的留针，以免伤及重要组织器官，产生严重的不良后果。

（4）面部不宜施瘢痕灸，以免影响容貌外观。

（5）有大血管、大神经的部位不宜施灸。

3. 其他　进行瘢痕灸时出现水疱要注意防止感染，水疱大者用注射器吸出液体并涂以甲紫，同时用消毒纱布包敷。

四、临床常见病证针灸治疗（护理）

（一）配穴处方的原则

针灸临床治疗护理的实施方案，配穴处方的得当与否，直接关系到治疗护理的好坏。

1. 取穴原则 针灸处方中腧穴的选取，以脏腑经络学说为指导，遵循循经取穴的基本规律，按不同证候选取不同腧穴。主要包括以下内容。

（1）近部取穴：近部取穴是根据每一个腧穴均有近治作用，在病症所在部位的局部和邻近部位取穴。多用于治疗体表部位明显和局限的病症。如胃脘痛取中脘、梁门；肾病取肾俞、命门；肩病取肩髎、肩贞；膝病取膝眼、阳陵泉等。

（2）远部取穴：远部取穴是在受病部位的远距离取穴治疗。以经脉循行为依据，可在本经和异经取穴，又称循经取穴。如"头面之疾循至阴，腿脚有疾风府寻"。

（3）对症取穴：对症选穴是针对个别症状，结合腧穴的特殊治疗作用来取穴。如退热选大椎、苏厥选人中、安神选神门、温阳选关元等。

（4）经验取穴法：经验取穴法是某些穴位有主治某些疾病的特殊作用，将实践经验作为选穴依据来取穴。如胸胁有病取支沟、肩凝取条口、天井可疗瘰疬、退黄选至阳等。

2. 配穴方法 是在腧穴主治和选穴原则的基础上，根据不同的病症治疗需要，按照配穴规律，选择具有协调作用的两个以上的穴位加以配伍成方的应用方法。如远近配穴法、上下配穴法、前后配穴法、左右配穴法、表里配穴法、阴阳配穴法等。

（二）临床常见病证针灸治疗（护理）

临床常见病证针灸治疗和护理，见表10-4。

表10-4 临床常见病证针灸治疗和护理

病证	选穴与治法
眩晕	（1）气血不足：以培补脾胃为主，用补法、灸法。处方：脾俞、足三里、气海、百会；可配伍膈俞、风池 （2）肝阳上亢：以清潜肝阳为主，用泻法。处方：风池、肝俞、肾俞、行间、侠溪 （3）痰湿中阻：以运脾化痰为主，用平补平泻，可灸。处方：丰隆、中脘、内关、解溪、头维
卒中后遗症	（1）口眼㖞斜：取手足阳明经穴为主。处方：地仓、颊车、合谷、太冲；随证配穴：牵正、人中、阳白、下关 （2）半身不遂：取手足阳明经穴为主，辅以太阳、少阳经穴。处方：上肢，肩髃、曲池、手三里、外关、合谷；下肢，环跳、阳陵泉、足三里、解溪、昆仑
腰痛	处方：肾俞、委中、阿是穴。配穴：寒湿，风府；劳损，膈俞；肾虚，命门、太溪
哮喘	处方：实证，膻中、列缺、肺俞、尺泽；随证配穴：风寒，风门；痰热，丰隆；喘甚，天突、定喘。虚证，肺俞、气海、肾俞、足三里、太渊、太溪；灸法：大椎、风门、肺俞、膻中（冬病夏治）
胃痛	肝气犯胃，处方：中脘、内关、足三里、阳陵泉、太冲；脾胃虚寒，处方：脾俞、胃俞、中脘、内关、足三里、公孙
面瘫	处方：风池、翳风、颊车、地仓、合谷、太冲。配穴：鼻唇沟平坦，迎香；鼻中沟歪斜，人中；颏唇沟歪斜，承浆；目不能合，攒竹、阳白；面颊板滞，四白
月经不调	处方：气海、三阴交。随证配穴：经早，太冲、太溪；经迟，血海、归来；经乱，肾俞、交信、脾俞、足三里
痛经	处方：实证，中极、地机、三阴交；虚证，命门、肾俞、关元、足三里
胎位不正	取穴：至阴。方法：操作时须解开腰带，做靠背椅上或仰卧床上，以艾条灸两侧至阴穴15～20分钟，每天1～2次

> **案例 10-2 分析**
>
> 该患者属于周围性面瘫急性期，现阶段最适合的治疗护理方法为针灸配合其他的综合治疗。针灸取穴处方：风池、翳风、颊车、地仓、合谷、太冲等；急性期内针刺手法宜轻、进针宜浅，不宜使用电针；进入静止期和恢复期后，可给与电针、梅花针、红外线照射或艾灸、穴位注射等方法，顽固难愈的患者可以加用刺络放血、拔罐疗法，以助尽快恢复。

附：拔 罐 法

拔罐疗法是针灸治疗中的重要疗法，在民间广泛运用。拔罐的治疗原理是利用燃烧、抽气等方法将罐内空气排出，造成罐中负压，吸附于施术部位，使之产生刺激并造成淤血现象的治疗方法。

1. 拔罐的作用、适用范围及罐的种类

（1）拔罐的作用：拔罐法具有通经活络、行气活血、消肿镇痛、祛风散寒等作用。

（2）适用范围：临床多用于治疗疼痛性疾病，如风湿痹痛、腹痛、腰背痛、痛经、头痛等，还可用于感冒、咳嗽、哮喘、消化不良、眩晕等脏腑功能紊乱等疾病。

（3）罐的种类：目前临床常用的有竹罐、陶罐、玻璃罐和抽气罐等，玻璃罐应用较普通。

2. 操作方法 拔罐的方法有很多种，可分为火罐法、水罐法、抽气罐法，其操作如下：

（1）火罐法：临床常用是闪火法，即用镊子夹95%的乙醇棉球，点燃后在罐内绕1～2圈抽出，迅速将罐子扣在应拔的部位上。这种方法比较安全，是最常用的拔罐方法。还可用投火法，将乙醇棉球或纸片点燃后，投入罐内，然后速将火罐罩在施术部位。此法适于侧面横拔，否则会因燃物下落而烧伤皮肤。

（2）水罐法：此法一般适用于竹罐。将竹罐倒置在沸水或药液之中，煮沸1～2分钟，然后用镊子夹住罐底提出液面，甩去水液，趁热按在皮肤上，即能吸住。这种方法所用的药液，可根据病情决定。

（3）抽气罐法：将抽气罐的瓶底紧扣在应拔的部位上，用注射器或抽气筒等抽出罐内的空气，使其产生负压，即能吸住。

（4）拔罐疗法的具体应用：①留罐。将罐子留置于施术部位10～15分钟，然后将罐起下。此法是常用的一种方法，一般疾病均可应用。②闪罐。将罐拔住后，立即取下再迅速拔住，如此反复多次的拔上起下，起下再拔，直至皮肤潮红为度。此方法适用于皮肤麻木或功能减退等。

此外，还有走罐、针罐、药罐等疗法，在临床上根据实际情况，按疾病的性质、患者的体质、年龄等而定。

3. 注意事项

（1）患者要有舒适的体位，应根据不同部位选择不同口径的火罐。注意选择肌肉丰满、富有弹性、没毛发和骨骼凹凸的部位，以防掉罐。拔罐动作要做到稳、准、快。

（2）皮肤有溃疡、水肿及大血管的部位不宜拔罐；高热抽搐者，不宜拔罐；孕妇的腹部和腰骶部也不宜拔罐。

（3）常用自发性出血和损伤性出血不止的患者，不宜使用拔罐法。

（4）如出现烫伤，小水疱可不必处理，任其自然吸收；如水疱较大或皮肤有破损，应先用消毒针刺破水疱，放出水液，或用注射器抽出水液，然后涂以龙胆紫，并以纱包敷，保护创口。

第3节 推拿护理

案例 10-3

患者，女性，37岁，小学教师，1年前常感到颈肩部酸痛，且经常落枕，最近经常出现左侧颈、肩、臂串痛，环指和小指似过电发麻，X线检查发现颈椎有骨质增生，颈脊柱变直，就诊诊断为颈椎病。

问题：1.该患者现最适合用什么方法来治疗和护理？
　　　2.如何对患者实施该治疗和护理方法？

推拿又称"按摩"，是通过医者手法作用于腧穴或特定部位，对机体生理、病理产生影响，具有疏通经络、理气活血、疏通关节、调整脏腑功能的作用，从而达到增加抗病能力和治疗疾病的目的。推拿最早是用于预防疾病和养生保健的方法，目前已被广泛应用于临床各个学科，特别是应用解决疼痛性疾病疗效更为显著，同时也常用于保健、美容、减肥等方面。

一、推拿手法

手法是用手或肢体其他部位或手持器具，按各种特定的技巧动作，在体表做有规律、有节奏的运动，以达到治疗目的的方法。

（一）手法的基本要求

手法要求持久、有力、均匀、柔和从而达到深透，其中持久、有力、均匀、柔和是手段，而深透才是目的。

持久是要求手法能按要求持续运用一定时间，要保持动作和力量的连贯性，不能断断续续。有力是要求手法必须具有一定的力量，这种力量不是固定不变的，而应根据病人体质、病证、部位等不同情况而增减。均匀是指手法动作的节奏性和用力的平稳性。动作不能时快、时慢，用力不能时轻、时重。柔和是指手法动作的稳柔灵活及力量的缓和。手法要轻而不浮，重而不滞，用力不是软弱无力，也不是生硬粗暴或用蛮力，变换动作要自然。深透是指手法作用的最终效果不能局限于体表，而要达到组织深处的筋脉、骨肉、甚至达于脏腑，使手法的效应能传之于内。

（二）常用推拿手法

推拿的手法分类很多，现将常用的手法简述如下。

1. 推法　以指、掌、肘等部位着力于一定的部位或穴位上进行单向直线推移，称为推法。

[动作要领]　用指、掌、肘等部位着力于一定部位上，紧贴体表，做单方向的直线移动。

[临床应用]　推法可用于人体各部，能增高肌肉兴奋性，促进血液循环，并有舒经活络、缓解肌肉痉挛等作用。可用于腰肌劳损、四肢肌肉酸痛等。

2. 一指禅推法　以拇指端或桡侧着力，并通过往返摆动手腕部，从而产生的力度通过拇指持续作用于施术部位或者穴位上，称为一指禅推法。

[动作要领] 拇指伸直，手握空拳，以拇指端或桡侧着力于施术部分或穴位上，肩部、肘部、腕部及前臂协调有节律摆动，由此产生的力度传到拇指端而出现轻重交替、持续不断作用于腧穴局部上。

[临床应用] 一指禅推法具有舒经活络、调和营卫、祛瘀消积、健脾和胃的功能。临床上常用于治疗内、外、妇、儿等多种疾病，其中在治疗头痛、胃痛、腹痛、面瘫、失眠、高血压、月经不调、消化道疾病及关节疾病等效果明显。

3. 拿法 以拇指和余手指将一定部位肌肉向上提起，称为拿法。

[动作要领] 大拇指和其余四指相对用力，在一定的部位和穴位上进行节律性提捏。用力要由轻到重，不可突然用力，动作要缓和而有连贯性。

[临床应用] 具有祛风散寒、开窍止痛、疏经通络等作用。常用于治疗头痛、项强、四肢关节及肌肉酸痛等。

4. 按法 以指、掌着力按压在体表的一定部位上，逐渐用力，按而留之，称为按法。按法称为指按法和掌按法两种。

[动作要领]

（1）指按法：用拇指（指端或指腹）或中指，或示、中二指，或示指、中指、环指三指等按压体表。按压时，着力指伸直，其余指张开起支撑作用，协同助力或握拳。

（2）掌按法：用单掌或双掌，或双手重叠按压体表，手指自然伸开。

[临床应用] 按法具有放松肌肉、开通闭塞、活血止痛等作用，常用于头痛、胃脘痛、腰痛、肢体酸痛麻木等。

5. 摩法 以掌面或示、中、环指指面附着在体表的一定部位上，做环形而有节奏地抚摩，称为摩法。摩法主要称为指摩法和掌摩法。

[动作要领]

(1) 掌摩法：掌面附着于一定部位，肘关节自然屈曲，腕部放松，指自然伸直，以腕关节为中心，连同前臂做节律性环旋运动。

(2) 指摩法：示、中、环指指面附着于一定部位，肘关节自然屈曲，腕部放松，指掌自然伸直，以腕关节为中心，连同掌指做节律性环旋运动。

[临床应用] 摩法有和中理气、消积导滞、调节肠胃蠕动、活血散瘀等作用。临床上常配合揉法、推法、按法等使用。

6. 揉法 以掌、指等部位吸附于一定部位或穴位局部，通过带动皮下组织作轻柔缓和和回旋的揉动，称为揉法。

[动作要领]

(1) 掌揉法：手掌大鱼际或掌跟或手掌吸附于一定部位或穴位上，腕部放松，以肘部为支点，前臂做主动摆动，带动腕做轻柔的揉动。

(2) 指揉法：手指罗纹面吸附于一定部位或穴位上，常用的有拇指揉，中指揉，示、中、环三指揉等。腕部放松，以肘部为支点，前臂做主动摆动，带动腕和掌指轻柔和缓地揉动。

[临床应用] 揉法具有宽胸理气、消积导滞、活血祛瘀、消肿止痛等作用。常用于治疗脘腹胀痛、胸闷胁痛、便秘泄泻等胃肠道疾病，以及因外伤引起的疼痛等。

7. 搓法 术者用双手掌面挟住患者四肢、躯干等部位进行快速的往返上下的移动，称为搓法。

[动作要领] 用双手掌面挟住一定的部位,相对用力做快速搓揉,同时做上下往返移动。

[临床应用] 搓法具有调和气血、疏经通络、放松肌肉的作用。临床上常用于治疗腰背、胁肋及四肢部，以上肢部最为常用，是一种辅助手法，一般作为推拿治疗的结束手法。

8. 拍法 以虚掌拍打一定部位或穴位，称为拍法。

[动作要领] 手指自然并拢，掌指关节微曲，腕关节放松，平稳而有节奏，拍打患部。

[临床应用] 具有疏经通络、行气活血的作用。常用于肩背、腰臀及下肢，治疗局部感觉迟钝、麻木、疼痛等。

二、推拿操作的注意事项

1. 技术过硬 推拿师必须掌握过硬的推拿技术，掌握相关中西医学基本知识。

2. 掌握好适应证、禁忌证 对推拿适应证、禁忌证要掌握，防止推拿事故的发生。禁忌证：①皮肤病的病变损害处、破伤、烫伤处；②酒醉、饥饿、剧烈运动后；③某些肿瘤、结核、化脓性关节炎等禁用手法治疗；④妇女妊娠期、经期、产后未恢复者禁止在腰、臀、腹部行手法治疗；⑤精神病患者发作期；⑥严重肺、心、肾、肝等脏器疾病。

3. 衣着 推拿者要注意衣着形象，不能戴首饰，指甲要修剪，以免影响操作，损伤患者。

4. 体位 操作时嘱患者放松，并按手法施用的位置安置好患者体位；同时术者自己要选择好合适的位置、步态、姿势，以有利于发力和持久操作，并避免自身劳损。

5. 疗程 推拿疗法一般是10次1个疗程，疗程间可以休息1~2天。

三、临床常见病证推拿治疗（护理）

临床常见疾病推拿治疗和护理，见表10-5。

表10-5 临床常见疾病推拿治疗和护理

病证	推拿取穴与部位	推拿操作步骤
落枕	局部及阳陵泉、天宗、曲池、合谷、风府、风池、肩井	①患者坐位，点揉对侧阳陵泉、双侧天宗、曲池、合谷；②用一指禅推风池、风府；③用四指推放松颈部肌肉；④用滚法放松肩背部肌肉；⑤坐位或卧位颈部拔伸法；⑥颈部摇法；⑦颈部旋转扳法；⑧若不成功可加定位扳或侧扳；⑨局部擦法
颈椎病	风池、风府、肩井、天宗、曲池、合谷、手三里、外关、颈部、患侧上肢	①患者坐位，医者在其后用滚法或四指推在肩、颈部放松；②按揉风府、风池、天宗，拿风池；③按揉曲池、合谷、手三里，搓肩关节，抖上肢，拔伸指关节；④摇颈部；⑤患者去枕，颈部拔伸法
急性腰扭伤	局部加委中、承山、阳陵泉等	①患者俯卧，点揉委中、承山、阳陵泉等；②在患侧腰肌施滚法或四指推，刺激量不宜太大，时间也不宜过长；③在损伤的局部施以轻柔的弹拨法；④腰部斜扳法；⑤腰部擦法
腰椎间盘突出症	腰骶臀部及委中、承山、阳陵泉、悬钟、环跳、命门、太渊	①点揉患侧委中、承山、阳陵泉、悬钟；②在患侧腰骶部施滚法或四指推；③在病变棘旁的压痛点以轻快的弹拨操作；④腰部对抗牵引，抖法；⑤若无助手可施背法；⑥整复法：斜扳法，如不成功或成功但效果不好，用后扳伸；⑦有条件者可施踩跷法；⑧直擦两侧膀胱经，督脉，横擦腰骶
肩周炎	肩井、肩髃、秉风、天宗、合谷、上臂部	①患者坐位，体弱或有严重其他系统病变者可仰卧位，用滚法或一指禅在患肩或上肢治疗，并配合患肢的被动运动，以外展、外旋为主；②点揉天宗、秉风、肩髃、曲池、合谷，拿肩井；③四指推或一指禅推肱二头肌长腱，并配合小幅度的外展活动；④在结节间沟作轻柔而缓和的弹拨法；⑤肩部摇法、拔伸法、肩部扳法；⑥肩部大鱼际擦法，以透热为度；⑦上肢抖法，指间关节拔伸

（续表）

病证	推拿取穴与部位	推拿操作步骤
痛经	气海、关元、章门、期门、中脘、膈俞、肝俞、脾俞、胃俞、肾俞、八髎、血海、阴陵泉、三阴交、下腹部、腰骶部等	①患者俯卧，医者立或坐于其身侧，以点压法治疗肝俞、脾俞、肾俞、八髎等穴，每穴2分钟，然后以四指推法或滚法法治疗腰骶部5~8分钟；②患者仰卧，医者点按关元、气海、归来、血海、阴陵泉、三阴交等穴，每穴1~2分钟，然后以摩法施于小腹部，治疗约10分钟；③直擦背部督脉及横擦腰骶部八髎穴，以透热为度
踝关节扭伤	局部加阳陵泉、绝骨、足三里、解溪、昆仑等	①患者仰卧，医者用四指推沿小腿外侧至外踝往返数遍；②按揉足三里、阳陵泉、绝骨、昆仑等穴，以舒筋通络；③局部用轻柔的一指禅或揉法稍作治疗，以促进血液循环，消肿止痛；④拔伸踝关节，并在拔伸状态下做踝关节摇法；⑤外翻损伤者可在拔伸状态下，将患足逐渐内翻牵拉，再外翻以理顺筋络；⑥局部用擦法；⑦内翻或外翻固定1~2周，制动休息以促进韧带恢复

案例 10-3 分析

该患者属于颈椎病，颈椎病的治疗方法可分为非手术疗法及手术治疗两类，非手术疗法是中西医结合的综合疗法，现阶段最适合的治疗护理方法为手法按摩推拿疗法，可配合颈椎牵引、理疗、温热敷等其他治疗方法。推拿治疗颈椎病的具体实施见临床常见疾病的推拿治疗。

护考链接

1. 既有固定的穴名，又有固定的位置和归经，且能主治本经病证的穴是（　　）
   A. 特定穴　　B. 经穴　　C. 郄穴　　D. 原穴　　E. 五输穴

   分析：经穴的特点是均有固定的名称、固定的位置、固定的归经和相对固定的主治功用，而且多具有主治本经病候的共同作用，故选B。

2. 推拿手法的基本要求，不包括（　　）
   A. 持久　　B. 有力　　C. 均匀　　D. 柔和　　E. 快速

   分析：推拿手法要求持久、有力、均匀、柔和从而达到深透，故选E

小结

针灸与推拿都属于中医的传统疗法，是中医护理操作技术的主要内容。腧穴，是脏腑、经络之气输注于人体体表的部位，分成经穴、奇穴、阿是穴三类，其主治作用有近治、远治、及特殊之分，可利用体表解剖标志定位、骨度分寸定位、手指同身寸定位、简便取穴法四种定位法对常用腧穴进行准确定位。针灸是运用针刺和艾灸作用于人体的经络腧穴，防治疾病的技术和方法，其中毫针刺法及艾灸法是主要的中医护理操作技术。推拿是医者运用各种手法作用于患者体表的特定部位或穴位，以防病治病的一种物理疗法，其手法要求持久、有力、均匀、柔和从而达到深透的目的，掌握各种常用手法对对临床常见病证进行治疗护理意义重大。

第10章 针灸与推拿

自测题

选择题

A_1 型题

1. 腧穴分为三类，这三类是（　）
   A. 十二经穴、经外奇穴、阿是穴
   B. 十四经穴、经外奇穴、特定穴
   C. 十四经穴、奇穴、阿是穴
   D. 经穴、络穴、阿是穴
   E. 经穴、原穴、八会穴

2. "经外奇穴"是指（　）
   A. 经脉以外的腧穴
   B. 经穴以外有定名的腧穴
   C. 十二经穴以外有定名、定位的腧穴
   D. 十四经穴以外的腧穴
   E. 经穴以外有定名、定位的腧穴

3. 至阴穴矫正胎位属于腧穴的哪种作用（　）
   A. 近治作用　　　B. 远治作用
   C. 特殊作用　　　D. 局部治疗
   E. 循经治疗

4. 两乳头之间的骨度分寸是（　）
   A. 8寸　　　　　B. 9寸
   C. 5寸　　　　　D. 13寸
   E. 12寸

5. 以两手虎口交叉定位取列缺穴，属于（　）
   A. 活动标志取穴法　B. 拇指同身寸法
   C. 中指同身寸法　　D. 简便取穴法
   E. 骨度分寸取穴法

6. "一夫法"是指（　）
   A. 手指同身寸　　B. 中指同身
   C. 拇指同身寸　　D. 横指同身寸
   E. 环指同身寸

7. 毫针易发生意外断针的部位是（　）
   A. 针尖　　　　　B. 针身
   C. 针根　　　　　D. 针柄
   E. 针尾

8. 针刺肾俞穴时，安置病人采取适宜的体位是（　）
   A. 坐位　　　　　B. 仰卧位
   C. 俯卧位　　　　D. 侧卧位
   E. 跪位

9. 针刺前，施针腧穴局部皮肤在清洁基础上，用乙醇棉球或棉签擦拭，方法是（　）
   A. 左向右　　　　B. 右向左
   C. 中心向外绕圈　D. 上向下
   E. 下向上

10. 适用于皮肤松弛部位的进针方法是（　）
    A. 单手进针　　　B. 双手进针
    C. 挟持进针　　　D. 提捏进针
    E. 舒张进针

11. 直刺是针身与所刺部位皮肤表面的角度为（　）
    A. 15°　　　　　B. 35°
    C. 40°　　　　　D. 45°
    E. 90°

12. 针刺深度的原则是（　）
    A. 有针感
    B. 不伤及重要脏器
    C. 既有针感又不伤及重要脏器
    D. 有疼痛感
    E. 有热感

13. 在艾柱与皮肤间垫置一种物品而施灸的方法为（　）
    A. 间接灸　　　　B. 非化脓灸
    C. 化脓灸　　　　D. 直接灸
    E. 温和灸

14. 推拿可以施术的部位是（　）
    A. 化脓性关节炎的部位
    B. 腰椎间盘突出部位
    C. 恶性肿瘤部位
    D. 正在出血的部位
    E. 妇女经期或妊娠期腹部和腰骶部

A_2 型题

15. 患者，男性，41岁。因搬重物致肩背部软组织损伤自行在家拔火罐，不小心烫伤致背部有两处起了大水疱，来医院处理，你觉得最佳处理方案应是（　）

A. 勿需处理
B. 仅敷以消毒布
C. 用消毒针放液后晾干
D. 涂甲紫拔干
E. 用消毒针将水放出，用消毒纱布包敷

16. 患者，男性，60岁。患哮喘病30余年，近日喘促短气加重，吐稀白痰，现对其进行无瘢痕灸操作，你认为局部皮肤应灸至何程度为宜（　　）
    A. 局部皮肤充血、红润
    B. 局部皮肤灼伤
    C. 局部皮肤起疱
    D. 局部皮肤化脓
    E. 局部皮肤无变化

A_3型题

(17～19题共用题干)

患者，女性，19岁。患者在针刺过程中出现头晕目眩，面色苍白，心慌气短，恶心，多冷汗，四肢不温，血压下降，脉象沉细。

17. 这属于下列何种针刺意外（　　）
    A. 滞针　　　　　B. 晕针
    C. 弯针　　　　　D. 断针

E. 血肿

18. 采取的护理措施中，不正确的（　　）
    A. 在附近再刺一针，以宣散气血，解除紧张
    B. 立即停止针刺，将刺入的针全部起出
    C. 使病人平卧头部稍低，松开衣带，注意保暖
    D. 轻者仰卧片刻，给饮温开水或糖水后，即可恢复
    E. 重者刺人中、合谷、内关，或灸关元、气海、足三里等穴

19. 此种针刺意外的预防措施中，不宜的是（　　）
    A. 对初次接受针治者，要做好解释工作，消除其恐惧心理
    B. 正确选取舒适持久的体位，尽量采用卧位。
    C. 选穴宜多，手法要重
    D. 对劳累、饥饿、大渴时，应嘱其休息，进食、饮水后，再予针治
    E. 针刺过程中，应随时注意观察病人的神态，询问针后情况，发现不适，及早采取处理措施

（王跃丰）

参考文献

柴瑞霁 .1999. 中医基本常识 . 北京：人民卫生出版社
陈文松 .2011. 中医护理学 . 第 2 版 . 北京：人民卫生出版社
段富津 .1995. 方剂学 . 上海：上海科学技术出版社
郭靠山 .2005. 中医学基础 . 北京：科学出版社
季绍良，成肇志 .2002. 中医诊断学 . 北京：人民卫生出版社
贾春华 .2010. 中医护理学 . 第 2 版 . 北京：人民卫生出版社
李正安 .2012. 中医护理基础 . 第 3 版 . 北京：科学出版社
刘德军 .2006. 中药方剂学 . 北京：中国中医药出版社
刘桂瑛，马秋平 .2010. 中医护理学 . 北京：科学出版社
刘全生 . 2010. 中医学基础 . 第 2 版 . 北京：人民卫生出版社
罗才贵 .2001. 推拿治疗学 . 北京：人民卫生出版社
全国护士执业资格考试用书编写专家委员会 .2011.2011 全国护士执业资格考试指导 . 北京：人民卫生出版社
申惠鹏 .2010. 中医护理 . 第 2 版 . 北京：人民卫生出版社
吴敦序 .1994. 中医基础理论 . 上海：上海科学出版社
伍利民，巨守仁，蒋琪 .2004. 中医学基础 . 北京：科学出版社
伍利民，吴恒 .2012. 中医学基础 . 第 3 版 . 北京：科学出版社
伍利民 .2008. 中医学基础 . 第 2 版 . 北京：科学出版社
伍利民 .2016. 中医护理基础 . 北京 . 科学出版社
袁银根 .2007. 中医基础学 . 南京：江苏科学技术出版社
赵从玲 .2013. 中医护理 . 北京：人民军医出版社
周萍 .1998. 中医基本常识与针灸学 . 合肥：安徽科学技术出版社

中医学基础教学大纲

（38～42学时）

一、课程性质和课程任务

《中医学基础》是中等卫生职业教育三年制护理和助产专业一门重要的专业选修课程。本课程的主要内容是中医的发展简史、中医的基本理论、中医护理的基本原则、常用中医护理技术操作及常见病证的护理等。其任务使学生树立现代护理理念，了解本门课程的基本理论知识和基本操作技能，理解中医防治疾病的特点，树立辨证论治（施护）思想，为今后护士执业考试、临床实践奠定基础。

二、课程教学目标

（一）知识教学目标

1. 理解中医学基础理论知识。
2. 了解常用中药、方剂的基本知识。
3. 了解临床常见病证中医护理的基本知识。
4. 了解中医护理技术针灸、推拿等的基本知识。

（二）能力培养目标

1. 了解中医护理技术针灸、推拿等的基本操作方法和基本技能，并会操作。
2. 能够进行基本的中医护理保健宣教工作。

（三）思想教育目标

1. 培养辩证唯物论的世界观，热爱祖国医学，树立实事求是的科学态度。
2. 激发学生学习中医学基础的兴趣，正确理解中医与现代医学相结合的优势。

三、教学内容和要求

教学内容	教学要求			教学活动参考	教学内容	教学要求			教学活动参考
	了解	理解	掌握			了解	理解	掌握	
第1章　绪论 第1节　中医学的发展简史 第2节　中医学的基本特点 一、整体观念	√			理论讲授 多媒体	（一）人体是一个有机的整体 （二）人与自然界的统一性 （三）人与社会环境的统一性 二、辨证论治（施护）			√ √ √	

(续表)

教学内容	了解	理解	掌握	教学活动参考	教学内容	了解	理解	掌握	教学活动参考
(一)辨证			√		(四)肝			√	
(二)论治(施护)			√		(五)肾			√	
第2章 阴阳五行学说					二、六腑				
第1节 阴阳学说					(一)胆		√		
一、阴阳的基本概念		√			(二)胃		√		
二、阴阳学说的基本内容					(三)小肠		√		
(一)阴阳的相互对立		√			(四)大肠		√		
(二)阴阳的互根互用		√			(五)膀胱		√		
(三)阴阳的消长		√			(六)三焦		√		
(四)阴阳的转化		√			附:奇恒之腑	√			
三、阴阳学说在中医学中的应用					三、脏腑之间的关系				
(一)说明人体的组织结构	√				(一)脏与脏之间的关系		√		理论讲授 多媒体
(二)说明人体的生理功能	√				(二)脏与腑之间的关系			√	
(三)说明人体的病理变化	√				(三)腑与腑之间的关系	√			
(四)用于疾病的诊断(护理评估)	√			理论讲授 多媒体	第2节 精、气、血、津液				
(五)用于疾病的治疗与护理	√				一、精		√		
第2节 五行学说					二、气		√		
一、五行的基本概念			√		三、血		√		
二、五行学说的基本内容					四、津液		√		
(一)对事物属性的五行归类	√				五、精、气、血、津液之间的关系		√		
(二)五行的生克乘侮					第4章 经络				
1. 相生			√		一、经络的概念			√	
2. 相克			√		二、经络的组成		√		
3. 相乘		√			三、十二经脉的命名、走向、交接、分布规律、表里关系、流注次序		√		理论讲授 多媒体
4. 相侮		√			四、经络的生理功能		√		
三、五行学说在中医学中的应用	√				五、经络学说的应用		√		
第3章 藏象					第5章 病因病机				
第1节 脏腑					第1节 病因				
一、五脏				理论讲授 多媒体	一、外感病因				
(一)心			√		(一)六淫			√	理论讲授 多媒体
(二)肺			√		(二)疫疠			√	
(三)脾			√		二、七情				
					三、其他因素				

（续表）

教学内容	了解	理解	掌握	教学活动参考	教学内容	了解	理解	掌握	教学活动参考
（一）饮食失宜	√				2. 正常脉象		√		
（二）劳逸失常	√				3. 常见病脉与主病		√		
（三）病理产物性因素					4. 相兼脉与主病	√			
1. 痰饮			√		（二）按诊	√			
2. 瘀血	√				第2节 辨证				
第2节 病机					一、八纲辨证				
一、正邪盛衰	√				（一）八纲辨证的概论				
二、阴阳失调	√				（二）八纲的证候表现				
第6章 诊法与辨证					1. 表里辨证		√		
第1节 诊法					2. 寒热辨证		√		
一、望诊					3. 虚实辨证		√		
（一）全身望诊					4. 阴阳辨证		√		
（二）局部望诊					二、脏腑辨证				
（三）望排泄物		√			（一）脏腑辨证的概论				
（四）望小儿指纹		√			（二）脏腑辨证的常见证型				
（五）望舌					1. 心与小肠病辨证		√		
1. 舌与脏腑经络的关系	√				2. 肺与大肠病辨证		√		
2. 舌诊的方法及注意事项	√			理论讲授与实训操作 多媒体	3. 脾与胃病辨证		√		
3. 舌诊的内容					4. 肝与胆病辨证		√		
（1）望舌质			√		5. 肾与膀胱病辨证		√		
（2）望舌苔			√		6. 脏腑兼病辨证	√			
二、闻诊					三、卫气营血辨证		√		
（一）闻声音		√			第7章 中医养生与防治原则				
（二）嗅气味		√			第1节 中医养生				
三、问诊					一、养生的基本原则		√		
（一）问寒热		√			二、养生的主要方法		√		
（二）问汗		√			第2节 防治原则				
（三）问疼痛	√				一、早治防变				
（四）问饮食与口味		√			（一）未病先防		√		
（五）问二便		√			（二）既病防变		√		
（六）问睡眠	√				二、治病求本		√		理论讲授 多媒体
（七）问经带	√				三、扶正祛邪		√		
（八）问小儿	√				四、调整阴阳		√		
四、切诊					五、调理气血		√		
（一）脉诊			√		六、调治脏腑		√		
1. 脉诊的部位和方法			√						

（续表）

教学内容	教学要求			教学活动参考	教学内容	教学要求			教学活动参考
	了解	理解	掌握			了解	理解	掌握	
七、三因制宜		√			二、腧穴常用的定位方法		√		
第3节 治疗方法（治病八法）		√			三、常用腧穴				
第8章 中药与方剂					（一）十四经常用腧穴		√		
第1节 中药基本知识					（二）常用经外奇穴		√		
一、中药的性能		√			第2节 针灸护理				
二、中药的用法		√			一、针灸				
三、常用中药	√			理论讲授多媒体	（一）针具		√		
四、常用中成药	√				（二）针刺练习				
第2节 方剂基本知识					（三）针刺前的准备		√		
一、方剂的组成原则		√			（四）进针法		√		
二、方剂的变化规律		√			（五）进针的角度和深度		√		
三、常用剂型		√			（六）得气与行针		√		
四、常用方剂	√				（七）行针的基本手法和辅助手法		√		
第9章 中医护理常识					（八）针刺补泻		√		
第1节 辨证与护理					（九）留针与出针		√		
一、八纲辨证与护理		√			（十）异常情况的预防与处理		√		
二、脏腑辨证与护理			√		附：三棱针刺法护理		√		
第2节 中医护理					二、灸法护理				
一、生活起居护理					（一）灸法的基本知识				
（一）顺应四时调阴阳		√		理论讲授多媒体	（二）灸法的操作方法				
（二）环境适宜避外邪		√			（三）适用范围				
（三）起居有常适劳逸		√			三、针灸操作注意事项		√		
二、情志护理					四、临床常见病证针灸治疗（护理）		√		
（一）情志护理的原则			√		（一）配穴处方的原则		√		
（二）情志护理的方法			√		（二）临床常见病证针灸治疗（护理）		√		
（三）预防情志病的方法		√			附：拔罐法	√			
三、饮食调护					第3节 推拿				
（一）饮食护理的概念	√				一、推拿手法				
（二）饮食的种类		√			二、推拿操作的注意事项		√		
（三）饮食调护的原则和方法		√			三、临床常见病证推拿治疗（护理）		√		
（四）饮食的辅助治疗作用		√			参考文献				
（五）临床常见病症的饮食禁忌		√			中医学基础教学大纲				
四、运动与养生护理	√				实验/实践/实训指导				
第10章 针灸与推拿				理论讲授与实训操作多媒体					
第1节 腧穴									
一、腧穴的分类与作用		√							

实践模块

序号	单元项目 （对应理论模块序号）	教学内容	教学要求		
			会	掌握	熟练
1 2	实践（一） 第6章 诊法与辨证 第1节 诊法 一、望诊 （五）舌诊技能训练 四、切诊 （一）脉诊技能训练	望舌 切脉	✓ ✓		
3 4	实践（二） 第10章 针灸与推拿 第2节 针灸技能训练 第3节 推拿技能训练	针灸 推拿	✓	✓	

选学模块（四选二）

序号	序号、单元项目 （对应理论模块序号）	教学内容	教学要求		
			了解	理解	掌握
1	第8章 中药与方剂 第2节 方剂基本知识	方剂基本知识	✓		
2	第9章 中医护理常识	中医护理常识	✓		
3	第10章 针灸与推拿 第2节 针灸护理	针灸		✓	
4	第10章 针灸与推拿 第3节 推拿护理	推拿		✓	

四、学时分配建议（32～36学时）

（选学模块以 * 标记，方剂和中医护理二选一，针灸和推拿二选一）

教学内容	学时数		
	理论	实践	小计
绪论	2		2
阴阳五行学说	3		3
藏象	5～6		5～6
经络	1		1
病因病机	2		2
诊法与辨证	5	1	6
中医养生与防治原则	3～4		3～4
中药与方剂			
中药基本知识	4		4
方剂基本知识*	2	1	3

（续表）

教学内容	学时数		
	理论	实践	小计
中医护理常识*	6		6
针灸与推拿			
腧穴	1		1
针灸护理*	2	1	3
推拿*	2	1	3
机动	0		2
合计	30～32	4	32～36

五、教学大纲说明

【说明】

1.本大纲主要供中等职业教育三年制护理专业教学选用，也可供其他相关专业使用。总学时32～36学时，其中理论28～32学时，实践4～6学时。

2.选学模块的学习可使用机动学时、第二课堂，二个选学模块，各校根据具体情况选学一个单元（中药与方剂、针灸与推拿二选一），在学时充足的情况下也可全部选学，也可不选学。

3.教学组织应多采用教具、模型、实物和多媒体技术，同时注意教育理念和教学方法的改革。

4.通过课堂提问、作业、案例讨论、平时测验、实验报告和期末考试等方式对学生的认知、能力和态度进行综合考核。

5.对在学习和应用上有创新的学生应特别给予鼓励。

【实验/实践/实训指导】

（一）舌诊技能实训指导（第6章第1节一、（五）舌诊）

1.实训内容

(1) 正常舌象及望舌操作的基本要求。

(2) 常见异常舌象及主病。

2.目的要求

(1) 掌握正确望舌方法。

(2) 熟悉正常舌象。

(3) 了解淡白舌、红舌、绛舌、白苔、黄苔、白腻、黄腻、花剥、腐苔等舌象及主病。

3.实训方法

(1) 集中观看"舌诊"录像。

(2) 按实验小组开展活动。在带教老师的指导下，同学之间互相望舌，加深对正常舌象的印象。

(3) 分别观看舌苔模型。

(4) 带教老师在学生中寻找典型舌象，供同学们观看学习。

(5) 实训小结，教师点评。

4.舌诊实训操作评分标准

程序	考评主要内容	分值	评分标准	扣分	得分
考前准备（13分）	1.仪表端庄，着装整洁	6	衣、帽、口罩不整洁各扣1分；不严肃认真、不亲切各扣1分		
	2.用物准备：无菌压舌板、消毒棉签、手电筒等	6	少一件或一件不符合要求扣2分，无菌物品与非无菌物品混放一件扣2分		
舌诊实训操作流程（75分）	1.检查用物	6	漏一项扣2分		
	2.选择合适的自然光线	8	不正确扣5分		
	3.协助患者取舒适体位	8	体位不舒适扣5分		
	4.正确告知患者自然伸出舌头	8	告知不正确扣5分		
	5.迅速正确观察舌象	10	方法、顺序不对扣5分		
	6.描述舌象	15	一处描述不正确扣5分		
	7.正确辨证舌苔模型	15	一处描述不正确扣1分		
	8.询问患者伸舌后是否有不适感	6	未询问扣5分		
考后评价（12分）	1.按要求处理所用物品	6	一处不符合要求扣2分（无菌物品与非无菌物品混放一件扣2分）		
	2.全过程动作熟练、规范，符合操作原则	6	一处不符合要求酌情扣3分		

（二）脉诊技能实训指导（第6章　第1节　四、（一）脉诊）

1.实训内容

（1）诊脉操作方法的基本要求。

（2）正常脉象和常见病脉。

2.目的要求

（1）掌握正确的诊脉方法。

（2）熟悉正常脉象。

（3）了解常见病脉。

3.实训方法

（1）集中观看"脉诊"录像片。

（2）集中示范正常脉象的诊脉方法。

（3）按实验小组开展活动。在带教老师指导下，同学之间互相诊脉，加深对正常脉象的体验。

（4）带教老师可结合学生具体情况，找出几个典型脉象，供同学们实践体会。

（5）实训小结，教师点评。

4.脉诊实训操作评分标准

程序	考评主要内容	分值	评分标准	扣分	得分
考前准备（13分）	1.仪表端庄，着装整洁	8	衣、帽、口罩不整洁各扣1分；不严肃认真、不亲切各扣1分		
	2.用物准备：脉枕等	5	少一件扣3分		

（续表）

程序	考评主要内容	分值	评分标准	扣分	得分
脉诊实训操作流程（75分）	1. 检查用物	5	漏一项扣3分		
	2. 选择合适的自然光线	10	不正确扣5分		
	3. 协助患者取舒适体位	10	体位不舒适扣5分		
	4. 告知患者将手平放在脉枕上	10	告知不正确、体位不正确扣7分		
	5. 中指定关，并正确进行脉诊	20	布指、指力、时间等，每项方法不对扣5分		
	6. 描述脉象	20	一处描述不正确扣5分		
考后评价（12分）	1. 按要求处理所用物品	6	不符合要求扣5分		
	2. 全过程动作熟练、规范，符合操作原则	6	一处不符合要求酌情扣3分		

（三）针灸技能实训指导（第10章 第2节 针灸护理）

1. 实训内容

（1）针灸操作的基本要求。

（2）常用针灸手法。

2. 目的要求

（1）掌握针灸的基本要求。

（2）熟悉常用的针灸手法。

（3）了解针灸对常见病、多发病的护理。

3. 实训方法

（1）集中观看"针灸"录像片。

（2）集中示范常用针灸手法。

（3）按实验小组开展活动。在带教老师的指导下，同学之间互相进行针灸练习，加深对常见针灸手法的印象。

（4）实训小结，教师点评。

4. 针灸实训操作评分标准

程序	考评主要内容	分值	评分标准	扣分	得分
考前准备（10分）	1. 仪表端庄，着装整洁	5	衣、帽、口罩不整洁各扣1分；不严肃认真、不亲切各扣1分		
	2. 用物准备：无菌小镊子、治疗盘，无菌针盒（内装针具、纱布若干）、消毒棉签（或棉球）、消毒剂等	5	少一件或一件不符合要求扣2分，无菌物品与非无菌物品混放一件扣2分		
针刺操作流程（75分）	1. 检查用物（针具等）	6	漏一项扣1分		
	2. 协助患者取舒适体位	6	体位不舒适扣3分		
	3. 穴位定位	10	定位不准扣3分		
	4. 正确消毒	6	未正确消毒扣3分		
	5. 正确持取针具	6	方法不对扣3分		
	6. 进针	9	一处不符合要求扣1分		
	7. 行针	8	方法不对扣3分		
	8. 留针观察（询问针刺感受）	6	一处不符合要求扣2分		
针刺操作流程（75分）	9. 出针	6	方法不对扣3分		
	10. 按压针孔	6	方法不对扣3分		
	11. 询问患者对针刺操作感受	6	未询问扣3分		

(续表)

程序	考评主要内容	分值	评分标准	扣分	得分
考后评价（15分）	1. 按要求处理所用物品	5	一处不符合要求扣2分（无菌物品与非菌物品混放一件扣2分）		
	2. 正确指导患者：告知患者留意针孔是否有出血情况，如有出血，或感到头晕、胸闷、恶心等，应及时通知医护人员	5	未指导扣5分，指导不全一处扣2分		
	3. 全过程动作熟练、规范，符合操作原则	5	一处不符合要求酌情扣2分		

（四）推拿技能实训指导（第10章 第3节 推拿护理）

1. 实训内容

（1）推拿操作的基本要求。

（2）常用推拿手法。

2. 目的要求

（1）掌握推拿的基本要求。

（2）熟悉常用的推拿手法。

（3）了解推拿对常见病、多发病的护理。

3. 实训方法

（1）集中观看"推拿"录像片。

（2）集中示范常用推拿手法。

（3）按实验小组开展活动。在带教老师的指导下，同学之间互相进行推拿练习，加深对常见推拿手法的印象。

（4）实训小结，教师点评。

4. 推拿实训操作评分标准

程序	考评主要内容	分值	评分标准	扣分	得分
考前准备（10分）	1. 仪表端庄，着装整洁	5	衣、帽、口罩不整洁各扣1分		
	2. 抽签（15种手法抽考3种）	5	不严肃认真、不亲切各扣2分		
	3. 用物准备：枕头、枕巾、床单等	5	少一件或一件不符合要求扣2分		
推拿操作流程（75分）	1. 检查用物	5	漏一项扣2分		
	2. 根据抽签项目，协助患者选取舒适体位（含3种手法的体位）	10	体位不舒适扣2分		
	3. 选择推拿部位（含3种手法的部位）	10	选择不合适扣5分		
	4. 预热	5	未预热扣6分		
	5. 推拿操作（3种手法）	20	方法不对，每项扣5分		
	6. 边推拿边询问患者对推拿的感受	10	未询问扣6分		
	7. 收功	5	未收功扣6分		
	8. 询问患者对推拿操作感受	5	未询问扣3分		
考后评价15分	1. 按要求处理所用物品	5	一处不符合要求扣2分		
	2. 正确指导患者：告知患者留意推拿后反应，如有不适，应及时通知医护人员	5	未指导扣5分，指导不全一处扣2分		
	3. 全过程动作熟练、规范，符合操作原则	5	一处不符合要求酌情扣2分		

自测题参考答案

第1章　1.A 2.D 3.A 4.C 5.D 6.A 7.C 8.B 9.C 10.A

第2章　1.D 2.D 3.C 4.B 5.E 6.B 7.B 8.C 9.D 10.B 11.D 12.B 13.D 14.E 15.A

第3章　1.A 2.B 3.B 4.A 5.B 6.A 7.B 8.C 9.D 10.C 11.C 12.D 13.C 14.A 15.D

第4章　1.A 2.D 3.C 4.A 5.A 6.B 7.A 8.D 9.D 10.C 11.E 12.B 13.A 14.B

第5章　1.E 2.C 3.D 4.C 5.A 6.D 7.D 8.A 9.A 10.A 11.C 12.C 13.D 14.A

第6章　1.D 2.B 3.C 4.B. 5.B 6.D 7.C 8.C 9.C 10.A 11.B 12.E 13.E 14.C 15.C 16.B 17.E 18.B 19.B 20.B 21.A 22.D 23.E 24.A 25.B 26.C 27.A 28.A 29.B 30.B

第7章　1.A 2.A 3.A 4.C 5.A 6.C 7.E 8.C 9.C 10.E 11.E 12.C 13.C 14.A

第8章　1.D 2.A 3.C 4.B 5.C 6.C 7.A 8.C 9.C 10.E 11.A 12.D 13.C

第9章　1.C 2.B 3.C 4.E 5.C 6.B 7.E 8.D 9.B 10.A 11.C 12.B 13.E

第10章　1.C 2.E 3.C 4.A 5.D 6.B 7.C 8.C 9.C 10.E 11.E 12.C 13.A 14.B 15.E 16.A 17.B 18.A 19.C